U0448169

美感与人生

傅斯年精选集

傅斯年 著

泰山出版社·济南·

图书在版编目（CIP）数据

美感与人生：傅斯年精选集 / 傅斯年著. — 济南：泰山出版社，2021.10

ISBN 978-7-5519-0677-7

Ⅰ.①美… Ⅱ.①傅… Ⅲ.①中国历史—文集 Ⅳ.①K207-53

中国版本图书馆 CIP 数据核字（2021）第 210759 号

MEIGAN YU RENSHENG——FU SINIAN JINGXUAN JI
美感与人生——傅斯年精选集

著　　者	傅斯年
责任编辑	武良成
特约编辑	史俊南
装帧设计	观止堂_未氓

出版发行　泰山出版社
　　　　　社　　址　济南市泺源大街 2 号　邮编　250014
　　　　　电　　话　综　合　部（0531）82023579　82022566
　　　　　　　　　　市场营销部（0531）82025510　82020455
　　　　　网　　址　www.tscbs.com
　　　　　电子信箱　tscbs@sohu.com
印　　刷　天津画中画印刷有限公司
成品尺寸　155 毫米 ×230 毫米　16 开
印　　张　21.25
字　　数　250 千字
版　　次　2022 年 2 月第 1 版
印　　次　2022 年 2 月第 1 次印刷
标准书号　ISBN 978-7-5519-0677-7
定　　价　59.80 元

凡 例

一、将原书繁体竖排改为简体横排，并参照不同版本，订正书中明显的错讹。

二、原则上保留原著作中出现的外国人名、地名等的旧式译法，订正个别极易引起歧义的译法。

三、不改变原书体例，酌情删改个别表述不规范的篇章或文字。

四、原书中文字尽量尊重原著，通假字及当时习惯用法（如"他""她"不分，"的""地""得"不分）而与现在用法不同者，一般不做改动。人名、字号、地名、书名等专有名词，酌情保留繁体和异体字形。

五、参照现行出版规范，对原书中标点符号进行适当修改，新中国成立后的日期等情况统一采用公元纪年法表示。

目录

第一辑　美感与人生

《新潮》发刊旨趣书　003

《新潮》之回顾与前瞻　007

人生问题发端　016

美感与人生　030

中国学术思想界之基本误谬　042

评《春秋时的孔子和汉代的孔子》　051

与顾颉刚论古史书　053

历史语言研究所工作之旨趣　071

教育崩溃之原因　082

教育改革中几个具体事件　089

论学校读经　095

闲谈历史教科书　101

第二辑　中华民族是整个的

时代与曙光与危机……………………………… 117

万恶之原（一）…………………………………… 132

心气薄弱之中国人………………………………… 137

社会——群众……………………………………… 140

社会的信条………………………………………… 143

破　坏……………………………………………… 146

中国狗与中国人…………………………………… 149

多言的政府………………………………………… 153

政府与提倡道德…………………………………… 157

中华民族是整个的………………………………… 161

我所认识的丁文江先生…………………………… 165

我所景仰的蔡先生之风格………………………… 175

盛世危言…………………………………………… 179

天朝——洋奴——万邦协和……………………… 187

"五四"二十五年………………………………… 193

罗斯福与新自由主义……………………………… 198

这个样子的宋子文非走开不可…………………… 205

第三辑　文史讲义

史料论略…………………………………………… 215

《中国古代文学史讲义》叙语 …………………………… 217

思想和语言——一个文学界说 ………………………… 221

语言和文字——所谓文言 ……………………………… 225

成文的文学和不成文的文学 …………………………… 243

文人的职业 ……………………………………………… 248

《诗》之影响 …………………………………………… 257

论所谓"讽" …………………………………………… 259

论止有儒墨为有组织之宗派 …………………………… 267

论春秋战国之际为什么诸家并兴 ……………………… 269

论战国诸子之地方性 …………………………………… 273

论墨家之反儒学 ………………………………………… 283

《老子》五千言之作者及宗旨 ………………………… 287

齐晋两派政论 …………………………………………… 298

梁朝与稷下 ……………………………………………… 305

论《太史公书》之卓越 ………………………………… 309

春秋时代之矛盾性与孔子 ……………………………… 311

荀子之性恶论及其天道观 ……………………………… 321

第一辑　美感与人生

《新潮》发刊旨趣书

《新潮》者，北京大学学生集合同好，撰辑之月刊杂志也。北京大学之生命已历二十一年，而学生之自动刊物，不幸迟至今日然后出版。向者吾校性质虽取法于外国大学，实与历史上所谓"国学"者一贯，未足列于世界大学之林；今日幸能脱弃旧型入于轨道。向者吾校作用虽曰培植学业，而所成就者要不过一般社会服务之人，与学问之发展无与；今日幸能正其目的，以大学之正义为心。又向者吾校风气不能自别于一般社会，凡所培植皆适于今日社会之人也；今日幸能渐入世界潮流，欲为未来中国社会作之先导。本此精神，循此途径，期之以十年，则今日之大学固来日中国一切新学术之策源地；而大学之思潮未必不可普遍中国，影响无量。同人等学业浅陋，逢此转移之会，虽不敢以此弘业妄自负荷，要当竭尽思力，勉为一二分之赞助：一则以吾校真精神喻于国人，二则为将来之真学者鼓动兴趣。同人等深惭不能自致于真学者之列，特发愿为人作前驱而已。名曰《新潮》，其义可知也。

今日出版界之职务，莫先于唤起国人对于本国学术之自觉心。今试问当代思想之潮流如何？中国在此思想潮流中位置如何？国人正复茫然昧然，未辨天之高地之厚也。其敢于自用者竟谓本国学术可以离世界趋势而独立。夫学术原无所谓国别，更不以方土易其质性。今外中国于世界思想潮流，直不啻自绝于人世。既不于现在有所不满，自不能于未来者努力获求。长此因循，何时达旦？寻其所由，皆缘不辨西土文化之美隆如彼，又不察今日中国学术之枯槁如此；于人于己两无所知，因而不自觉其形秽。同人等以为国人所宜最先知者有四事：第一，今日世界文化至于若何阶级？第二，现代思潮本何趣向而行？第三，中国情状去现代思潮辽阔之度如何？第四，以何方学术纳中国于思潮之轨？持此四者刻刻在心，然后可云对于本国学术之地位有自觉心，然后可以渐渐导引此"块然独存"之中国同浴于世界文化之流也。此本志之第一责任也。

中国社会形质极为奇异。西人观察者恒谓中国有群众而无社会，又谓中国社会为二千年前之初民宗法社会，不适于今日。寻其实际，此言是矣。盖中国人本无生活可言，更有何社会真义可说？若干恶劣习俗，若干无灵性的人生规律，桎梏行为，宰割心性，以造成所谓蚩蚩之氓；生活意趣，全无从领略。犹之犬羊，于己身生死、地位、意义，茫然未知。此真今日之大戚也。同人等深愿为不平之鸣，兼谈所以因革之方。虽学浅不足任此弘业，要不忍弃而弗论也。此本志之第二责任也。

群众对于学术无爱好心，其结果不特学术消沉而已，堕落民德为尤巨。不曾研诣学问之人恒昧于因果之关系，审理不了而后有苟且之行。又，学术者深入其中，自能率意而行，不为情牵。对于学术负责任，则外物不足紫惑，以学业所得为辛劳疾苦莫大之酬，则一切牺牲尽可得精神上之酬偿。试观吾国宋明之季甚多独行之士，虽风俗堕落、政治沦胥，此若干"阿其所好"之人终不以众浊易其常节。又观西洋"Renaissance"与"Reformation"

时代，学者奋力与世界魔力战，辛苦而不辞，死之而不悔。若是者岂真好苦恶乐，异夫人之情耶？彼能于真理真知灼见，故不为社会所征服；又以有学业鼓舞其气，故能称心而行，一往不返。中国群德堕落，苟且之行遍于国中。寻其由来：一则原于因果观念不明，不辨何者为可，何者为不可；二则原于缺乏培植"不破性质"之动力，国人不觉何者谓"称心为好"。此二者又皆本于群众对于学术无爱好心。同人不敏，窃愿鼓动学术上之兴趣。此本志之第三责任也。

本志同人皆今日学生，或两年前曾为学生者，对于今日一般同学，当然怀极厚之同情，挟无量之希望。观察情实，乃觉今日最危险者，无过于青年学生。迩者恶人模型，思想厉鬼，遍于国中，有心人深以为忧。然但能不传谬种，则此辈相将就木之日，即中国进于福利之年。无如若辈专意鼓簧，制造无量恶魔子，子又生孙，孙又生子；长此不匮，真是殷忧。本志发愿协助中等学校之同学，力求精神上脱离此类感化。于修学立身之方法与径途，尽力研求，喻之于众。特辟出版界评、故书新评两栏，商榷读书之谊（此两栏中就书籍本身之价值批评者甚少，借以讨论读书之方法者甚多），其他更有专文论次。总期海内同学去遗传的科举思想，进于现世的科学思想；去主观的武断思想，进于客观的怀疑思想；为未来社会之人，不为现在社会之人；造成战胜社会之人格，不为社会所战胜之人格。同人浅陋，惟有本此希望奋勉而已。此本志第四责任也。

本志主张，以为群众不宜消灭个性。故国人意旨，尽不必一致，但挟同一之希望，遵差近之径途，小节出入，所不能免者。若读者以"自相矛盾"见责，则同人不特不讳言之，且将引为荣幸。又本志以批评为精神，不取乎"庸德之行，庸言之谨"。若读者以"不能持平"腾诮，则同人更所乐闻。

既以批评为精神，自不免有时与人立异，读者或易误会，兹声明其旨。立异之目的若仅在于立异而止，则此立异为无谓。如不以立异为心，而在感化他人，但能本"哀矜勿喜"之情，虽言词快意为之，要亦无伤德义。同人等所以不讳讥评者，诚缘有所感动，不能自己于言。见人迷离，理宜促其自觉之心，以启其向上之路，非敢立异以为高。故凡能以学问为心者莫不推诚相与。苟不至于不可救药，决不为不能容受之消让。然而世有学问流于左道，而伪言、伪旨足以惑人者，斯惟直发其覆，以免他人重堕迷障。同人等皆是不经阅历之学生，气盛性直，但知"称心为好"，既不愿顾此虑彼，尤恨世人多多顾虑者。读者想能体会兹意，鉴其狂简也。

本志虽曰发挥吾校真精神，然读者若竟以同人言论代表大学学生之思潮，又为过当。大学学生二千人，同人则不逾二十，略含私人集合之性质，所有言论由作者自负之，由社员同负之，苟有急进之词，自是社中主张，断不可误以大学通身当之。

发刊伊始，诸待匡正，如承读者赐以指教，最所欢迎。将特开通信一栏，专供社外人批评质询焉。

原载 1919 年 1 月 1 日《新潮》第一卷第一号

《新潮》之回顾与前瞻

自从《新潮》出世到现在，已经八个整月了。

这八个月中，我们觉得很满意，因而发生无穷的希望；然而也颇遇着几层困难，使我们感受些苦痛。苦痛原是该有的，如此些小的苦痛更没有说他的价值，将来希望也没有说出的必要。不过，爱读《新潮》的人，不免想要知道我们杂志的起源、经过和将来。所以现在略说一回，作为和读者诸君闲谈罢了。

我先有一句话提醒诸君：我们杂志纯是由觉悟而结合的。至于将来，若不死于非命，我敢保必定放个光彩——大小未可知——决不会"寿终正寝"，更不会寂寞老成下去。

民国六年的秋天，我和顾颉刚君住在同一宿舍同一号里，徐彦之君是我们的近邻，我们几个人每天必要闲谈的。

有时候说到北京大学的将来，我们抱很多的希望，觉得学生应该办几种杂志。因为学生必须有自动的生活，办有组织的事件，然后所学所想，不至枉费了；而且杂志是最有趣味、最于学业有补助的事，最有益的自动生活。再就我们自己的脾气上着想，我们将来的生活，总离不了教育界和出版界。那么，我们曷不在当学生的时候，练习一回呢？所以我们当时颇以这事做谈话的资料。颉刚的朋友潘介泉君，我的朋友罗志希君，常加入我们这闲谈。不过当时仅仅是一种希望的意思；觉得赤手空拳，何从做起，简直和戏论差不多。中国的读书人有一种"群居终日言不及义"的习惯。这个希望也是我们群居的一种消遣品。

七年的秋天，子俊和我又谈起这层事。子俊说："何如竟自尝试一回呢？不成功也没甚么不可以。"于是乎作了个预算：最难的是经济方面；社员分配担任外，不够还多；至于文稿，或者不至于很拮据。我们想，我们都是北大的学生，学校或者可以帮我们成功。子俊就和文科学长陈独秀先生商量了一次。陈先生说："只要你们有办的决心和长久支持的志愿，经济方面，可以由学校担负。"这是我们初料所不及的，就约集同人，商量组织法了。最先和罗志希、康白情两位研究办法，其后有十多位同学加入，对这事都很有兴味。胡适之先生做我们的顾问，我们很受他些指导。十月十三日，开第一次预备会，决定我们要办什么样的杂志，不使他杂乱无章，不使他有课艺性质，定他的原素是：

（1）批评的精神；

（2）科学的主义；

（3）革新的文词。

子俊要把英文的名字定做 *The Renaissance*。同时，志希要定他的中文名字做《新潮》。两个名词恰好可以互译。十一月十九日，开第二次会，把职员举妥，着手预备稿件。李守常先生把图书馆的一个房间拨给了新潮社用。李辛白先生帮助我们把印刷发行等事布置妥协。本年一月一日，第一号出世了。

从一月一日到五月四日，几个月里，我们经过了许多次困难，较大的有三层。第一层是经济方面的波折。在第一号未出世以前，已经摇了一摇。出世以后，不免有和我们不表同情的，常以学校补助《新潮》为题目，责备校长。加以北大的杂志团体一时出了几个，更有许多在酝酿中的，学校方面既没有一一补助的力量，又不能有重有轻，于是乎评议会议决了一个议案，一律改为垫款前三期。《新潮》当时已出了二期，第三期在印刷中。卖出的一时收不回书价来；照此议案，第四期便生危险。第一期一经出版，就很受社会的欢迎，转眼再版。所以我们当时若托一家书店包办发行，赔赚不管，若《新青年》托群益的办法，一定可成，不过我们终不愿和这可爱的北京大学脱离关系，总想维持学校原来答应我们的办法。

当时就有外人要来资助我们，自然是简截拒绝。我们在创办之先，有一种决心，除北京大学的资助外，决不受私人一文钱的帮助。后来我们把我们的情形写信给评议会，评议会了解《新潮》的情形，又知道议案在后，学校答应我们的在先，就把原定办法维持住了。从现在看来，这简直没有丝毫关系。因为照第一卷的销路，学校并不赔钱，到第二卷里，敢保销路必然更广，必有盈余。但是当时没有十分把握，觉得万一印刷费不继了，出版停滞了，大家没精神了，岂不可惜？所以才有这一番——从现在看起来，可以叫做过虑。

第二层是发生了许多反动，有几家报纸天天骂我们，几几乎像他们的职业。甚而至于我们学校的某某几个教员休息室里，也从此多事。我们不免有受气负苦的地方，甚而致于树若干敌，结许多怨，前两月志希和我的被诬，也未尝不以此为根源。

第三层是惹出了一个大波浪。有位"文通先生"，惯和北大过不去，非一次了。有一天拿着两本《新潮》、几本《新青年》

送把地位最高的一个人看，加了许多非圣乱经、洪水猛兽、邪说横行的评语，怂恿这位地位最高的来处治北大和我们。这位地位最高的交给教育总长傅沅叔斟酌办理。接着就是所谓新参议院的张某要提查办蔡校长、弹劾傅总长的议案。接着就是林四娘运动她的伟丈夫。接着就是老头们啰唣当局，当局啰唣蔡先生。接着就是谣言大起。校内校外，各地报纸上，甚至辽远若广州、若成都也成了报界批评的问题。谁晓得他们只会暗地里投入几个石子，骂上几声，啰唣几回，再不来了。"这原不算大侮蔑，大侮蔑也须有胆力"。酿成这段事故，虽由于《新青年》的记者，我们不过占一小小部分，但是我们既也投入这个漩涡，不由得使我们气壮十倍，觉着此后的希望，随着艰难的无穷而无穷。

　　读者诸位批评《新潮》，有许多精透的话，我们感谢的很。我也想自反一回。我想，我们所表现出的有三种长处，同时和这三种长处相伴有三种对待的短处。第一，我们敢自信有点勇猛的精神。冒冒然就出版，毅然决然的定了这样一个宗旨，不曾丝毫犹疑。诸位当知道，在我们筹备第一号出版的时候，只有五卷寿命的《新青年》和方出世的《每周评论》，是我们的同道，此外若《国民公报》常有和我们的思想同流的文章。我们这一类的思想、文词、态度，很受一般社会的嘲笑怒骂——自然也有很欢迎我们的——我们却是把方针定准了，守住了。到了现在，虽然不过八个月，社会的空气却是大改了，有几十家同志。回想八个月前，另是一副面目，我们所受社会的待遇，自然和以前不同。至于我们的议论，总是有什么说什么，不懂得什么叫客气，什么顾忌——总而言之，什么叫不可说。要说就说，说还要说尽。第二，我们是由于觉悟而结合的。每人觉得以前的生活上、思想上，有些不是，决计以后不如此了。因为彼此都在同一时代，受同样教育，所以以前的错误大致同类，所以觉悟的差不多一样。这可谓知识上的同一趋向。用这知识上的接触做根本，造成这个团体。我以为最纯粹、最精密、最能长久的感情，是在知识上建设的感情，比着宗教或戚属的感情纯粹得多。恩怨造成的感情是不可靠的，因为恩怨容易变化，容易掺杂；独有知识造成的感情，随着知识进化。我们同人结合之先，多没有什么交情。若颉刚、子俊和我的关系，原是例外。我们当时集合同志的时候，只凭知识上的一致；虽是我们极好的朋友，在觉悟上有不同时，我们并不为感情而请他。一旦结合之后，大家相敬相谅，团结的很牢，做起事来很有勇气。志希和我，因为彼此都有好吵的脾气，几乎每天打嘴仗，甚而至于气忿忿的，不谈话了。然而过五六分钟，仍然一切如常。任凭吵上多少次，我们总是最好不过的朋友。或者因为吵闹多了，友道上更觉有趣些。所以我敢大胆着说，新潮社是最纯洁的结合：因为感情基于知识，同道由于觉悟。既不以私交为第一层，更没有相共同的个身厉害关系。第三层，我们很有些孩子气。文词上有些很不磨练的话，同时觉着他是些最有真趣的话；思想上有些很不磨练的思想，同时觉着他是些最单纯可信的直觉。我们既是一群孩子，所以彼此相待，也和孩子的喜怒哀乐差不多。至于对于殊样社会的态度，用个不好的典故，便是，"爱之欲其生，恶之欲其死"；用个好典故，便是，"见善若惊，疾恶如仇"。

至于我们的短处，据我看来，恰恰和这三项在一起。我们有点勇猛的精神，同时有个武断的毛病。要说便说，说得太快了，于是乎容易错。观察研究不能仔细，判断不能平心静气——我不敢为我自己讳。我不是说我们要"战战兢兢"的发议论,"庸德之行,庸言之谨",已经是乡愿了;"战战兢兢",便不成人形。我是说,天地间的事物,情形复杂得很,简直和乱麻一样。我们若不一条一条的搂开,而用"快刀斩乱麻"的手段,那里能够得"事理之平"?我们的结合是纯由知识的,所以我们的结合算是极自由的。所以我们所发的言论是极自由因而极不一致的;虽有统一的精神,而无一体的主张。我们看别人的杂志很杂,焉知后人看我们的杂志不说很杂呢?我们有孩子气,能以匠心经营的文艺品,繁复和错综的长篇研究,比较得不如自然成就的文艺品,简括有力的短篇批评,占胜些。我们要说便说,要止便止,虽则是自然些,有时也太觉随便。况且我们是学生,时间有限,所以经营不专,因而不深。

　　缺憾没有不可弥补的,我们不知道则已,既经知道,自然有弥补的必然。若是别人肯责备我们,发觉我们所不自觉的,我们尤其感激。有我们这一群可爱的同社,必成一件最可爱的事业。

　　自从五四运动以后,我们的杂志停顿了。因为北京大学几个月里事故很多,同社诸君多在学校里服务,也有往上海的,就无暇及此了。现在大学恢复旧状,我们社员又集在一起,把几个月的苦斗生涯放下,再弄这笔杆下的苦斗。从今以后,我们得个新生命。五四运动过后,中国的社会趋向改变了。有觉悟的添了许多,就是那些不曾自己觉悟的,也被这几声霹雳,吓得清醒。北大的精神大发作。社会上对于北大的空气大改变。以后是社会改造运动的时代。我们在这个时候,处这个地方,自然造成一种新生命。况且现在同学入社的多了,力量自然比先厚些。又有《新青年》记者诸位先生,答应给我们投稿,更是可以欢喜的。同社毕业的有几位在京，有几位在外，加上一番社会上的实地考练，再做出的文章，当然更要成熟些。杨振声君往美国去，俞平伯君和我往英国去。虽有在外的，在内的，然而精神上一气。所以第二号第一期，不是泛泛的一面换卷数，是我们的一个新扩张。

近两年里，为着昏乱政治的反响，种下了一个根本大改造的萌芽。现在仿佛像前清末年，革命运动、立宪运动的时代一个样，酝酿些时，中国或又有一种的平民运动。所以我们虽当现在的如此如此的南北两政府之下，我们的希望并不灭杀。不过就最近两三个月内的情形而论，我们又生一种忧虑。这忧虑或者是一种过虑；但是如果人人有这过虑，或者于事业的将来上有益些。我觉得期刊物的出现太多了，有点不成熟而发挥的现象。照现在中国社会的麻木、无知觉而论，固然应该有许多提醒的器具，然而厚蓄实力一层也是要注意的：发泄太早太猛，或者于将来无益有损。精深细密的刊物尤其要紧。就现在的出版物中，能仔细研究一个问题而按部就班的解决它，不落在随便发议论的一种毛病里，只有一个《建设》。以多年研究所得的文艺思想、人道主义精切勇猛的发表出来，只有一个《新青年》。此外以《星期评论》《少年中国》《解放与改造》的和短命的《每周评论》《湘江评论》算最有价值。然而第一流的虽有多种，我总觉着为应现时所要求，为谋方来的扩展，还嫌实力薄些。我们原是学生，所以正是厚蓄实力的时候。我不愿《新潮》在现在铮铮有声，我只愿《新潮》在十年之后，收个切切实实的效果。我们的知识越进，人数越多，而《新潮》的页数越减，才见我们的真实改善。

至于新潮社的结合，是个学会的雏形。这学会是个读书会，将来进步，有些设备了，可以合伙研究几件事务。最后的目的，是宣传一种主义。到这一层，算止境了，我们决不使它成偌大的一个结合，去处治社会上的一切事件。发布些小册子，编辑一种人事学科的丛书，一种思想潮流的丛书，一种文艺丛书，和其他刊物，是我们的事业；此外也没有我们的事业。中国的政治，不特现在是糟糕的，就是将来，我也以为是更糟糕的。两千年专制的结果，把国民的责任心几乎都消磨净了。所以中国人单独的行动什九卑鄙龌龊，团体的行动什九过度逾量——这都由于除自己之外，无论对于什么都不负责任。我常想，专制之后，必然产成无治：中国既不是从贵族政治转来的，自然不能到贤人政治一个阶级。至于贤人政治之好不好，另是一个问题。所以在中国是断不能以政治改政治的，而对于政治关心，有时不免是极无效果、极笨的事。我们同社中有这见解的人很多，我虽心量偏狭，不过尚不致于对于一切政治上的事件，深恶痛绝！然而以个人的脾胃和见解的缘故，不特自己要以教书匠终其身，就是看见别人作良善的政治活动的，也屡起反感。同社中和我抱同样心思的正多。常有一种极纯洁的结合，而一转再转便成政党的小体。如此一般人的结合，自然没有一转再转的危险。那么，我们是"专心致志"，办"终身以之"的读书会了。

　　我希望新潮社员从今以后，时时刻刻不忘《新潮》的改善。知道他的缺陷极透澈了，然后可以"日新月异而岁不同"。一团体和一个人一样，进步全靠着觉悟——觉悟以前如何如何的不好，以后该当如何如何，然后渐渐的到好的地界去。天地间没有没有缺陷的人，所以我们对于我们自己，应该严格的自反，对于我们的缺陷，不特不必回护，而且无所用其恨惋。如此固是很好，不过仍不到理性的境界——应该从从容容地补上，改好。

《新潮》的将来大约也是宣传文艺思想、人道主义的，不是个专研究现日中国社会问题的；也是各人发挥个人的主张的，不是有一致的主张壁垒整严的。这可就我们同社的性情、品质、知识、兴趣上断出。我觉得我们同社很多个性主义和智慧主义的人。这样性情，自然也不免有很大的流弊，但是我总相信天地间没有一件好物事没有坏效果的，没有一件坏物事没有好效果的。凭我们性情的自然，切实发挥去，就是了。

　　我不久要往英国去了。我在《新潮》杂志里多半年，跟着三十几位最坚决、最透彻、最可敬爱、最有希望的同学，办些事件，满足不了同人和自己的希望，很是抱歉。我只盼我去英国以后，新潮社日日发展。我的身子虽然在外国，而我的精神留在北大里：因为我觉得我一生最有趣味的际会是在北大的几年，最可爱的是新潮社，最有希望的是北大的文化运动。我对于读者诸君所要求的，是给我们个严格的批评。我希望同社诸君的是：（1）切实的求学；（2）毕业后再到国外读书去；（3）非到三十岁不在社会服务。中国越混沌，我们越要有力学的耐心。我只承认大的方面有人类，小的方面有"我"，是真实的。"我"和人类中间的一切阶级，若家族、地方、国家等等，都是偶像。我们要为人类的缘故，培成一个"真我"。

八年九月五日

原载1919年10月30日《新潮》第二卷第一号

人生问题发端

人生问题是个大题目！是个再大没有的题目！照我现在的学问思想而论，决不敢贸贸然解决他。但是这个问题，却不能放在将来解决；因为若不曾解决了他，一切思想，一切行事，都觉得没有着落似的。所以不瞒鄙陋，勉强把我近来所见，写了出来，作为我的人生观。还要请看的人共同理会这个意思，大家讨论，求出个确切精密的结束。我这篇文章，不过算一种提议罢了。所以题目就叫做人生问题发端。

一年以来，我有件最感苦痛的事情：就是每逢和人辩论的时候，有许多话说不出来——对着那种人说不出来；——就是说出来了，他依然不管我说，专说他的，我依然不管他说，专说我的。弄来弄去，总是打不清的官司。我既然感着痛苦，就要想出条可以接近的办法；又从这里想到现在所以不能接近的原因。照我考求所得，有两件事是根本问题——是一切问题的根本，是使我们所以为我们，他们所以为他们，使他们不能为我们，我们不能为他们的原动力：第一，是思想式的不同。第二，是人生观念的不同。这两件既然绝然不同，一切事项，都没接近的机缘了。就思想而论，我们说"凡事应当拿是非当标准，不当拿时代当标准"；他们说，"从古所有，乌可议废者"。就人生而论，我们说，"凡人总当时时刻刻，拿公众的长久幸福，当做解决一切的根本"；他们说，"无念百年，快意今日。"这样的相左，那能够有接近的一天？要是还想使他同我接近，只有把我这根本观念，去化他的根本观念：如若化不来，只好作为罢论；如若化得来，那么就有共同依据的标准了，一切事项可以"迎刃而解"了。什么"文学的革命""伦理的革命""社会的革命"……虽然是时势所迫，不能自已；然而竟有许多人不肯过来领会的。我们姑且不必请他领会，还请他"少安勿躁"，同我们讨论这根本问题。

这根本问题是两个互相独立的吗？我答道，不但不能说互相独立，简直可以说是一个问题，是一个问题的两面。有这样特殊的思想式，就有这样特殊的人生观；有那样特殊的人生观，就有那样特殊的思想式，两件事竟断不出先后，并且分不出彼此。要是把这两题作为一体，往深奥处研究去，差不多就遮盖了哲学的全部。但是这样研究，作者浅陋，还办不到；而且实际上也没大意思，不如就形质上分作两题，各自讨论。所有思想式一题，等在本志第三号上讨论去。现在把人生观念一题，提出来做个议案罢。

一

我们中国人在这里谈论人生问题，若果不管西洋人研究到甚么地步，可就要枉费上许多精神，而且未必能切近真义。因为人生的各种观念，许多被人家研究过了，尽不必一条一条的寻根彻底；径自把他的成功或失败，作为借鉴，就方便多着了。所以我在评论中国各派人生观念以前，先把西洋人生观念里的各种潮流，约略说说。一章短文里头，原不能说到详细，不过举出大纲领罢了。

　　Ludwig Feuerbach（即路德维希·安德列斯·费尔巴哈）说："我最初所想的是上帝，后来是理，最后是人。"这句话说的很妙，竟可拿来代表近代人生观念的变化。起先是把上帝的道理，解释人生问题。后来觉着没有凭据，讲不通了，转到理上去。然而理这件东西，"探之茫茫，索之冥冥"，被 Intellectualists（知性论者）和其他的 Classical philosophers（古典哲学家）讲得翻江倒海，终是靠不着边涯。于是乎又变一次，同时受了科学发达的感化，转到人身上去。就是拿着人的自然，解释人生观念——简捷说罢，拿人生解释人生，拿人生的结果解释人生的真义。从此一切左道的人生观念和许多放荡的空议论，全失了根据了。我们考索人生问题，不可不理会这层最精最新的道理。

　　人对于自身透彻的觉悟，总当说自达尔文发刊他的《物种由来》（今译《物种起源》）和《人所从出》（今译《人类的由来》）两部书起。这两部书虽然没有哲学上的地位，但是人和自然界、生物界的关系——就是人的外周——说明白了。到了斯宾塞把孔德所提出的社会学，研究得有了头绪，更把生物学的原理，应用到社会人生上去，于是乎人和人的关系，又明白个大概。后来心理学又极发达，所有"组织"（Structural）、"机能"（Functional）、"行为"（Behavioristic）各学派，都有极深的研究。人的自身的内部，又晓得了。这三种科学——生物学、社会学、心理学——都是发明人之所以为人的。生物学家主张的总是"进化论"（Evolutionism），从此一转，就成了"实际主义"（Pragmatism）。法国出产的"进化论"（Evolution Creatrice）也是从进化论转来。什么 Life Urge 和 Life Spirit 虽然一个说科学解释不了，一个更近于宗教，然而总是受了进化论的影响，并且可以说是进化论的各面。这并不是我专用比傅的手段，硬把不相干的，合在一起，其实各派的思想，虽是"分流"，毕竟"同源"。所以 B.Russell（即罗素）在他的 Scientific Method in Philosophy（今译《哲学中的科学方法》）里，竟把这些派别归为一类，叫做进化论派。

Eucken（即鲁道夫·克里斯托夫·奥伊肯）在他的 Knowledge and Life（今译《知识与生活》）里，也常合在一起批评去。我把他合在一起的缘故，是因为都是现代思潮一体的各面，都是就人论人。发明人之所以为人，都不是就"非人"论人。我们受了这种思潮的教训，当然要拿人生解决人生问题了。

但是现在为说明之便，却不能合拢一起讲下去，只得稍稍分析。论到小节，竟是一人一样；论大体，却可作为两大宗。第一，是生物学派；第二，是实际主义派。现在不便详细讲解他，姑且举出他们两派供给于人生观念最重要的事实罢了。

生物学派，拿自然界做根据，解释人生。他所供给人生观念最切要的，约有以下各条：

（1）使人觉得他在自然界中的位置，因而晓得以己身顺应自然界。

（2）古时候的"万物主恒"之说，没法存在了。晓得各种事物，都是随时变化的，晓得人生也在"迁化之流"（A Stream of Becoming）里头，可就同大梦初醒一般，勉力前进。许多可能性（Possibilities）、许多潜伏力（Potentialities），不知不觉发泄出来。现在人类一日的进步，赛过中世纪的一年，都为着人人自觉着这个，所以能这样。

（三）古时哲学家对于人生动作，多半立于旁观批评的地位，没有探本追源，而且鼓励动作的。自从"生存竞争"发明以后，又有了"生存竞争"的别面——"互助"，一正一反，极可以鼓励人生的动作。这个原理仿佛对人生说道，"你的第一要义就是努力"。

（四）古时哲学家的人生观念，有时基于形上学，尽可以任意说去，全没着落。生物学派把这些虚物丢掉，拿着人的地位一条发明，尽够弃掉各种"意界"的代价而有余。从此思想中所谓"想象的优胜与独立"（Imaginary Superiority and Independence）不能存在，总须拿人生解释人生问题。这样一转移间，思想的观念变了，人生的观念变了。因为思想从空洞的地方转到人生上，人生的范围内事，多半被思想揭开盖了。

（五）看见人类所由来的历史是那样，就可断定人类所向往的形迹必定也是那样。所以有了尼采的"超人"观（Uebermensch）。尼采的话，虽然说的太过度了，但是人类不止于现在的境况，却是天经地义。从此知道天地之间，是"虚而不屈，动而愈出"。人生的真义，就在乎力求这个"更多"，永不把"更多"当作"最多"。

以上都是生物学派所供给的。但是专把生物学解释人生，总不免太偏机械的意味。斯宾塞也曾自己觉得他的生活界说不切事实，说："生活的大部分，不是生理、化学的名词能够表现的。"

所以从生物学派更进一层，就是实际主义说的话。现在把这主义给人生观念最要紧的道理，写在下面：

（1）生物学派的人生观念是机械的，实际主义的人生观念是创造的。

（2）哲姆士（即威廉·詹姆斯）说，"精神主义的各种，总给人以可期之希望，物质主义却引人到失望的海里去"（James, *Pragmatism* p.108）。生物学派的主张虽然叫人努力，但是极不努力的道理，也可凭借着生物学家的议论而行。实际学派感觉着这个，把"软性"人和"硬性"人两派哲学外表的相左揭破了，事实上联成一个；一边就人性讲得透彻，不像理想家的不着边涯；一方说"道德生活是精神的，精神是创造的"（*Greative Intelligence* p.408），不像生物学派讲得全由"外铄"。这类的人生观念，是科学哲学的集粹，是昌明时期的理想思潮和十九世纪物质思潮的混合品，是在现代的科学、社会生活、哲学各问题之下，必生的结果。

（三）古时哲学家总是拿宇宙观念解释人生问题，总不能很切题了；生物学家也是拿生物原理解释人生问题，每每把人生讲得卑卑的很。实际主义却拿着人生观念，解释一切问题；只认定有一个实体——就是人生；不认定有唯一的实体——就是超于人生。所有我们可以知，应当知，以为要紧，应当以为要紧的，都是和人生有关，或者是人生的需要。供给人生的发达与成功的，是有用，有用就是真；损害人生的发达与成功的是无用

（包括有害），无用就是假。这样抬高人生观念的位置，不特许多空泛的人生观念，一括而清，就是生物学派只晓得人生的周围，不晓得人生的内心的人生观念，也嫌不尽了。所以我们可以说实际主义是生物学派进一层的，是联合着生物学派，发明人之所以为人的。

（四）既然发明人生是制定思想上、道德上一切标准的原料，就可以拿人生的福利（Welfare）和人生的效用（Effects）去解决人生问题。从此人生的意义，脱离了失望，到了希望无穷的海；脱离了"一曲"，到了普通的境界；脱离了"常灭"，到了永存的地位。

照这看来，拿人生解释人生，是现在思想潮流的趋势。我们在这里研究人生问题，当然不能离开这条道路呵！

二

然而中国现在最占势力的人生观念和历史上最占势力的人生学说，多半不是就人生解释人生，总是拿"非人生"破坏人生。何以有这样多的"左道"人生观念呢？我想中国历来是个乱国。乱国的人，不容觉悟出人生真义。姑且举出几条驳驳他。

第一是达生观。这种人生观，在历史上和现在，都极有势力。发挥这个道理的人，当然以庄周做代表，阮籍的《大人先生传》和《达庄论》，也是这道理。这一派大要的意思总是要"齐死生，同去就"；并且以为善恶是平等的，智愚是一样的。看着人生，不过是一切物质的集合，随时变化，没有不灭的精神，所以尧、舜、桀、纣都没差别,"死则腐骨"。照这样人生观念去行,必定造出与世浮沉的人类。既然不分善恶,所以没有不屈的精神;既然没有将来的希望,所以不主张进化;既然以为好不好都是一样,所以改不好以为好只是多事;既然只见得人生外面时时变化,不见人生里面永远不变,所以看得人生太没价值了。照效果而论,这种达生观已经这样可怕,若果合于真理,尚有可说,无如拿真理解他,他并没立足之地。凡立一种理论,总要应付各种实事,但凡有一处讲不通,这理论就不能成立。我们是人,人有喜、有怒,有若干的情绪,有特殊的情操,有意志,有希望;拿这种达生观去应付,一定应付不下的。因为达生观忽略人性,所以处处讲不通了。达生观竟可以说是一种"非人性的人生观"。就以阮籍个人而论,总应该实行这达生观了;但是《晋书》本传里说:"籍子浑……有父风,少慕通达,不饰小节。籍谓曰:'仲容已豫吾此流,汝不得复尔。'"照这样看,阮籍竟不能实行下去。他爱他儿子,他不愿意他儿子学他,可见他这道理是不普遍的。不普遍的道理是不能存在的道理。然而大说特说,真是自欺。还有一层,照这达生观的道理而论,善恶是一样,一切是平等了;那么"大人先生"和"裈中群虱"是没分别,达生的和不达生的,是没上下,何以偏说"大人先生"好,"裈中群虱"不好?达生的好,不达生的不好呢?既然"一往平等"了,没有是非了,只好"无言";然而偏来非那些,是这些,骂那些,赞这些,真是自陷。总而言之,解释人生真义,必须拿人性解去,必须把人性研究透彻,然后用来解释。如若不然,总是不遮盖事实的空想了。至于达生观所以在中国流行,也有几条缘故。第一,中国人是只见物质不想精神的。第二,中国人缺乏科学观念,所以这样在科学上讲不通的人生观念,却可以在中国行得通。第三,——这是最要紧的原故——中国的政治,永远是昏乱。在昏乱政治之下,并没有人生的乐趣,所以人生的究竟,不可得见。忽然起了反动,就有了达生观了。

第二是出世观。出世的人生观有两种:一、肉体的出世。二、精神的出世。前者是隐遁一流人,后者是一种印度思想。中国历史上最多隐士,都是专制政治的反响,专制政治最能消灭个性;尽有许多有独立思想的人,不肯甘心忍受,没法子办,只有"遁世不见知而不悔"。什么"贤者避世,其次避地"啊,都是在昏乱时候。有时太平时代,也出隐士,看来似乎可怪。其实也是为着社会里政治里不能相容,然后自己走开。这样本不是一种主义。在实行隐遁的人,也并不希望大家从他。所以有这样情形,尽可说是在一种特殊境况之下,发生来的一种特殊变态,我们大可置而不论了。至于那一种印度思想,惑人却是不少。他们以为人生只有罪恶,只有苦痛,所以要超脱人生。揣想他的意旨并不是反对人生,原不过反对苦痛,但是因为人生只有苦痛,所以要破坏人生。照现在文化社会的情形而论,人生只有苦痛一句话,说不通了。更加上近代科学哲学的证明,超脱人生的幸福,是不可求的。什么"涅槃"(Nirvana)一种东西,是幻想来的。这也是在印度乱国里应有的一种思想,也是受特殊变态的支配,也是拿"非人"论人,不能解释人生的真义。

第三是物质主义。中国人物质主义的人生观,最可痛恨。弄得中国人到了这步田地,都是被了他的害。这种主义在中国最占势力,也有个道理。中国从古是专制政治,因而从古以来,这种主义最发达。专制政治,原不许人有精神上的见解,更教导人专在物质上用工夫。弄到现在，中国一般的人，只会吃，只会穿，只要吃好的，只要穿好的，只要住好的，只知求快乐，只知纵淫欲……离开物质的东西，一点也觉不着；什么精神上的休养、奋发、苦痛、快乐、希望……永不会想到。这样不仅卑下不堪，简直可以说蠢的和猪狗一样。一切罪恶，都从不管精神上的快乐起来。所以不管精神上的快乐，都因为仅仅知道有物质。这种观念，在哲学上并没有丝毫地位，原不值得一驳。我们只要想几千年前人类要是只有这种观念，必定没有我们了，我们要是只有这种观念，必定没有后人了。可见这观念和人生势不两立，那么当然不能拿他解释人生了。

第四是遗传的伦理观念。有人说，道德为人而生，也有人说，人为道德而生。后一层道理，已经是难讲得很。纵然假定人为道德而生，也应当为现在的、真实的道德而生，不应当是为已死的、虚矫的道德而生。在现在中国最占势力的人生观念，是遗传的伦理主义。他以为人为道德而生——为圣人制定的道德而生——不许有我，不许我对于遗传下来道德的条文有惑疑。硬拿着全没灵气的人生信条，当作裁判人生的一切标准。中国人多半是为我主义，这却是无我论。何以无我呢？因为有了道德，就无我了；有了道德上指明的"君""父"，就无我了；有了制定道德的圣人，就无我了。这道理竟是根本不承认有人生的，他的讲不通，也不必多说了。

这四种都是中国流行的"左道"人生观念。有人问我，何以这几样都算做"左道"？我答道："因为他们都不是拿人生解释人生问题，都是拿'非人生'破坏人生，都是拿个人的幻想，或一时压迫出来的变态，误当做人生究竟。"其余的"左道"观念，尚是很多，一篇文章里不能一一说到，只要把"就人生论人生"一条道理当做标准，不难断定他的是非了。

三

既然"左道"的人生观念，都是离开人生说人生，我们"不左道"的人生观念，当然要不离开人生说人生了。但是不离开人生说人生——就人生的性质和效果，断定人生的真义——却也不是容易的事。想这样办，必须考究以下各条事实：

（1）人在生物学上的性质——就是人在自然界的位置。

（2）人在心理学上的性质——就是人的组织、机能、行为、意志各方面的性质。

（3）人在社会学上的性质——这是人和人、个人和社会，相互的关系。

（4）人类将来的福利和求得的方法。

（5）生活永存的道理（The Immortalitiy of Life）。（我这里说生活永存，万万不要误会。我是说"生活的效果〔Effects〕"永存，"社会的生活"永存，不是说"个人的生活的本身"永存。）

照这五条研究详细，不是我这"发端"的文章应有的事。况且我学问很浅，也不配仔细述说这些。所以要做这篇文章的缘故，原不过提出这人生问题，请大家注意。请大家去掉"左道"，照正道想法去解决他；并不敢说我已经把他圆满解决了。但是人人都有他自己的哲学，上至大总统，下至叫化子，都有他的人生哲学，我对于人生，不能没有一番见解。这见解现在却切切实实相信得过，也把他写了出来，请大家想想罢。

人生观念应当是：

为公众的福利自由发展个人。（我现在做文，常觉着中国语宣达意思，有时不很亲切。在这里也觉这样。我把对应的英文，写出来吧。"The free development of the individuals for the Common Welfare."）

四

我这条人生的观念，看来好像很粗，考究起来实在是就人生论人生，有许多层话可说。怎样叫做自由发展个人？就是充量发挥己身潜蓄的能力，却不遵照固定的线路。怎样叫做公众的福利？就是大家皆有的一份，而且是公共求得的福利。为什么要为公众的福利？就是因为个人的思想行动，没有一件不受社会的影响，并且社会是永远不消灭的。怎样能实行了这个人生观念？就是努力。这话不过略说一两面。我这人生观念，决不是两三行文章，可以讲圆满了的。但是多说了看的人要讨厌了，姑且抛开理论，把伪《列子·汤问》篇里一段寓言，取来形容这道理吧。

> 太行王屋二山，方七百里，高万仞，本在冀州之南，河阳之北。
>
> 北山愚公者，年且九十，面山而居。惩山北之塞，

出入之迂也，聚室而谋曰："吾与汝毕力平险。指通豫南，达于汉阴，可乎？"杂然相许。

其妻献疑曰："以君之力，曾不能损魁父之丘，如大山、王屋何？且焉置土石？"

杂曰："投诸渤海之尾，隐土之北。"

遂率子孙，荷担者三夫，叩石、垦壤，箕畚，运于渤海之尾。邻人京城氏之孀妻，有遗男，始龀，跳往助之。寒暑易节，始一返焉。

河曲智叟笑而止之曰："甚矣，汝之不慧！以残年余力，曾不能毁山之一毛，其如土石何？"

北山愚公长息曰："汝心之固，固不可彻，曾不若孀妻弱子。虽我之死，其子存焉。子生孙，孙又生子，子又有子，子又有孙，子子孙孙无穷匮也。而山不加增，何苦而不为乎！"河曲智叟无以应。

操蛇之神闻之，惧其不已也，告之于帝。帝感其诚，命夸娥氏二子负二山，一厝朔东，一厝雍南。自此冀之南，汉之阴，无陇断焉。

这段小说把努力、为公两层意思，形容得极明白了，"子子孙孙，无穷匮也，而山不加增，何苦而不为乎"一句话，尤其好。我们可以从这里透彻的悟到，人类的文化和福利，是一层一层堆积来的，群众是不灭的，不灭的群众力量，可以战胜一切自然界的。末一节话虽荒唐，意思乃是说明努力的报酬。但能群众永远努力做去，没有不"事竟成"的。我们想象人生，总应当遵从愚公的精神。我的人生观念就是"愚公移山论"。简截说罢，人类的进化，恰合了愚公的办法。人类所以能据有现在的文化和福利，都因为从古以来的人类，不知不觉的慢慢移山上的石头土块；人类不灭，因而渐渐平下去了。然则愚公的移山论，竟是合于人生的真义，断断乎无可疑了。

这篇文章，并没说到仔细。仔细的地方，我还要研究去，奉劝大家都研究去。研究有得再谈罢。

七年十一月十三日

原载 1919 年 1 月 1 日《新潮》第一卷第一号

美感与人生

我平生不曾于美感上加以有条理的研究，没有读过讲论美感的书，又很少把自身的经验加以深思的剖解。虽时常有些感动心脾的境界——如听到好听的音乐，便觉得这身子像散作气体样的；步行山中，虽头昏眼花，总不知道倦意，等等。凡人皆有的感情——总难得把这境界用意思显出来，这意思又很难用语言表达。在有文学技能的人还不能逻辑的表达于诗文之内，有同感的人，自然界也能不逻辑的心领神会，偏我又不能。若作逻辑的文章表达这些思想，更是难事。所以我平常所得的这类经历，只好放在心里久久忘去就是了。

在 Tydeus 船上写一封信给北京的朋友们，偶有两句说到自然的美，发了小小的议论，引起我的好朋友俞君平伯和我的一大块泛滥不知所归的辩论。当时辩论，忿于言色；过后想想，可发一笑。终究不如把我对于这类的感想写下，一时想到的而又可以用话表达的个大概来，免为在肚里闷着腐败。虽说"今年所作明年必悔"，但应悔的见解正多，添一个不加多。我就在篇端声明，这篇见解只是一个不学的人的直觉的感想，而且是在船上神魂闷倦时写的。

任凭何人，都很容易感觉疲劳。任凭何时，都很容易受些苦痛。从皮面看，疲劳、苦痛好像人生的最不幸事，但实际上疲劳、苦痛并不能把人生糟蹋的怎样了;有时疲劳、苦痛越多,人生前进的越猛。所以然者,第一靠着疲劳、疾苦有些报酬物,得到报酬物,登时把疲劳、苦痛丢的远远的;第二靠着有个建造新鲜精神的原力,这原力建造出新鲜精神,就把那被疲劳、苦痛所糟蹋的补足填满。所以人生如波,一伏一起,一消一长。消长之间,见出趣味;趣味之内,证了人生。但这些报酬物和原力是什么?现在颇难条条举出。随便举两个例:Mill 在他所做的 *On Liberty*(即《论自由》)的前面写下百多字的个 Delication(献辞),上边说:"她的(他夫人的,在做这本书时已死)契合赞诺是我著述的苦痛的惟一报酬物。"又说:"我若能把她当年契合的意思的一半传布到世人,这本书就真是了不得的了"(原文记不精确,姑举其意)。从他这一往情深的话头,可以显出他的精神安顿的所在,他的精神就安顿在他的夫人的智慧情感上。他的夫人的智慧情感,就是他为著作直接所得的疲劳、间接所得的苦痛的惟一报酬物,并且是他的新鲜精神的建造者。这也不限于 Mill,世人这般的正多。所以古人常常的想,有了可以通情契意的夫人,就可以捐弃一生的世间牵连,而去归隐。再举一例:一个人辛苦极了,听到舒畅的音乐,偏能把辛劳疾苦舒畅得干干净净;若又听到鼓荡的音乐,又要把这心境鼓励到天空去。当这时节,如是富于感情的人,他这心里当说不出怎么好了。能明白这音乐的人,自然有许多境界,就是不明白音乐的人,也不免把心绪随着这音乐声宽窄高下疾徐。感动得浅了,还不过是些心动手动脚动的情感;感动得深了,竟能至于肉体感觉发生变动,觉得脚不着地、头发不着皮,这身子仿佛要去化做气体。从此疲劳补满,更出产些新精神。这类的事倒正多。一切自然界的宏美,艺术界的真丽，都可随时随地引人生一种"我与物化"的情感，不必一一举例了。

所以多趣味的人就是能多收容精神界滋养品的人，能多劳苦而不倦怠的人，能有归宿地的人。少趣味的人，纵然身躯极强固，意志极坚定，但时不免有两种危险来袭击。疲劳极了，苦痛多了，而无精神的安慰与酬报，不免生趣渐渐枯槁起来，久了，意志动机都成死灰。或者疲劳极了，苦痛多了，而无精神上的安慰与酬报，不免对于精神生活生一种捐弃的决心，转而单图物质的受用，于是乎大大溃决了。不知道这种生活的趣味，哪知道这种生活的可爱？不知道这种生活的可爱，哪能把这种生活保住得牢？

所以凭我一时揣想，有趣味的生活是能发展的生活，能安慰的生活，这是从积极方面说起；又是能保险的生活，这是从消极方面说起。

人各有所好，常常为他所好的缘故，把他的事业、名誉、生命、信仰都牺牲了。但这罪过不在乎他有所好，而在乎他所好的错了。无好的人，每每是最无用的人或者竟是死人。所以无论为自己、为公众、为快乐、为道理，都应该择选一个最适当的所好，而"阿其所好"。

但好得不是路了，每每扰乱了别人，殉了自己。"以此教人，固不爱人；以此喻己，亦不爱己"。独有美感的爱好，对得起自己，同时一样的对得起别人。这因为爱好美感和爱好别的物事有些根本的不同。一来爱好美感的心理是匀净的，不像爱好别的起些千丈高波，生些万难事故。纵然有时爱好它深了，以至于一往情深，恋念郁结，神魂飞动，满身的细胞起了变化，错误了世间一切真真实实的事，毕竟不过心神上的盘旋，他自己生出了无数趣味，却不曾侵夺了别人的无数趣味。二来爱好美感，是自己的利害和别人的利害一致的。不比好别的物事，每每这里得了，那里就失。三来爱好别的，每每重在最后的获得。获得之前，先捐上无数苦恼，一旦得了，或终究不得，不免回想，以前"为谁辛苦为谁甘"，于是乎最后落到一个空观去。独有美感的爱好，要零零碎碎的取偿，它的目的平分散到时时刻刻——就是并没有最后的总目的——自然时时取偿，刻刻刈获，接连不断的发新精神。先上来不必积上些苦恼，末了也不到于反动，出一个空观，所以最慰贴。四来爱好别的，越爱私心越发达，爱好美感竟能至于忘了"自我"，而得我与物的公平。五来爱好别的，每每利害的分辨甚强，每每以智慧判断最后的究竟。我说句大胆话，我近来颇疑心智慧的效用。我觉得智慧颇少创造力，或者竟能使人种种动念，卷成灰烬，那些想到"可怕的内空"（Awful inner emptiness）的人，何尝不是智慧领着他寻得一个"大没结果"呢？至于爱美感，先去了利害的观念，安所容其得失之心？所以美感有创造的力量……六来……七来……正多着呢，我也说不清了。

总而言之，人若把他的生活放在一个美感的世界里面，可以使得生活的各面兴趣多多实现。更活泼、更有生趣、更能安慰、更能觉得生活与自然是一个人，不是两件事。人的生趣全在乎小己和身外一切的亲切；人的无趣——就是苦恼——全在乎小己和身外一切的不亲切。所以趣味发作起来，世界可以成一个大家；趣味干枯起来，一个人在精神上"索居而离群"，丧失了一切生活的乐境。总而言之，美感是趣味的渊源；趣味是使生活所以为生活者。

人生与趣味本有拆不开的关系：后一种是本体，前一种不过被附着的躯壳。一旦本体失丧，只剩了躯壳，人对于这躯壳是并不爱惜的。这话怎样讲呢？我们仔细想，我们实在有比人生还爱的东西，不然，何以拿着人生当孤注，拼命冒险寻它呢？更有比掉了人生——就是死——还不爱的东西，不然何以有时不惜掉了人生，或者避了人生的意义——就是离群索居呢？人为什么才活着？这本是一个最难回答的问题。但从常识上证起，也可以简单的根本解答，就是人为取得生趣而活着。什么是取得生趣？就是求获精神上的满足——或者可说安慰。一旦精神上不得满足，不能安慰，并没有生趣了，顿时觉得人生一无价值。从古来有些很沉痛的说话，可以证明这道理。《诗经》上，"有生如此，不如无生"！小青也学古人说，"未知生乐，焉知死悲"？有些思想家大大赞美人生，但他们所赞美的，依然是被生活所凭托的东西——生趣——并非是凭托生趣的东西——生命。又有些思想家大大毁谤人生，以为人应该看破这假面的人生，丢了它，避了它，或者安安稳稳的送它终，然后得到解脱，但他们所得依然是被生活所凭托的东西——生趣——并非是凭托生趣的东西——生命。他们以为生趣是无趣，是苦痛。他们以为人生和苦痛不可分离，所以诅咒苦痛的结果，忽然变成诅咒人生。他们本无所憾于人生，只恨人生所恐的苦痛，人生只不过是代人受过。从此解来，可知人的最上目的，并不是人命的取得，而是生趣的取得。只为生趣不能脱离生命而自存，所以就误以作凭托物的生命为最后的究竟。通常习而不察，觉得人在世间的一切行为、思想、感情、设施等等，皆为达生命的目的而作，实是误以形体为含性而忘了含性了。一旦当生命生趣冲突时，略能见出人所求、人所爱者，不在形体，而在含性，所以当有人为取得精神上之安慰，而牺牲了生命。

一般的见解，以为人生是无上的东西。这话的是否，全靠解释人生这一个名词。如果把人生讲作生命而止，很觉得有些不可通，如果把它作人生的含义便觉稳当得许多。

我现在简单的陈列于下边：

> 人并不是为活着而活着，只为达到他的生趣而活着。所以生活并不是人类最普遍最原始的目的，不过是达到他这最普遍最原始的目的一种手段，偏偏这一种手段是最大的一种手段，所以就误以手段为目的。

但更深一层想来，手段目的的分别简直有些根本上难成立。如以生命为目的，我们固可以称人生一切物事为手段，因为这些不过是——看来像是——达到这生命一个目的的。但若照上文说的，人生的目的在生趣。那么，"目的"两字用得也就很牵强了。生趣就文义说来，只是一个抽象名词，就实际说，是时时处处散见在一人生活中的一切事体。既是零零碎碎的一切事体，那么人生的意义、精神和祈祷，正是零零碎碎的、日用寻常的所包含的一种解说。所以人生的目的就是人生的手段，倒转来说，人生的手段，就是人生的目的。那一切零零碎碎的事物所含包的一切意趣，就是人生的目的，同时也是人生的手段。分碎了就是手段，打总了说是目的。客观着说只是一件东西，不过解释上分两面罢了。

那么，通常所称为人生的一切手段都有它自己的目的，也就是人生的目的。譬如学问，通常说是一个手段，达到较上生活那一个目的的，但较上生活并不是一件独立的东西，就住在学问里，所以我们竟可说，"我们为学问的缘故而学问"。人生有无数的分体散住在处处。每一个有趣味的物事里边住着一个人生之"分体"，所以每个有趣味——对人性发生趣味——的物事，有个至上的目的。所以我们为学问的缘故而学问，为行为的缘故而行为，为情感的缘故而感动……所以我们要重视我们平生所接触的有趣味的物事，不宜以这些物事是助兴趣而无关宏旨的。

人是群性的动物，所以自性质上说，人断不愿索居而离群，非特不愿，而且不能。但何以从古以来很有些"避世避地"的人呢？这是因为人有一种"自事自"的为我根性，觉得群中之乐，敌不过世间之苦，想逃世间之苦，不得不弃捐了群中之乐。但群中之乐终是不愿，而且不能弃捐的，所以结果一定是弃而不弃。一面矫揉造作的"避世避地"，一面又把世间地上的药，用空中楼阁的眼光，取掩耳盗铃的方法，矫揉造作的从世间地上的苦中抽出，加在自然物身上。所以"与木石居，与鹿豕游"的人，总是把群性加在木石鹿豕身上，觉得这些东西都含着些天机人性，有群趣，有爱情，可以和他们沟通心意，简直是自己的朋友。所以人并不能完全的离群，最多不过离下这个群，自己给自己另造一个群，丢了不愿意接触的，而把愿意接触的部分，以意为之的搬到一个新地域去就是了。这新地域总是自然界，所以可往这自然界里搬的缘故，总因为这自然界里含着一种美性，从此可知美性与群性的关合。

问这索居离群一个办法究竟对不对？却不容易简单回答。从社会的道理论起，就现代的眼光看来，简直是大愚，而且是罪恶。我平日常想，中国人只有一个真不道德，就是卑鄙龌龊；和一个假道德，就是清高。清高是胆怯、懒惰两种心理造成的，若论它造出的结果，简直可以到了"洪水横流"。但平情想来，这也是专制时代必生的反响，专制不容社会的存在，所以在"没有社会的时代"自然要生没有社会的思想。但虽说可恕，却也很不可学。这话说来极长，和本题没有关系，不便多说。若就别一方面论起，他们也有他们的道理。他们能知道人生与自然是可以相遇的，而且实行使他们相遇起来。所差者"一往不返"，做得太过度了。

我在上文说，他们是"空中楼阁"，是"掩耳盗铃"，是"以意为之"，是"矫揉造作"，仿佛都是贬词。这不过随便用来形容他们的不同常情，并不就是说他们毫无道理。他们不是的方面放下不论，专说他们有道理的地方。他们能明白美感，领受美感，所以才能把人生的一部分放在自然的身上。美感是人生与自然相同的东西，人生中有和谐的旨趣，于是引人生美感；自然中有同样的和谐的旨趣，于是引人生同样的美感。虽然所施的方向不同样，所有的作用却是同样。美感又是人生与自然相遇的东西。这话就是说：人生与自然相遇于美感之内。

人生的范围是怎样的？颇不容易断定地方，从一方面论起，人生全在自然界里边，人生的现象全是自然界的现象；但从别一方面论起，自然界全在人生里边，一草一木，一芥一尘，大的如海洋，小的如点水，远的如恒星，近的如寒暑，都是直接或间接供人生往美感上去的东西。自然界里没有一件东西不供人生之用，自然界里没有一种意义不与人生切合。所以人生有个普遍性，所以人生是无往不在的。就是那最远的恒星里，离着我们人万万万万里，也含人生的意味。

这个人生在自然界的普遍性，最好从美感里看出。美感引人和身外的物亲切，又引人因身外的物的刺激，而生好动性。以好动的心境，合亲切的感情，于是乎使人生与自然界的一切东西发生深厚复杂的关系，于是乎使人生的意味更浓。我们除非说人生也是虚的，便不能不承认美感的价值，便不能不承认美感中有实在——因为人生实在。既这样，美感应该是我们的一种信仰（以上是地中海舟中所作，以下是今日补成的）。

问美感的由来是客观的呢，还是主观的呢？要回答这个问题，先要注意什么是主观？什么是客观？天地间的东西，本没有绝对客观的，都是以人性为之解释而生的见解。但主观又因范围不同，而生真实上的等别；个人的主观每每是偏见，人性的主观——就是普遍及于人类的——便是科学上的真实，通常称作客观。美感的真实和科学一样，并不少些。例如说：一人为美感所引，精神飞越，旁边的个人，对此毫不生如何感触，这可说是主观的了。但实际研究，又不是这样的。一来必须有引你神魂飞越的可能性，你的神魂才飞越，并不是你无中生有。二来你对此神魂飞越，别人不然，并不是你多些，是别人少些。你能比别人感受自然多一点，不是你杜撰，即不是主观。三来美感是个能发生效验的东西，他的效验应人而发，等度可量，所以不是玄眇的——个性的主观的。总而言之，美感和理性都有客观的真实，不能以理性宰割美感，不能说一个是客观的实体，一个是主观的私见，因为它俩都是我们人类的精灵和自然界的含性所接触而生的东西，效力一般的大，实证一般的多。

我上次那个通信里（就是第一段里的）有一句说：

> 自然的美引人。据我凭定着想：形态的美，引人的文学思想；组织的美，引人的科学思想；意识的美，又能助宗教与哲学的发达。

因这几句话的争执，平伯和我写了很长的信，还不曾完结，现在事隔三月，追想论点何在，再也不能了，只好待后来若再想起时再说罢。

但美感之效用，诚不只上句话里说的。深处姑不论，只就最浅而易见的地方说，已很有伟大的范围。

人生的苦痛，每每由于两种相反的心思交战。一面固不能"索居而离群"，一面又很觉得"倦厌风尘"。所以静也不是，动也不是，一面觉得静得无聊，一面觉得动得无趣。然而美感是一件极流荡的东西、极不停止的东西，我们和它合作，精神是极流动的。心上有若干提醒，知觉界里有足数动机，习染得好，自然行事上很难动作，而又不滞于形骸之内，有极好的空气，最深彻的精神。但美感引人的动，却又大和物质引人不一样。物质把人引去，人便流连不返；情感的流动引人，虽很发扬，却忘不了深彻的境界。

人生每每困在争物料的所有权一个境地里，所以把物料的用处也弄错了，所以把人生的意味也变黑暗了。人的世界里，必要作野兽的行为。但自然的美谁也不能对着称所有者，即美之凭借人工者——为公园公林之类——也决没有由人据为私有而发生更大趣味的事。我这意思是说，大家享受，比一人享受还有趣，决不会一人享受别有趣。就是人为的美术，也还是供给大家看的有趣。所以情感极高彻的人，每每是极勇敢、淡泊、服公的人。我到欧洲来，觉得欧洲陈列馆、博物院、公园草地之多，大可为造就未来世界的张本。为造就未来那个合作的互助世界，此刻所要预备的：一是造这世界的组织法；二是造这世界的德素。前一项里，欧洲人的工业组会、消费组会、工团等等，已大大可观；后一项里，这些引人生无私的美感的公共博物院与园林，也大有用处。

世人的人格粗略可以分做三级：最下是不能用形骸的人；上之者，能用形骸而不能不为促于形骸的人；最上是能用形骸而又不为促于形骸的人。这种深彻的人格，不能只靠知识为表率，全在乎感情之培养。

上文说了许多，大旨只是证明一件事：就是美感与人生说来既是不相离的。我们更要使它俩结合，造一个美满的果。一种人把美感当作好奇好古的意思去做，是大大错的，我们必须：

（1）以人生自然（To personify the nature），就是不使自然离了人生。

（2）以自然化人生（To naturalize the nature），就是不使人生徇恶浊的物质。

上两件事的结合便是古代希腊的文化。希腊文化是要学的，因为它的文化最是"人的文化"。我们并不需要超人的文化（罗马）和超自然的文化（犹太）。以希腊文化的精神，自然产生雅典的Democracy（民主）世界。现在这个世界里，物质渊源这样大，智慧发展这样广，若果发达这个自然与人生结合的趋向，自然要比希腊人的成绩更进一层了。

拿一个合作的互助世界，去换这个竞争的资本世界，天然要有比现在更有人性的感情，去建设去。

这篇文章太觉词不达意了，前后又不是一时作的，末尾又是匆匆补上，一切意思都觉说不出来，很对读者抱歉。

原载1920年7月7日至10日《晨报》

中国学术思想界之基本误谬

三年以前,英国杂志名《十九世纪与其后》者(*The Nineteenth Century and After*),载一推论东方民性之文,作者姓名,与其标题,今俱不能记忆。末节厚非东方文明,印吾心识上者,历久不灭。今举其词,大旨谓:

> 东方学术,病疴生于根本;衡以亚利安人之文明,则前者为无机,后者为有机;前者为收敛,后者为进化。质言之,东方学术,自其胎性上言之,不能充量发展。倘喀郎(Châlons)之役,都尔(Tours)之军,条顿罗甸败北,匈奴或大食胜者,欧洲荣誉之历史,将随罗马帝国以覆亡。东方强族,篡承统绪,断不能若日耳曼人仪型先民,与之俱进。所谓近世文明者,永无望其出于亚细亚人之手;世间之上,更不能有优于希腊、超于罗马之政化。故亚利安族战胜异族,文明之战胜野蛮也,适宜文明战胜不适文明也。

逐录此言,以启斯篇。当日拘于情感,深愤其狂悖,及今思之,东方思想界病中根本之说,昭信不诬。缩东方之范围,但就中国立论:西洋学术,何尝不多小误,要不如中国之远离根本,弥漫皆是。在西洋谬义日就减削，伐谬义之真理，日兴不已。在中国则因仍往贯，未见斩除，就令稍有斩除，新误谬又将代兴于无穷。可知中国学术，一切误谬之上，必有基本误谬，为其创造者。凡一切误谬所由生成，实此基本误谬为之潜率，而一切误谬不能日就减削，亦惟此基本误谬为之保持也。今欲起中国学术思想界于较高之境，惟有先除此谬，然后从此基本误谬以生一切误谬，可以"神遇而不以目视"，欲探西洋学术思想界之真域，亦惟有先除此谬，然后有以相容，不致隔越。欲知历来以及现在中国学术思想界之状况何若，亦惟有深察此弊之安在，然后得其实相也。

至于此种误谬，果为何物，非作者之陋所能尽量举答。故就一时觉察所及，说谈数端，与同趣者共商榷焉。

一、中国学术，以学为单位者至少，以人为单位者转多。前者谓之科学，后者谓之家学。家学者，所以学人，非所以学学也。历来号称学派者，无虑数百；其名其实，皆以人为基本，绝少以学科之分别，而分宗派者。纵有以学科不同，而立宗派，犹是以人为本，以学隶之，未尝以学为本，以人隶之。弟子之于师，私淑者之于前修，必尽其师或前修之所学，求其具体。师所不学，弟子亦不学；师学数科，弟子亦学数科；师学文学，则但就师所习之文学而学之，师外之文学不学也；师学玄学，则但就师所习之玄学而学之，师外之玄学不学也。无论何种学派，数传之后，必至黯然寡色，枯槁以死。诚以人为单位之学术，人存学举，人亡学息，万不能孳衍发展，求其进步。学术所以能致其深微者，端在分疆之清；分疆严明，然后造诣有独至。西洋近代学术，全以科学为单位，苟中国人本其"学人"之成心以习之，必若枘凿之不相容也。

二、中国学人，不认个性之存在，而以为人奴隶为其神圣之天职。每当辩论之会，辄引前代名家之言，以自矜重，以骇庸众，初不顾事理相违，言不相涉。西洋学术发展至今日地位者，全在折衷于良心，胸中独制标准；而以妄信古人依附前修为思想界莫大罪恶。中国历来学术思想界之主宰，概与此道相反。治理学则曰，"纂承道统""辅翼圣哲"；治文学则曰，"惧斯文之将坠，宣风声于不泯"；治朴学则曰，"功莫大于存古"。是其所学之目的，全在理古，理古之外，更无取于开新；全在依人，依人之外，更无许乎独断。于是陈陈相因，非非相衍，谬种流传，于今不沫。现于文学，则以仰纂古人为归宿；现于哲学，则以保持道统为职业；现于伦理，则忠为君奴，孝为亲奴，节为夫奴，亲亲为家族之奴。质而言之，中国学术思想界，不认有小己之存在，不许为个性之发展；但为地下陈死之人多造送葬之"俑"，更广为招致孝子贤孙，勉以"无改于父之道"。取物以譬之，犹之地下之隧宫，亦犹之地上之享庙，阴气森森，毫无生趣；导人于此黑暗世界，欲其自放光明，讵可得耶？

三、中国学人，不认时间之存在，不察形势之转移。每立一说，必谓行于百世，通于古今。持论不同，望空而谈，思想不宜放之无涯之域。欲言之有当，思之由轨，理宜深察四周之情形，详审时代之关系。与事实好合无间，亲切著明，然后免于漫汗之谈，诏人而信己。故学说愈真实者，所施之范围愈狭，所合之时代愈短。中国学者，专以"被之四海""放之古今"为贵，殊不知世上不能有此类广被久延之学说，更不知为此学说之人，导人浮浅，贻害无穷也。

四、中国学人，每不解计学上分工原理（Division of labour），"各思以其道易天下"。殊类学术，皆一群之中，所不可少，交相为用，不容相非。自中国多数学人眼光中观之，惟有己之所肄，卓尔高标，自余艺学，举无足采。宋儒谈伦理，清儒谈名物，以范围言，则不相侵凌；以关系言，则交互为用：宜乎各作各事，不相议讥；而世之号称汉学者，必斥宋学于学术之外，然后快意；为宋学者，反其道以待汉学；壹若世上学术，仅此一家，惟此一家可易天下者。分工之理不明，流毒无有际涯。举其荦著者言之：则学人心境，造成偏浅之量，不容殊己，贱视异学。庄子谓之"各思以其道易天下"。究之，天下终不可易，而学术从此支离。此一端也。其才气大者，不如生有涯而知无涯，以为举天下之学术，皆吾分内所应知，"一事不知，以为深耻"。所学之范围愈广，所肄之程度愈薄，求与日月合其明，其结果乃不能与爝火争光。清代学者，每有此妄作。惠栋、钱大昕诸人，造诣所及，诚不能泯灭；独其无书不读，无学不肄，真无意识之尤。倘缩其范围，所发明者，必远倍于当日。此又一端也。凡此两者，一偏狭而一庞大，要皆归于无当；不知分工之理，误之诚不浅也。

五、中国学人，好谈致用，其结果乃至一无所用。学术之用，非必施于有政，然后谓之用，凡所以博物广闻，利用成器，启迪智慧，熔陶德性，学术之真用存焉。中国学人，每以此类之大用为无用，而别求其用于政治之中。举例言之，绅绎封建之理，评其得失，固史学家当务之急，若求封建之行于后世，则谬妄矣。发明古音，亦文学界之要举，若谓"圣人复起，必举今日之音反之醇古"，则不可通矣。历来所谓读书致用，每多此类拘滞之谈。既强执不能用者而用之，其能用者，又无术以用之，亦终归于不能用。盖汗漫之病，深入肌髓，一经论及致用之方，便不剀切，势必流入浮泛。他姑不论，但就政学言之，政学固全在乎致用者。历来谈政之士，多为庞大之词，绝少切时之论；宋之陈同甫、叶水心，清之龚定庵、魏默深，皆大言炎炎，凭空发抒，不问其果能见诸行事否也。今日最不可忽者：第一，宜知学问之用，强半不在见于行事，而施于有政者尤希；第二，宜于致用之道，审之周详，勿复汗漫言之，变有用为无用也。

六、凡治学术，必有用以为学之器。学之得失，惟器之良劣是赖。西洋近世学术，发展至今日地步者，诚以逻辑家言，诣精致远，学术思想界为其率导，乃不流于左道也。名家之学，中土绝少，魏晋以后，全无言者；即当晚周之世，名家当途，造诣所及，远不能比德于大秦，更无论于近世欧洲。中国学术思想界之沉沦，此其一大原因。举事实以言之：墨家名学"本之于古者圣王之事"，引古人之言以为重，逻辑所不许者。墨子立"辩"，意在信人，而间执反对者之口，故有取于此，立为"第一表"。用于辩论则可，用于求真理之所在，真理或为往古所囿。魏晋以后，印度因明之学入中国，宜乎为中国学术之助矣。然因明主旨，在护法，不在求知。所谓"世间相违""自教相违"者，逻辑不以为非，而因明悬为厉禁。旧义不许自破，世间不许相违，执此以求新知识，讵有得者？谈名学者，语焉不精，已至于此，若全不解名学之人，持论之无当，更无论矣。余尝谓中国学者之言，联想多而思想少，想象多而实验少，比喻多而推理少。持论之时，合于三段论法者绝鲜，出之于比喻者转繁。比喻之在中国，自成一种推理方式。如曰"天无二日，民无二王"，前辞为前提，后辞为结论。比喻乃其前提，心中所欲言乃其结论。天之二日，与民之二王，有何关系？说者之心，欲明无二王，而又无术以证之。遂取天之一日，以为譬况；壹若民之所以无二王者，为天之无二日故也。此种"比喻代推理"，宜若不出于学者之口，而晚周子家持论，每有似此者。孟子与告子辩"生之为性"，而取喻于"白羽""白雪"之"白"，径执"白"之不为"白"，以断"生"之不为"性"，此其曲折旋转，虽与"天无二日"之直下者不同，而其借成于比喻，并无二道。操此术以为推理之具，终古与逻辑相违，学术思想，更从何道以求发展。后代论玄学者、论文学者、论政治者，以至乎论艺术者，无不远离名学，任意牵合，词穷则继之以联想，而词不可尽；理穷则济之以比喻，而理无际涯。凡操觚之士，洋洋洒洒，动成数千言者，皆应用此类全违名学之具，为其修学致思之术，以成其说，以立其身，以树其名。此真所谓病疴生于心脾，厉气遍于骨髓者。形容其心识思想界，直一不合实际，不成系统，汗漫支离，恍惚窈冥之浑沌体而已。

七、吾又见中国学术思想界中，实有一种无形而有形之空洞间架，到处应用。在政治上，固此空洞架子也；在学问上，犹此空洞架子也；在文章上，犹此空洞架子也；在宗教上，犹此空洞架子也；在艺术上，犹此空洞架子也。于是千篇一面，一同而无不同；惟其到处可合，故无处能切合也。此病所中，重形式而不管精神，有排场不顾实在；中国人所想所行，皆此类矣。

上来所说，中国学术思想界根本上受病诸端，乃一时感觉所及，率尔写出，未遑为系统之研究，举一遗万，在所不免。然余有敢于自信者，则此类病疴，确为中国学术界所具有，非余轻薄旧遗，醉心殊学，妄立恶名，以厚诬之者。余尤深察此种病魔之势力，实足以主宰思想界，而主宰之结果，则贻害于无穷。余尝谥中国政治、宗教、学术、文学以恶号，闻者多怒其狂悖，就余良心裁判，虽不免措词稍激，要非全无所谓。请道其谥，兼陈指其旨，则"教皇政治""方士宗教""阴阳学术""偈咒文学"是也。

何谓教皇政治？独夫高居于上，用神秘之幻术，自卫其身，而氓氓者流，还以神秘待之。政治神秘，如一词然，不可分解，曾无人揭迷发覆，破此神秘，任其称天而行，制人行为，兼桎人心理，如教皇然。于是一治一乱，互为因果，相衍于无穷，历史黯然寡色。自秦以还，二千年间，尽可缩为一日也。

何谓方士宗教？中国宗教，原非一宗，然任执一派，无不含有方士（即今之道士）浑沌支离恶浊之气。佛教来自外国，宜与方士不侔。学者所谈，固远非道士之义；而中流以下，社会所信仰之佛教，无不与方士教义相糅，臭味相杂。自普通社会观之，二教固无差别，但存名称之异；自学者断之，同为浑浑噩噩初民之宗教，教义互窃互杂，由来已久。今为之总称，惟有谥为方士之宗教，庶几名实相称也。

何谓阴阳学术？中国历来谈学术者，多含神秘之用。阴阳消息之语，五行生克之论，不绝于口。举其著者言之，郑玄为汉朝学术之代表，朱熹为宋朝学术之代表，郑氏深受纬书之化，朱氏坚信邵雍之言，自吾党观之，谈学术至京、焦、虞氏易说，《皇极经世》《潜虚》诸书，可谓一文不值，全同梦呓。而历来学者，每于此大嚼不厌：哲学、伦理、政治（如"五帝德""三统循环"之说是）、文学（如曾氏古文四象是），及夫一切学术，皆与五行家言，相为杂糅。于是堪舆星命之人，皆被学者儒士之号，而学者亦必用术士之具，以成其学术，以文其浅陋，以自致于无声无臭之境。世固有卓尔自立，不为世风所惑者，而历来相衍，惟阴阳之学术为盛也。

何谓偈咒文学？中国文人，每置文章根本之义于不论，但求之于语言文字之末；又不肯以切合人情之法求之，但出之以吊诡、骈文之晦涩者，声韵神情，更与和尚所诵偈辞咒语，全无分别。为碑志者，末缀四言韵语；为赞颂者亦然。其四言之作法，直可谓与偈辞咒语，异曲同工。又如当今某大名士之文，好为骈体，四字成言，字难意晦，生趣消乏，真偈咒之上选也。吾辈诚不宜执一派之文章，强加恶谥于中国文学。然中国文学中固有此一派，此一派又强有势力，则上荐高号，亦有由矣（又如孔子、老子、子思，世所谓圣人也，而《易·系》《老子》《中庸》三书，文辞浑沌，一字可作数种解法。《易·系》《中庸》姑不具论，《老子》之书，使后人每托之以自树义，汉之"黄老"托之，晋之"老庄"托之，方士托之，浮屠亦托以为"化胡"之说，又有全不相干大野氏之子孙，"戏"谥为"玄元皇帝"。此固后人之不是，要亦《老子》之文，恍惚迷离，不可捉摸，有自取之咎也）。凡此所说，焉能穷丑相于万一。又有心中欲言，口中不能举者；举一反三，可以推知受病之深矣。今试问果以何因受病至此，吾固将答曰，学术思想界中，基本误谬，运用潜行，陷于支离而不觉也。

今日修明中国学术之急务，非收容西洋思想界之精神乎？中国与西人交通以来，中西学术，固交战矣；战争结果，西土学术胜，而中国学术败矣。然惑古之徒，抱残守缺犹如彼，西来艺学，无济于中国又如此，推察其原，然后知中国思想界中，基本误谬，运用潜伏。本此误谬而行之，自与西洋思想格不入也。每见不求甚解之人，一方未能脱除中国思想界浑沌之劣质，一方勉强容纳西洋学说，而未能消化。二义相荡，势必至不能自身成统系，但及惝恍迷离之境，未臻亲切著明之域。有所持论，论至中间，即不解所谓，但闻不相联属之西洋人名、学名，诘屈聱牙，自其口出，放之至于无穷，而辩论终归于无结果。此其致弊之由，岂非因中国思想界之病根，入于肌髓，牢不可破；浑沌之性，偕之以具成，浮泛之论，因之以生衍。此病不除，无论抱残守缺，全无是处，即托身西洋学术，亦复百无一当。操中国思想界之基本误谬，以研西土近世之科学、哲学、文学，则西方学理，顿为东方误谬所同化，数年以来，"甚嚣尘上"之政论，无不借重于泰西学者之言，严格衡之，自少数明达积学者外，能解西洋学说真趣者几希。是其所思所言，与其所以腾诸简墨者，犹是帖括之遗腔，策论之思想，质而言之，犹是笼统之旧脑筋也。此笼统旧脑筋者，若干基本误谬活动之结果；凡此基本误谬，造成中国思想界之所以为中国思想界者也，亦所以区别中国思想界与西洋思想界者也。惟此基本误谬为中国思想界不良之特质，又为最有势力之特质，则欲澄清中国思想界，宜自去此基本误谬始。且惟此基本误谬分别中西思想界之根本精神，则欲收容西洋学术思想以为我用，宜先去此基本误谬，然后有以不相左耳。

原载1918年4月15日《新青年》第四卷第四号

评《春秋时的孔子和汉代的孔子》

颉刚兄：

这篇文章的思想，和我上次信上的意思大致相同，这是很可快乐的事。但是最好还是希望我们的想头不同，才有争论。

这篇文章里，我也有几点与你所说小异：

（一）孔子不见得是纯粹的这么一个君子，大约只是半个君子而半个另是别的。孔子也骂君子，是你也举的。《论语》上有好些话出于君子之外。至于"他修养的意味极重，政治的意味很少"，这话恐怕不尽然。《论语》上先有这么些政治的意味的话。

（二）古文一派恐不始于向、歆。我于《书》太不熟，七年国外，忘得光光。我所记得的最早古文思想，是东方朔对武帝话，以周公为丞相，孔丘为御史大夫。但这话也正出于《汉书》，实不能取为确据。有了董仲舒一流之巫师，则古文一种较 National 的东西必起来，本无疑也。

（三）兄谓"宗教一面的材料没有寄顿之处，就改拉了老子做教主成就了道教。……孔子就成了士大夫的先师了"。这话大致很对。但最初拉老子的人，还是那些偏于古文的儒家，如王弼、何晏等。黄巾道士并不拉老子。等着道士拉老子，恐是葛洪前后的事了。

孔子之政治思想，我认为甚紧要。内谈正名，外谈伯道，实是当前的大题目。伯道在孔子时没有一点坏意思。现在人想起伯来，便想到西楚伯王，遂误会了。

《论语》上孔子之修养采色，恐亦是由《论语》之成就造成。《论语》当然是有子、曾子一派的。这派人总是少谈政事，多谈修养，好弄那些礼貌的架子。有子便是架子大家，大约是架子"似夫子"。我们就这一派人的传记看孔子，自然由这个角的 Perspective（有透视、角度之意）加重这一派人的采色。

我有一个非常自信的成见，以为我们研究秦前问题，只能以书为单位，不能以人为单位。而以书为单位，一经分析之后，亦失其为单位。故我们只能以《论语》为题，以《论语》之孔子为题，不能但以孔子为题。孔子问题，是个部分上不能恢复的问题，因为"文献不足征也"。否则汇集一切孔子说，如孙星衍所愿自效于他所想象以为七十二代文人者，亦正乱七八糟。今以《论语》的单位，尚可抽出一部分的孔子来，其全部分的孔子是不可恢复了。于墨子、庄子等等俱如此，俱以书为单位，而于分析之后不勉强补苴罅漏。其有不能解决之问题"及史之阙文"而已。

弟　斯年
十五、十二、七

原载1927年12月13日《国立第一中山大学语言历史学研究所周刊》第一集第七期

与顾颉刚论古史书

颉刚足下：

我这几年到欧洲，除最初一时间外，竟不曾给你信，虽然承你累次的寄信与著作。所以虽在交情之义激如我们，恐怕你也轻则失望，重则为最正当之怒了。然而我却没有一天不曾想写信给你过，只是因为我写信的情形受牛顿律的支配，"与距离之自成方之反转成比例"，所以在柏林朋友尚每每通信以代懒者之行步，德国以外已少，而家信及国内朋友信竟是稀得极利害，至于使老母发白。而且我一向懒惰，偶然以刺激而躁动一下子，不久又回复原状态。我的身体之坏如此，这么一个习惯实有保护的作用，救了我一条命。但因此已使我三年做的事不及一年。我当年读嵇叔夜（即嵇康）的信说自己那样懒法，颇不能了解，现在不特觉得他那样是自然，并且觉得他懒得全不尽致。我日日想写信给你而觉得拿起笔来须用举金箍棒之力，故总想"明天罢"。而此明天是永久不来的明天，明天，明天……至于今天，或者今天不完，以后又是明天，明天，明天……这真是下半世的光景！对于爱我的朋友如你，何以为情！

私事待信末谈，先谈两件《努力周报》上事物。在当时本发愤想写一大篇寄去参加你们的论战，然而以懒的结果不曾下笔而《努力》下世。我尚且仍然想着，必然写出寄适之先生交别的报登，窃自比季子挂剑之义，然而总是心慕者季子，力困若叔夜，至今已把当时如泉涌的意思忘到什七八，文章是做不成的了，且把尚能记得者寄我颉刚。潦草，不像给我颉刚的信，但终差好于无字真经。只是请你认此断红上相思之字，幸勿举此遐想以告人耳。

第一件是我对于丁文江先生的《历史人物与地理的关系》一篇文章的意见。（以下见《评丁文江〈历史人物与地理的关系〉》文，不复载。）

其二，论颉刚的古史论。三百年中，史学、文籍考订学，得了你这篇文字，而有"大小总汇"。三百年中所谓汉学之一路，实在含括两种学问：一是语文学；二是史学、文籍考订学。这两以外，也更没有什么更大的东西；偶然冒充有之，也每是些荒谬物事，如今文家经世之论等。拿这两样比着看，量是语文学的成绩较多。这恐怕是从事这类的第一流才力多些，或者也因为从事这科，不如从事史学、文籍考订者所受正统观念限制之多。谈语言学者尽可谓"亦既觏止"之觏为交媾，"握椒"之为房中药。汉宋大儒，康成（即郑玄）、元晦（即朱熹），如此为之，并不因此而失掉他的为"大儒"。若把"圣帝明王"之"真迹"布出，马上便是一叛道的人。但这一派比较发达上差少的史学考订学，一遇到颉刚的手里，便登时现出超过语文学已有的成绩之形势，那么你这个古史论价值的大，还等我说吗？这话何以见得呢？我们可以说道，颉刚以前，史学考订学中真正全是科学家精神的，只是阎若璩、崔述几个人。今文学时或有善言，然大抵是些浮华之士；又专以门户为见，他所谓假的古文，固大体是假，他所谓真的今文，亦一般的不得真。所有靠得住的成绩，只是一部《古文尚书》和一部分的左氏《周官》之惑疑（这也只是提议，未能成就）；而语文那面竟有无数的获得。但是，这语文学的中央题目是古音，汉学家多半"考古之功多，审音之功浅"，所以最大的成绩是统计的分类通转，指出符号来，而指不出实音来。现在尚有很多的事可作，果然有其人，未尝不可凌孔巽轩而压倒王氏父子。史学的中央题目，就是你这"累层地造成的中国古史"，可是从你这发挥之后，大体之结构已备就，没有什么再多的根据物可找。前见《晨报》上有李玄伯兄一文，谓古史之定夺要待后来之掘地。诚然掘地是最要事，但不是和你的古史论一个问题。掘地自然可以掘出些史前的物事、商周的物事，但这只是中国初期文化史。若关于文籍的发觉，恐怕不能很多（殷墟是商社，故有如许文书的发现，这等事例岂是可以常希望的）。而你这一个题目，乃是一切经传子家的总锁钥，一部中国古代方术思想史的真线索，一个周汉思想的摄镜，一个古史学的新大成。这是不能为后来的掘地所掩的，正因为不在一个题目之下。岂特这样，你这古史论无待于后来的掘地，而后来的掘地却有待于你这古史论。现存的文书如不清白，后来的工作如何把他取用。偶然的发现不可期，系统的发掘须待文籍整理后方可使人知其地望。所以你还是在宝座上安稳的坐下去罢，不要怕掘地的人把你陷了下去。自然有无量题目要仔细处置的，但这都是你这一个中央思想下的布列。犹之乎我们可以造些动力学的 Theorem（意为定理、原理），但这根本是 Newton（即牛顿）的。我们可以研究某种动物或植物至精细，得些贯通的条理，但生物学的根本基石是达尔文。学科的范围有大小，中国古史学自然比力学或生物学小得多。但他自是一种独立的，而也有价值的学问。你在这个学问中的地位，便恰如牛顿之在力学，达尔文之在生物学。去年春天和志希（即罗家伦）、从吾（即姚从吾）诸位谈，他们都是研究史学的。"颉刚是在史学上称王了，恰被他把这个宝贝弄到手；你们无论再弄到什么宝贝，然而以他所据的地位在中央的原故，终不能不臣于他。我以不弄史学而幸免此危，究不失为'光武之故人也'。几年不见颉刚，不料成就到这么大！这事原是在别人而不在我的颉刚的话，我或者不免生点嫉妒的意思，吹毛求疵，硬去找争执的地方；但早晚也是非拜倒不可的"。

颉刚，我称赞你够了么！请你不要以我这话是朋友的感情；此间熟人读你文的，几乎都是这意见。此时你应做的事，就是赶快把你这番事业弄成。我看见的你的文并不全，只是《努力》《读书杂志》九、十、十一、十二、十四（十三号未见过，十四后也未见过）所登的。我见别处登有你题目，十四号末又注明未完；且事隔已如此之久，其间你必更有些好见解，希望你把你印出的文一律寄我一看。看来禹的一个次叙，你已找就了，此外的几个观念，如尧、舜、神农、黄帝、许由、仓颉等等，都仔细照处理禹的办法处置他一下子。又如商汤、周文、周公虽然是真的人，但其传说也是历时变的。龟甲文上成汤并不称成汤，《商颂》里的武王是个光大商业，而使上帝之"命式于九围"的，克夏不算重事。《周诰》里周公说到成汤，便特别注重他的"革夏"，遂至结论到周之克殷，"于汤有光"的滑稽调上去（此恰如玄烨谀孝陵的话）。到了孟子的时代想去使齐梁君主听他话，尤其是想使小小滕侯不要短气，便造了"汤以七十里兴，文王以百里兴"的话头，直接与《诗·颂》矛盾。到了稽康之薄汤武，自然心中另是一回事。至于文王、周公的转变更多。周公在孔子正名的时代，是建国立制的一个大人物。在孟子息邪说距诐行的时代，是位息邪说距诐行的冢相。在今文时代，可以称王。在王莽时代，变要居摄。到了六朝时，真个的列爵为五，列卿为六了，他便是孔子的大哥哥，谢夫人所不满意事之负责任者（可惜清朝初年不文，不知"文以诗书"，只知太后下嫁。不然，周公又成多尔衮；这恐怕反而近似）。这样变法，岂有一条不是以时代为背景。尤其要紧的，便是一个孔子问题。孔子从《论语》到孔教会翻新了的梁漱溟，变了真正七十二，而且每每是些剧烈的变化，简直摸不着头脑的。其中更有些非常滑稽的，例如苏洵是个讼棍，他的《六经论》中的圣人（自然是孔子和其他），心术便如讼棍。长素先生要做孔老大，要改制，便做一部《孔子改制托古考》其实新学伪经，便是汉朝的康有为做的。梁漱溟总还勉强是一个聪明人，只是所习惯的环境太陋了，便挑了一个顶陋的东西来，呼之为"礼乐"，说是孔家真传：主义是前进不能，后退不许，半空吊着，简直使孔丘活受罪。这只是略提一二例而已，其实妙文多着哩。如果把孔子问题弄清一下，除去历史学的兴味外，也可以减掉后来许多梁漱溟，至少也可以使后来的梁漱溟但为梁漱溟的梁漱溟，不复能为孔家店的梁漱溟。要是把历来的"孔丘七十二变又变……"写成一本书，从我这不庄重的心思看去，可以如欧洲教会教条史之可以解兴发噱。从你这庄重的心思看去，便是一个中国思想演流的反射分析镜，也许得到些中国历来学究的心座（Freudian Complexes）来，正未可料。

你自然先以文书中选择的材料证成这个"累层地"，但这个累层地的观念大体成后，可以转去分析各个经传子家的成籍。如此，则所得的效果，是一部总括以前文籍分析，而启后来实地工作的一部古史，又是一部最体要的民间思想流变史，又立一个为后来证订一切古籍的标准。这话是虚吗？然则我谓他是个"大小总汇"，只有不及，岂是过称吗？

大凡科学上一个理论的价值，决于他所施作的度量深不深，所施作的范围广不广，此外恐更没有什么有形的标准。你这个古史论，是使我们对于周汉的物事一切改观的，是使汉学的问题件件在他支配之下的，我们可以到处找到他的施作的地域来。前年我读你文时，心中的意思如涌泉。当时不写下，后来忘了一大半。现在且把尚未忘完的几条写下。其中好些只是你这论的演绎。

....

三　在周汉方术家的世界中几个趋向

我不赞成适之先生把记载老子、孔子、墨子等等之书呼作哲学史。中国本没有所谓哲学。多谢上帝，给我们民族这么一个健康的习惯。我们中国所有的哲学，尽多到苏格拉底那样子而止，就是柏拉图的也尚不全有，更不必论到近代学院中的专技哲学，自贷嘉、莱布尼兹以来的。我们若呼子家为哲学家，大有误会之可能。大凡用新名词称旧物事，物质的东西是可以的，因为相同；人文上的物事是每每不可以的，因为多是似同而异。现在我们姑称这些人们（子家）为方术家。思想一个名词也以少用为是。盖汉朝人的东西多半可说思想了，而晚周的东西总应该说是方术。

禹、舜、尧、伏羲、黄帝等等名词的真正来源，我想还是出于民间。除黄帝是秦俗之神外，如尧，我拟是唐国（晋）民间的一个传说。舜，我拟是中国之虞或陈或荆蛮之吴民间的一个传说。尧、舜或即此等地方之君（在一时）。颛顼为秦之传说，喾为楚之传说，或即其图腾。帝是仿例以加之词（始只有上帝但言帝），尧、舜都是绰号。其始以民族不同方域隔膜而各称其神与传说；其后以互相流通而传说出于本境，迁土则变，变则各种之装饰出焉。各类变更所由之目的各不同，今姑想起下列几件：

（一）理智化——一神秘之神成一道德之王。

（二）人间化——一抽象之德成一有生有死之传。

又有下列一种趋势可寻：

满意于周之文化尤其是鲁所代表者（孔子）。

不满意于周之文化而谓孔子损益三代者。

举三代尽不措意，薄征诛而想禅让，遂有尧舜的化身。

此说又激成三派：

（一）并尧、舜亦觉得太有人间烟火气，于是有许由、务光。与这极端反背的便是"诛华士"，《战国策》上请诛於陵仲子之论。

（二）宽容一下，并尧、舜、汤、武为一系的明王。（《孟子》）

（三）爽性在尧、舜前再安上一个大帽子，于是有神农、黄帝、伏羲等等。

这种和他种趋势不是以无目的而为的。

上条中看出一个古道宗思想与古儒宗思想的相互影响，相互为因果。自然儒宗、道宗这名词不能安在孔子时代或更前，因为儒家一名不过是鲁国的名词，而道家一名必然更后，总是汉朝的名词，或更在汉名词"黄老"以后。《史记》虽有申不害学"黄老刑名以干昭侯"的话，但汉初所谓黄老实即刑名之广义，申不害学刑名而汉人以当时名词名之，遂学了黄老刑名。然而我们总可为这两个词造个新界说，但为这一段的应用。我们第一要设定的，是孔子时代已经有一种有遗训的而又甚细密的文化，对这文化的处置可以千殊万别，然而大体上或者可分为两项：

一、根本是承受这遗传文化的，但愿多多少少损益于其中。我们姑名此为古儒宗的趋势。

二、根本上不大承认，革命于其外。我们姑名此为古道宗的趋势。

名词不过界说的缩短，切勿执名词而看此节。我们自不妨虚位的定这二事为AB，但这种代数法，使人不快耳。造这些名词如尧、舜、许由、务光、黄（这字先带如许后来道士气）帝、华士、神农，和《庄子》书中的这氏那氏，想多是出于古道宗，因为这些人物最初都含些道宗的意味。《论语》上的舜，南面无为。许行的神农，是并耕而食。这说自然流行也很有力，儒宗不得不取适应之法。除为少数不很要紧者造个谣言，说"这正是我们的祖师所诛"（如周公诛华士）外。大多数已于民间有势力者是非引进不可了。便把这名词引进，加上些儒家的意味。于是乎绝世的许由成了士师的皋陶（这两种人也有共同，即是俱为忍人）；南面无为的舜，以大功二十而为天子；并耕的神农本不多事，又不做买卖，而《易·系》的神农"耒耜之利，以教天下"，加上做买卖，虽许子小应觉其何以不惮烦也。照儒宗的人生观，文献征者征之，本用不着造这些名词以自苦；无如这些名词先已在民间成了有势力的传说，后又在道宗手中成了寄理想的人物，故非取来改用不可。若道宗则非先造这些非历史的人物不能资号召。既造，或既取用，则儒宗先生也没有别法对付，只有翻着面过来说："你所谓者正是我们的'于传有之'，不过我们的真传所载与你这邪说所称名一而实全不同，词一而谓全不同。"反正彼此都没有龟甲钟鼎做证据，谁也莫奈得谁何。这种方法，恰似天主教对付外道。外道出来，第一步是不睬。不睬不能，第二步便是加以诛绝，把这书们加入"禁书录"上。再不能，第三步便是扬起脸来说："这些物事恰是我们教中的。"当年如此对付希腊哲学，近世如此对付科学。天主教刑了伽利略，而近中天文学、算学在教士中甚发达。

  我这一篇半笑话基于一个假设，就是把当年这般物事分为二流，可否？我想大略可以得，因为在一个有细密文化久年遗训的社会之下，只有两个大端：一是于这遗训加以承认而损益之，一是于遗训加以否认。一般的可把欧洲千年来的物事（直至十九世纪末为止）分为教会的趋向与反教会的趋向。

  何以必须造这一篇半笑话？我想，由这一篇半笑话可以去解古书上若干的难点。例如《论语》一部书，自然是一个"多元的宇宙"，或者竟是好几百年"累层地"造成的。如"凤鸟不至"一节，显然是与纬书并起的话。但所说尧舜禹诸端，尚多是抽象以寄其理想之词，不如孟子为舜象做一篇越人让兄陈平盗嫂合剧。大约总应该在孟子以前，也应该是后来一切不同的有事迹的人王尧舜禹论之初步。且看《论语》里的尧舜禹，都带些初步道宗的思想。尧是"无能名",舜是"无为"。禹较两样些,"禹无间然"一段也颇类墨家思想之初步。然卑居处,薄食服,也未尝违于道宗思想。至于有天下而不与,却是与舜同样的了。凡这些点儿,都有些暗示我们:尧、舜一类的观念起源应该在邻于道宗一类的思想,而不该在邻于儒宗一类的思想。

尧、舜等传说之起,在道理上必不能和禹传说之起同源,此点颉刚言之详且尽。我想禹与墨家的关系,或者可以如下:禹本是一个南方民族的神道,一如颉刚说。大约宗教的传布,从文化较高的传入文化较低的民族中,虽然也多,然有时从文化较低的传到文化较高的,反而较易。例如耶稣教之入希腊罗马;佛教之由北印民族入希腊文化殖民地,由西域入中国;回教之由阿拉伯入波斯(此点恐不尽由武力征服之力)。大约一个文化的社会总有些不自然的根基,发达之后,每每成一种矫揉的状态,若干人性上初基的要求,不能满足或表现。故文化越繁丰,其中越有一种潜流,颇容易感受外来的风气,或自产的一种与上层文化不合的趋向。佛教之能在中国流行,也半由于中国的礼教、道士、黄巾等,不能满足人性的各面,故不如礼教、道士、黄巾等局促之佛教,带着迷信与神秘性,一至中国,虽其文化最上层之皇帝,亦有觉得中国之无质,应求之于印度之真文。又明末天主教入中国,不多时间,竟沿行于上级士大夫间,甚至皇帝受了洗(永历皇帝),满洲时代,耶稣会士竟快成玄烨的国师。要不是与政治问题混了,后来的发展必大。道光后基督教之流行,也很被了外国经济侵略武力侵略之害。假如天主耶稣无保护之强国,其销路必广于现在。我们诚然不能拿后来的局面想到春秋初年,但也难保其当年不有类似的情形。这一种禹的传说,在头一步传到中国来，自然还是个神道。但演进之后，必然向别的方面走。大约墨家这一派信仰，在一般的社会文化之培养上，恐不及儒家，《墨子》虽然也道《诗》《书》，但这究竟不是专务雅言。这些墨家，抓到一个禹来作人格的标榜，难道有点类似佛教入中国，本国内自生宗派的意思吗？儒家不以孔名，直到梁漱溟才有孔家教；而墨家却以墨名。这其中或者是暗示墨子造作，孔丘没有造作，又《墨经》中传有些物理学、几何学、工程学、文法学、名学的物事。这或者由于当年儒家所吸收的人多半是些中上社会，只能谈人文的故事，雅言诗书执礼。为墨家所吸收的，或者偏于中下社会，其中有些工匠技家，故不由得包含着这些不是闲吃饭的物事下来，并非墨家思想和这些物事有何等相干。大约晚周的子家最名显的，都是些游谈之士，大则登卿相，小则为清客，不论其为是儒家或道家，孟轲或庄周。儒家是吸收不到最下层人的，顶下也是到士为止。道家也是 leisured（有闲的，不以工作为目的的）阶级之清谈。但如许行等等却很可以到了下层社会。墨家却非行到下层社会不为功。又墨家独盛于宋，而战国子家说到傻子总是宋人，这也可注意。或者宋人当时富于宗教性，非如周郑人之有 Sophistry（诡辩），邹鲁人之有 Conventional（传统）？

至于汉朝思想趋势中，我有两个意思要说。一、由今文到纬书是自然之结果。今文把孔子抬到那样，舍成神道以外更无别法。由《易经》到纬书不容一发。今文家把他们的物事更民间化些，更可以共喻而普及，自然流为纬学。信今文必信孔子之超人入神；信孔子如此加以合俗，必有祯祥之思想。二、由今文反动出古文，是思想的进步。造伪经在现在看来是大恶，然当时人借此寄其思，诚恐不觉其恶，因为古时著作人观念之明白决不如后人重也。但能其思想较近,不能以其造伪故而泯其为进步。古文材料虽伪,而意思每比今文合理些。

············

四　殷周间的故事

十年前,我以子贡为纣申冤一句话,想起桀、纣传说之不可信,因疑心桀、纣是照着幽王的模型造的,有褒姒故有妲己等等。这因是少时一种怪想。后来到英国,见英国爵虽五等而非一源,因而疑心中国之五等爵也有参差,有下列涉想(德国爵亦非一源):

公　公不是爵名,恐即与"君"字同义。三公周召宋公及王畿世卿都称公,而列国诸侯除称其爵外亦称公。公想是泛称人主之名,特稍尊耳。犹英语之 Lord 一称,自称上帝以至于世族无爵者之妻或仆称其夫或主。如德国语之 Herr 亦自上帝称到一切庶人。宋是殷后,王号灭犹自与周封之诸侯不同,故但有泛称而无诸侯之号。其所以列位于会盟间次于伯而先于其他一切诸侯者,正因其为殷后,不因其称公。如若传说,一切诸侯自称公为僭,则《鲁颂》"乃命周公,俾侯于东",岂非大大不通。

子　遍检《春秋》之子爵,全无姬姓(除吴)。姬姓不封子;而封子爵者,凡有可考,立国皆在周前,或介戎狄,不与中国同列。莒子、郯子、邾子、杞子,古国也。潞子、骊子,不与中国之列者也。楚子,一向独立之大国也。吴子虽姬姓,而建国亦在周前。见殷有箕子微子,我遂疑子是殷爵,所谓子自是王子,同姓之号,及后来渐成诸侯之号,乃至一切异姓亦如此称。我疑凡号子者大多是殷封之国，亦有蛮夷私效之。要均与周室无关系（吴子楚子解见后）。

且看子一字之降级：

诸　　　侯——微子，箕子。

诸侯之大夫——季文子，赵简子。

士　　　人——孔子，孟子。

乃　至　于——小子，婊子。

这恰如老爷等名词之降级，明朝称阁学部院曰老爷，到清朝末年虽县知事亦不安于此而称大老爷。

至于侯，我们应该先去弄侯字古来究如何写法，如何讲法。殷亦有鬼侯、鄂侯、崇侯；鬼、鄂、崇，皆远方之邑，或者所谓侯者如古德意志帝国（神圣罗马帝国）之边侯（Markgraf）。在殷不特不见得侯大于子，而且微子箕子容或大于鬼侯鄂侯。周定后，不用子封人而一律用侯。以"新鬼大，故鬼小"之义，及"周之宗盟，异姓为后"之理，侯遂跑到子上。

同姓侯甚多，凡姬姓的非侯即伯。其异姓之侯，如齐本是大国，另论；如陈是姻戚，如薛也是周"先封"，都是些与周有关系的。

伯　这一件最奇。伯本与霸同字，应该很大。且受伯封者，如燕伯，召公之国也。如曹伯，"文之昭也"。如郑伯，平王依以东迁者也。如秦伯，周室留守，助平王东迁者也。然而爵均小于侯，岂不可怪？我疑心伯之后于侯，不是由于伯之名后于侯，而是由于封伯爵者多在后；或者伯竟是一个大名，愈后封而号愈滥，遂得大名，特以后封不能在前耳。

男　苦想只想到一个许男，或者由来是诸侯之诸侯？

以上的话只是凭空想，自然不能都对；但五等爵决非一源，且甚参差耳。

太伯入荆蛮，我疑心是伦常之变。伦常之变，本是周室"拿手好戏"，太王一下，周公一下，平王又一下。因太伯不得已而走，或者先跑到太王之大仇殷室，殷室封他为子爵，由他到边疆启土，所以武王伐纣时特别提出这件事，"唯四方之多罪逋逃是崇是用"。言如此之痛，正因有他之伯祖父在也（《牧誓》亦正不可信，此地姑为此戏想耳）。吴既不在周列，周亦莫奈他何，遂于中国封虞。吴仍其子爵，至于寿梦。吴民必非中国种，只是君室为太伯虞仲后耳。虞仲应即是吴仲。

齐太公的故事，《史记》先举三说而不能断。我疑心齐本是东方大国，本与殷为敌，而于周有半本家之雅（厥初生民，时惟姜嫄），又有亲戚（爰及姜女，聿来胥宇），故连周而共敌殷。《商颂》"相士烈烈，海外有截"，当是有汤前已有了北韩辽东，久与齐逼。不然，箕子以败丧之余，更焉能越三千里而王朝鲜；明朝鲜本殷地，用兵力所不及，遂不臣也。齐于周诸侯中受履略大，名号最隆——尚父文王师一切传说，必别有故。且《孟子》《史记》均认齐太公本齐人，后来即其地而君之。且《史记》记太公世家，太公后好几世，直到西周中晚，还是用殷法为名，不同周俗，可见齐自另一回事，与周之关系疏稀。《檀弓》所谓太公五世返葬于周，为无稽之谈也（如果真有这回事，更是以死骨为质的把戏）。齐周夹攻殷，殷乃不支，及殷被戡定，周莫奈齐何，但能忙于加大名，而周公自命其子卜邻焉。

世传纣恶，每每是纣之善。纣能以能爱亡其国，以多力亡其国，以多好亡其国，诚哉一位戏剧上之英雄，虽 Siegfried 何足道哉。我想殷周之际事可作一出戏，纣是一大英雄，而民疲不能尽为所用，纣想一削"列圣耻"，讨自亶父以下的叛虏，然自己多好而纵情，其民老矣，其臣迂者如比干，鲜廉寡耻如微子，箕子则为清谈，诸侯望包藏阴谋，将欲借周自取天下，遂与周合而夹攻，纣乃以大英雄之本领与运命争；终于不支，自焚而成一壮烈之死。周之方面，毫无良德，父子不相容，然狠而有计算，一群的北虏自有北虏的品德。齐本想不到周能联一切西戎南蛮，"牧誓"一举而定王号。及齐失望，尚想武王老后必有机会，遂更交周，不料后来周公定难神速，齐未及变。周公知破他心，遂以伯禽营少昊之墟。至于箕子，于亡国之后，尚以清谈归新朝，一如王夷甫。而微子既如谯周之劝降，又觉纣死他有益耳。

这篇笑话，自然不是辩古史，自然事实不会如此。然遗传的殷周故事，隆周贬纣到那样官样文章地步，也不见得比这笑话较近事实。

越想越觉世人贬纣之话正是颂纣之言。人们的观念真不同，伪孔《五子之歌》上说："内作色荒，外作禽荒。甘酒嗜音，峻宇雕墙"，此正是欧洲所谓 Prince 之界说，而东晋人以为"有一必亡"。内作色荒是圣文，外作禽荒是神武，甘酒嗜音是享受文化，峻宇雕墙是提倡艺术，有何不可，但患力不足耳。

周之号称出于后稷，一如匈奴之号称出于夏氏。与其信周之先世曾窜于戎狄之间，毋宁谓周之先世本出于戎狄之间。姬、姜容或是一支之两系。特一在西，一在东耳。

鲁是一个古文化的中心点，其四围有若干的小而古的国。曲阜自身是少昊之墟。昊容或为民族名，有少昊必有太昊，犹大宛小宛，大月氏小月氏也。我疑及中国文化本来自东而西：九河济淮之中，山东、辽东两个半岛之间，西及河南东部，是古文化之渊源。以商兴而西了一步，以周兴而更西了一步。不然，此地域中何古国之多也。齐容或也是一个外来的强民族，遂先于其间成大国。

齐有齐俗，有齐宗教，虽与鲁近，而甚不同。大约当年邹鲁的文化人士，很看不起齐之人士，所以孟子听到不经之谈，便说是"齐东野人之语也"，而笑他的学生时便说："子诚齐人也，知管仲、晏子而已矣"，正是形容他们的坐井观天的样子。看来当年齐人必有点类似现在的四川人，自觉心是很大的，开口苏东坡，闭口诸葛亮，诚不愧为夜郎后世矣。鲁之儒家，迂而执礼。齐之儒家，放而不经。如淳于、邹衍一切荒唐之词人，世人亦谓为儒家。

荆楚一带，本另是些民族，荆或者自商以来即是大国，亦或者始受殷号，后遂自立。楚国话与齐国话必不止方言之不同，不然，何至三年庄岳然后可知。孟子骂他们缺舌，必然声音很和北方汉语不类。按楚国话语存在者，只有"谓乳，穀；谓虎，於菟"一语。乳是动词，必时有变动；而虎是静词，尚可资用。按吐蕃语虎为 Stag，吐蕃语字前之 S 每在同族语中为韵，是此字易有线索，但一字决不能为证耳。又汉西南夷君长称精夫，疑即吐蕃语所谓 Rgyal—po，《唐书》译为赞普者。《汉书·西南夷传》有几首四字诗对记，假如人能精于吐蕃语、太语、缅甸语，必有所发现。这个材料最可宝贵。楚之西有百濮，今西藏自称曰濮。又蛮闽等字音在藏文为人，或即汉语民字之对当？总之，文献不足，无从征之。

秦之先世必是外国，后来染上些晋文化，但俗与宗教想必同于西戎。特不解西周的风气何以一下子精光？

狄必是一个大民族。《左传》《国语》记他们的名字不类单音语。且说到狄，每加物质的标记，如赤狄、白狄、长狄等等。赤白又长，竟似印度日耳曼族的样子，不知当时吐火罗等人东来，究竟达到什么地方？

应该是中国了，而偏和狄认亲（有娀，简狄）。这团乱糟糟的样子，究竟谁是诸夏，谁是戎狄？

中国之有民族的、文化的、疆域的一统，至汉武帝始全功，现在人曰汉人，学曰汉学，土曰汉土，俱是最合理的名词，不是偶然的。秦以前本不一元，自然有若干差别。人疑生庄周之土不应生孔丘。然如第一认清中国非一族一化，第二认清即一族一化之中亦非一俗，则其不同亦甚自然。秦本以西戎之化，略收点三晋文俗而统一中国。汉但接秦，后来鲁国、齐国又渐于文化上发生影响。可如下列看：

统一中国之国家者——秦。

统一中国之文教者——鲁。

统一中国之宗教者——齐。

统一中国之官术者——三晋。

此外未得发展而压下的东西多得很啦。所以我们觉得汉朝的物事少方面，晚周的物事多方面。文化之统一与否，与政治之统一与否相为因果；一统则兴者一宗，废者万家。

…………

颉刚案：傅孟真先生此书，从一九二四年一月写起，写到一九二六年十月三十日船到香港为止，还没有完，他归国后，我屡次催他把未完之稿写给我；无奈他不忙便懒，不懒便忙，到今一年余还不曾给我一个字。现在《周刊》需稿，即以此书付印。未完之稿，只得过后再催了。书中看不清的草书字甚多，恐有误抄，亦俟他日校正。

一九二八、一、二

原载1928年1月23日、31日中山大学《语言历史学研究所周刊》第二集第十三期、十四期

历史语言研究所工作之旨趣

历史学和语言学在欧洲都是很近才发达的。历史学不是著史：著史每多多少少带点古世中世的意味，且每取伦理家的手段，作文章家的本事。近代的历史学只是史料学，利用自然科学供给我们的一切工具，整理一切可逢着的史料，所以近代史学所达到的范域，自地质学以至目下新闻纸，而史学外的达尔文论，正是历史方法之大成。欧洲近代的语言学，在梵文的发见影响了两种古典语学以后才降生，正当十八十九世纪之交。经几个大家的手，印度日耳曼系的语言学已经成了近代学问最光荣的成就之一个，别个如赛米的系、芬匈系，也都有相当的成就，即在印度支那语系也有有意味的揣测。十九世纪下半的人们又注意到些个和欧洲语言全不相同的语言，如黑人的话等等，"审音之功"更大进步，成就了甚细密的实验语音学。而一语里面方言研究之发达，更使学者知道语言流变的因缘，所以以前比较言语学尚不过是和动物植物分类学或比较解剖学在一列的，最近一世语言学所达到的地步，已经是生物发生学、环境学、生理学了。无论综比的系族语学，如印度日耳曼族语学，等等，或各种的专语学，如日耳曼语学、芬兰语学、伊斯兰语学，等等，在现在都成大国。本来语言即是思想，一个民族的语言即是这一个民族精神上的富有，所以语言学总是一个大题目，而直到现在的语言学的成就也很能副这一个大题目。在历史学和语言学发达甚后的欧洲是如此，难道在这些学问发达甚早的中国，必须看着它荒废，我们不能制造别人的原料，便是自己的原料也让别人制造吗？

　　论到语言学和历史学在中国的发达是很引人寻思的。西历纪元前两世纪的司马迁，能那样子传信存疑以别史料，能作"八书"，能排比列国的纪年，能有若干观念比十九世纪的大名家还近代些。北宋的欧阳修一面修《五代史》，纯粹不是客观的史学，一面却作《集古录》，下手研究直接材料，是近代史学的真功夫。北南宋的人虽然有欧阳修的《五代史》，朱熹的《纲目》，是代表中世古世的思想的，但如司马光作《通鉴》，"遍阅旧史，旁采小说"，他和刘攽、刘恕、范祖禹诸人能利用无限的史料，考定旧记，凡《通鉴》和所谓"正史"不同的地方，每多是详细考定的结果。可惜《长篇》不存在，我们不得详细看他们的方法，然尚有《通鉴考异》说明史料的异同。宋朝晚年一切史料的利用，及考定辨疑的精神，有些很使人更惊异的。照这样进化到明朝，应可以有当代欧洲的局面了，不幸元之乱，明朝人之浮夸，不特不进步，或者退步了。明清之交，浙东的史学派又发了一个好端涯，但康熙以后渐渐地熄灭，无论官书和私著，都未见得开新趋向，这乃由于外族政府最忌真史学发达之故。言语学中，中国虽然没有普日尼，但中国语本不使中国出普日尼，而中国文字也出了《说文解字》，这书虽然现在看来只是一部没有时代观念，不自知说何文解何字的系统哲学，但当年总是金声玉振的书，何况还有认识方言的轩轩使者？古代的故事且少论，论近代：顾炎武搜求直接的史料订史文，以因时因地的音变观念为语学，阎若璩以实在地理订古记载，以一切比核辨证伪孔，不注经而提出经的题目,并解决了它,不著史而成就了可以永远为法式的辨史料法。亭林、百诗这样对付历史学和语言学,是最近代的:这样立点便是不朽的遗训。不幸三百年前虽然已经成就了这样近代的一个遗训,一百多年前更有了循这遗训的形迹而出的好成就,而到了现在,除零零星星几个例外以外,不特不因和西洋人接触,能够借用新工具,扩张新材料,反要坐看修元史修清史的做那样官样形式文章,又坐看章炳麟君一流人尸学问上的大权威。章氏在文字学以外是个文人,在文字学以内做了一部《文始》,一步倒退过孙诒让,再步倒退过吴大澂,三步倒退过阮元,不特自己不能用新材料,即是别人已经开头用了的新材料,他还抹杀着。至于那部《新方言》,东西南北的猜去,何尝寻扬雄就一字因地变异作观察?这么竟倒退过二千多年了。

推绎说去,为什么在中国的历史学和语言学开了一个好的端绪以后,不能随时发展,到了现在这样落后呢?这原故本来显然,我们可以把一句很平实的话作一个很概括的标准:(一)凡能直接研究材料,便进步。凡间接地研究前人所研究或前人所创造之系统,而不繁丰细密地参照所包含的事实,便退步。上项正是所谓科学的研究,下项正是所谓书院学究的研究。在自然科学是这样,在语言学和历史学亦何尝不然?举例说,以《说文》为本体,为究竟,去作研究的文字学,是书院学究的作为。仅以《说文》为材料之一种,能充量地辨别着去用一切材料,如金文、甲骨文等,因而成就的文字学,乃是科学的研究。照着司马子长的旧公式,去写纪表书传,是化石的史学。能利用各地各时的直接材料,大如地方志书,小如私人的日记,远如石器时代的发掘,近如某个洋行的贸易册,去把史事无论巨者或细者,单者或综合者，条理出来，是科学的本事。科学研究中的题目是事实之汇集，因事实之研究而更产生别个题目。所以有些从前世传来的题目经过若干时期，不是被解决了，乃是被解散了，因为新的事实证明了旧来问题不成问题，这样的问题不管它困了多少年的学者，一经为后来发现的事实所不许之后，自然失了它的成为问题的地位。破坏了遗传的问题，解决了事实逼出来的问题，这学问自然进步。譬如两部《皇清经解》，其中的问题是很多的，如果我们这些以外不再成题目，这些以内不肯捐弃任何题目，自然这学问是静止的，是不进步的。一种学问中的题目能够新陈代谢，则所得结果可以层层堆积上去，即使年代久远，堆积众多，究竟不觉得累赘，还可以到处出来新路，例如很发达的天文、物理、化学、生物等科目；如果永远盘桓于传留的问题，旧题不下世，新题不出生，则结果直是旋风舞而已，例如中国的所谓经学中甚多题目，如西洋的哲学。所以中国各地零零碎碎致力于历史或语言范围内事的人也本不少，还有些所谓整理国故的工作，不过每每因为所持住的一些题目不在关键中，换言之，无后世的题目，或者是自缚的题目，遂至于这些学问不见奔驰的发展，只表昏黄的残缺。（二）凡一种学问能扩张他研究的材料便进步，不能的便退步。西洋人研究中国或牵连中国的事物，本来没有很多的成绩，因为他们读中国书不能亲切，认中国事实不能严辩，所以关于一切文字审求、文籍考订、史事辨别等等，在他们永远一筹莫展，但他们却有些地方比我们范围来得宽些。我们中国人多是不会解决史籍上的四裔问题的，丁谦君的《诸史外国传考证》，远不如沙万君之译外国传，玉连之解《大唐西域记》，高几耶之注《马哥博罗游记》（即《马可·波罗游记》），米勒之发读回纥文书，这都不是中国人现在已经办到的。凡中国人所忽略，如匈奴、鲜卑、突厥、回纥、契丹、女真、蒙古、满洲等问题，在欧洲人却施格外的注意。说句笑话，假如中国学是汉学，为此学者是汉学家，则西洋人治这些匈奴以来的问题岂不是虏学，治这学者岂不是虏学家吗？然而也许汉学之发达有些地方正借重虏学呢！又如最有趣的一些材料，如神祇崇拜、歌谣、民俗、各地各时雕刻文式之差别，中国人把他们忽略了千百年，还是欧洲人开头为规模的注意。零星注意，中国向来有的。西洋人作学问不是去读书，是动手动脚到处寻找新材料，随时扩大旧范围，所以这学问才有四方的发展，向上的增高。中国文字学之进步，正因为《说文》之研究消灭了汗简，阮吴诸人金文之研究识破了《说文》，近年孙诒让、王国维等之殷文研究更能继续金文之研究。材料愈扩充，学问愈进步，利用了档案，然后可以订史，利用了别国的记载，然后可以考四裔史事。在中国史学的盛时，材料用得还是广的，地方上求材料，刻文上抄材料，档库中出材料，传说中辨材料。到了现在，不特不能去扩张材料，去学曹操设"发冢校尉"，求出一部古史于地下遗物，就是"自然"送给我们的出土的物事，以及敦煌石藏，内阁档案，还由他毁坏了好多，剩下的流传海外，京师图书馆所存摩尼经典等等良籍，还复任其搁置，一面则谈整理国故者人多如鲫，这样焉能进步？（三）凡一种学问能扩充它作研究时应用的工具的，则进步，不能的，则退步。实验学家之相竞如斗宝一般，不得其器，不成其事，语言学和历史学亦复如此。中国历来的音韵学者审不了音，所以把一部《切韵》始终弄不甚明白，一切古音研究仅仅以统计的方法分类，因为几个字的牵连，使得分类上各家不同，即令这些分类有的对了，也不过能举其数，不能举其实，知其然不知其所以然。如钱大昕论轻唇、舌上古来无之，乃自重唇、舌头出，此言全是，然何以重唇分出一类为轻唇，舌头分出一类为舌上，竟不是全部的变迁，这层道理非现在审音的人不能明白，钱君固说不出。若把一个熟习语音学的人和这样一个无工具的研究者比长短，是没法子竞争的。又如解释隋唐音，西洋人之知道梵音的，自然按照译名容易下手，在中国人本没有这个工具，又没有法子。又如西藏、缅甸、暹罗等语，实在和汉语出于一语族，将来以比较言语学的方法来建设中国古代言语学，取资于这些语言中的印证处至多，没有这些工具不能成这些学问。又如现代的历史学研究，已经成了一个各种科学的方法之汇集。地质、地理、考古、生物、气象、天文等学，无一不供给研究历史问题者之工具。顾亭林研究历史事迹时自己观察地形，这意思虽然至好，但如果他能有我们现在可以向西洋人借来的一切自然科学的工具，成绩岂不更卓越呢？若干历史学的问题非有自然科学之资助无从下手，无从解决。譬如《春秋经》是不是终于获麟，《左氏经》后一段是不是刘歆所造补，我们正可以算算哀公十四年之日食是不是对的，如不对，自然是伪作，如对了，自然是和获麟前春秋文同出史所记。又譬如我们要掘地去，没有科学资助的人一铲子下去，损坏了无数古事物，且正不知掘准了没有，何如先有几种必要科学的训练，可以一层一层地自然发现，不特得宝，并且得知当年入土的踪迹，这每每比所得物更是重大的智识。所以古史学在现在之需用测量本领及地质气象常识，并不少于航海家。中国史学者先没有这些工具，哪能使得史学进步？无非靠天帮忙，这里那里现些出土物，又靠西洋人的腿，然而却又不一定是他们的脑袋，找到些新材料而已。整理自己的物事的工具尚不够，更说不上整理别人的物事，如希腊艺术如何影响中国佛教艺术，中央亚细亚的文化成分如何影响到中国的物事，中国文化成分如何由安西西去，等等，西洋的东方学者之拿手好戏，日本近年也有竟敢去干的，中国人目前只好拱手谢之而已。

由上列的三项看来，除几个例外算，近几世中中国语言学和历史学实不大进步，其所以如此自是必然的事实。在中国的语言学和历史学当年之有光荣的历史，正因为能开拓的用材料，后来之衰歇，正因为题目固定了，材料不大扩充了，工具不添新的了。不过在中国境内语言学和历史学的材料是最多的，欧洲人求之尚难得，我们却坐看它毁坏亡失。我们着实不满这个状态，着实不服气，就是物质的原料以外，即便学问的原料，也被欧洲人搬了去乃至偷了去。我们很想借几个不陈的工具，处治些新获见的材料，所以才有这历史语言研究所之设置。

我们宗旨第一条是保持亭林、百诗的遗训。这不是因为我们震慑于大权威，也不是因为我们发什么"怀古之幽情"，正因为我们觉得亭林、百诗在很早的时代已经使用最近代的手段，他们的历史学和语言学都是照着材料的分量出货物的。他们搜寻金石刻文以考证史事，亲看地势以察古地名。亭林以语言按照时和地变迁的这一个观念看得颇清楚，百诗于文籍考订上成那末一个伟大的模范著作，都是能利用旧的、新的材料，客观的处理实在问题，因解决之问题更生新问题，因问题之解决更要求多项的材料。这种精神在语言学和历史学里是必要的，也是充足的。本这精神，因行动扩充材料，因时代扩充工具，便是唯一的正当路径。

宗旨第二条是扩张研究的材料。

第三条是扩张研究的工具。这两层的理由上文中已叙说,不再重复了。这三件实在是一句话,没有客观的地理史学或语言学的题目之精神,即所谓亭林、百诗的遗训者,是不感觉着扩充材料之必要,且正也扩充不了,若不扩张工具,也不能实现这精神,处置这材料。

关于我们宗旨的负面还有几句话要说。

(一)我们反对"国故"一个观念。如果我们所去研究的材料多半是在中国的,这并不是由于我们专要研究"国"的东西,乃是因为在中国的材料到我们的手中方便些,因为我们前前后后对于这些材料或已经有了些研究,以后堆积上研究去方便些,好比在中国的地质或地理研究所所致力的,总多是些中国地质地理问题,在中国的生物研究所所致力的,总是些中国生物问题,在中国的气象研究所所致力的,总是些中国各地气象观察。世界中无论哪一种历史学或哪一种语言学,要想做科学的研究,只得用同一的方法,所以这学问断不以国别成逻辑的分别,不过是因地域的方便成分工。国故本来即是国粹,不过说来客气一点儿,而所谓国学院也恐怕是一个改良的存古学堂。原来"国学""中国学"等等名词,说来都甚不详,西洋人造了中国学"新诺逻辑"一个名词,本是和埃及脱逻辑、亚西里亚逻辑同等看的,难道我们自己也要如此看吗?果然中国还有将来,为什么算学、天文、物理、化学等等不都成了国学,为什么国学之下都仅仅是些言语、历史、民俗等等题目?且这名词还不通达,取所谓国学的大题目在语言学或历史学的范围中的而论,因为求这些题目的解决与推进,如我们上文所叙的,扩充材料,扩充工具,势必至于弄到不国了，或不故了，或且不国不故了。这层并不是名词的争执，实在是精神的差异的表显。（二）我们反对疏通，我们只是要把材料整理好，则事实自然显明了。一分材料出一分货，十分材料出十分货，没有材料便不出货。两件事实之间，隔着一大段，把他们联络起来的一切涉想，自然有些也是多多少少可以容许的，但推论是危险的事，以假设可能为当然是不诚信的事。所以我们存而不补，这是我们对于材料态度；我们证而不疏，这是我们处置材料的手段。材料之内使它发见无遗，材料之外我们一点也不越过去说。果然我们同人中也有些在别处发挥历史哲学或语言泛想，这些都仅可以当作私人的事，不是研究所的工作。（三）我们不做或者反对所谓普及哪一行中的工作。近百年中，拉丁文和希腊文在欧洲一般教育中之退步，和他们在学问上之进步，恰恰成正比例，我们希望在中国也是如此。现在中国希望制造一个新将来，取用材料自然最重要的是欧美的物质文明，即物质以外的东西也应该取精神于未衰败的外国。历史学和语言学之发达，自然于教育上也有相当的关系，但这都不见得即是什么经国之大业不朽之盛事，只要有十几个书院的学究肯把他们的一生消耗到这些不生利的事物上，也就足以点缀国家之崇尚学术了——这一行的学术。这个反正没有一般的用处，自然用不着去引诱别人也好这个。如果一旦引了，不特有时免不了致人于无用，且爱好的主观过于我们的人进来时，带进了些乌烟瘴气，又怎么办？

这个历史语言研究所，本是大学院院长蔡先生委托在广州的三人筹备的，现在正计画和接洽应举的事，已有些条随着人的所在小小动手，却还没有把研究所的大体设定。稍过些时，北伐定功，破虏收京之后，这研究所的所在或者一部分在广州一部分在北京，位置的方便供给我们许多工作进行的方便。我们最要注意的是求新材料。第一步想沿京汉路，安阳至易州，安阳殷墟以前盗出之物并非彻底发掘，易州、邯郸又是燕赵故都，这一带又是卫邶故域。这些地方我们既颇知其富有，又容易达到的，现在已着手调查及布置，河南军事少静止，便结队前去。第二步是洛阳一带，将来一步一步的西去，到中央亚细亚各地，就脱了纯中国材料之范围了。为这一些工作及随时搜集之方便，我们想在洛阳或西安、敦煌或吐鲁番、疏勒，设几个工作站，"有志者事竟成"！因为广州的地理位置，我们将要设置的研究所要有一半在广州。在广州的四方是最富于语言学和人类学的材料，汉语将来之大成全靠各种方言之研究，广东省内及邻省有很多种的方言，可以每种每种的细细研究，并制定表式，用语言学帮助，作比较的调查。至于人类学的材料，则汉族以外还有几个小民族，汉族以内，有几个不同的式和部居，这些最可宝贵的材料怕要渐渐以开化和交通的缘故而消灭，我们想赶紧着手采集。我们又希望数年以后能在广州发达南洋学：南洋之富于地质生物的材料，是早已著名的了。南洋之富于人类学材料，现在已渐渐为人公认，南洋学应该是中国人的学问，因为南洋在一切意义上是"汉广"。总而言之，我们不是读书的人，我们只是上穷碧落下黄泉，动手动脚找东西！

现因我们研究所之要求及同人之祈向，想次第在两年以内设立下列各组；各组之旨趣及计画，以后分列刊印。

一、文籍考订；二、史料征集；三、考古；四、人类及民物；五、比较艺术。

以上历史范围。

六、汉语；七、西南语；八、中央亚细亚语；九、语言学。

以上语言范围。

历史学和语言学发展到现在，已经不容易由个人作孤立的研究了，他既靠图书馆或学会供给它材料，靠团体为它寻材料，并且须得在一个研究的环境中，才能大家互相补其所不能，互相引会，互相订正，于是乎孤立的制作渐渐地难，渐渐地无意谓，集众的工作渐渐地成一切工作的样式了。这集众的工作中有的不过是几个人就一题目之合作，有的可就是有规模的系统研究。无论范围大小，只要其中步步都是做研究工夫的，便不会流成"官书"的无聊。所有这些集众工作的题目及附带的计画，后来随时布白。希望社会上欣赏这些问题，并同情这样工作的人，多多加以助力！果然我们动手动脚得有结果，因而更改了"读书就是学问"的风气，虽然比不得自然科学上的贡献较为有益于民生国计，也或者可以免于妄自生事之讥诮罢？我们高呼：

一、把些传统的或自造的"仁义礼智"和其他主观，同历史学和语言学混在一气的人，绝对不是我们的同志！

二、要把历史学、语言学建设得和生物学、地质学等同样，乃是我们的同志！

三、我们要科学的东方学之正统在中国！

原载 1928 年 10 月《国立中央研究院历史语言研究所集刊》第一本第一分

教育崩溃之原因

中国的学堂教育自清末年创办的时候起到现在，从不曾上过轨道，而近来愈闹愈糟，直到目前，教育界呈露总崩溃的形势。中国现在正在全部社会的总崩溃状态中积极前行，教育不过是一事，所以若论教育的崩溃，不能不看做这是中国社会整个崩溃的状态中之一面，而与其他面分不开。不过，这样说去，牵涉太多，现在且先专说教育崩溃的一事。

欲知教育崩溃的范围，不应仅仅将眼光注射在中央大学、师范大学等，且并不应注射在高等教育。一看小学、中学，其糟糕的状态更远甚于中央大学、师范大学。就学的儿童及幼年人，全在"受教育"的标识下，学习一切紊乱的习惯、作恶的经验，不学不自知的意识，真正不堪设想呢！

教育崩溃的主要原因，据我看来，大致可分为五事：

第一，学校教育仍不脱士大夫教育的意味。中国在封建时代，"士"一个阶级不过是有统治权者之贵族阶级之工具，为他们办办命令下来的事。试看孔二先生所教出来的那些门徒，还不是专找季氏、孟氏寻出路？战国末年士人的地位高得多，然而士人用事者，终不如世卿贵门之数。自李斯相秦始皇，叔孙通相汉武帝封平津侯，挟书射策之人自然扬眉吐气，不过这些人才都不是考试得来的。而考试得来的董巫师，几乎以乱说阴阳送了老命。而汉魏晋南北朝总是一个门阀社会，门阀中人能读书，自然更有令誉，而专是读书的人不能组织统治阶级。自隋唐以来，考试的力量渐大，故士人的地位渐高，至宋朝而统治阶级的除皇帝外，皆是士人了。明朝野化承元朝，故宦官用事；文化承宋朝，故士人得意，明朝虽宦官每执大权，而士人总是统治阶级之组织者。清朝的统治阶级在满洲世族，而士人也颇有相当的地位，曾、左以后士人之力量更大。有这么样的两千年历史，故演成了下列一个公式："读书为登科，登科为做官"。一看中国的通俗文学，如传奇、弹词之类，更要觉得这个国民心理之根深蒂固。

而且中国社会有一点与欧洲近代社会之根本不同处，即中国社会之中坚分子是士人；欧洲社会中的中坚分子是各种职业（Trades）中人。故中国的中等阶级好比"师爷"，西洋的中等阶级是技术阶级（Professional class）。诚然，欧洲自中世纪以来也有一种知识阶级，这种阶级便是僧侣（Clerical）。不过这个阶级自成一个最有组织的社会，虽也久与贵族联合来剥削平民，不过它不专是统治阶级之伺候者。中世纪的欧洲有些大城市，这些大城市中有不少的"自由人"，那些"自由人"以其技能自成一种社会，以商业之发达及新地的发现，这些自由人很得些富力，于是在贵族之无常权力（Temporal power），僧侣之精神权力（Spiritual power）之外增了一种第三权力：这是中国历史上所绝无的。西洋科学之发达，大体上是这个阶级的贡献，因为这个阶级一面用技术的能力，一面有相当的自立，故既能动手，又有闲情。希腊的社会不如此，故希腊的思想都是些讲文、讲道的，而动手的事是奴隶的事。我们不得不幻想，希腊的奴隶中，不知道埋没了多少的科学家呢！中国的士人不能动手，中国的百工没有闲情，或者这就是中国自然科学不发达的原因罢。士人之只有舞文弄墨的把戏，没有动手动脚的本领，在中国是自古如此。《考工记》说："坐而论道，谓之王公。作而行之，谓之士大夫。审曲面势，以饬五材，以辨民器，谓之百工。"士大夫是办事的，不是做工的。古代尚且把"智者创物，巧者手之"谓之圣人，自汉以来，都放在《儒林》《文苑》之下，而列在《方技》之中了。

然而近代的需要是百工，近代教育的作用大体上在乎训练出各种技术（广义的）人才，所以近代教育是欧洲的第三权力之创造品，以代替当年的精神权力之创造品者，一朝拿来，培植在"读书—登科—作官"的土田上，是不能不畸形发育的。自然的趋势既如此，不幸清末办学的人更把新教育与旧科举联上，于是学校毕业皆"赐"出身。我幸而不曾在清时中学毕业，不然硬派一个拔贡做了二民呢（当时我有一个中学同学，因清政府要取消这个奖励，他的家长便把他从学堂里叫回家）！所以子弟到学校读书，为父兄者，大大多数不抱着使他成就职业的心理，而希望他毕业后得到一官半职。我记得我当学生时，每次回家，总有乡党邻里来问，"你几时出官，官有多大"？我自然愤愤的骂一顿。不过，这个引诱势力是如何大呢！看得出这道理最明白者，是吴稚晖老先生。他是士人出身，而在丽景街的多所学校做过工，深知此中奥妙，乃把一切弄文字者皆叫做洋八股，于是纸上的科学是洋八股，胡适之先生之以新方法治旧学者，也叫做洋八股，而胡先生是"戴着红顶子演说革命"者。大约胡先生很欣赏他这句话，遂把说空话的党义文叫做党八股。我今天这篇文章也是八股，胡先生逼着做出的每周课卷，其价值焉得过于王韬、冯桂芬之政论乎？惟其一切学问文章经济皆是八股，所以一切职业是做官，教书的是教官，办党的是党官，办工会的是工官。于是乎认字的人越多，失业者越多。学校办的越多，社会上寄生虫越多。

若想中国成一个近代国家，非以职工阶级代替士人阶级不可；若想中国教育近代化，非以动手动脚为训练、焚书坑儒为政纲不可。

第二，政治之不安定，是教育紊乱一个大主因。诚然，政治果永远安定，社会是只能在浮层增进的，不能在基本上改弦更张。不过，社会永不安定，一切事皆办不下去，袁世凯的阴谋政治激出来所谓新文化运动（这个名词本不通，今姑从俗），北洋军人与盗阀之横行激出来国民革命，假如中国政治变动只是这几个大纲，教育事业可以因时建设的，不幸大潮流之下，分成无数小潮流，来来往往，反反覆覆，事事皆成朝不保夕之局面，人人乃怀五日京兆之用心，上台是趁火打劫，下台是酝酿待时。校长不做上三年，办不出事业；教书不教上三年，做不成学问。试以山东、安徽两省论，自国民革命军到后，安徽换了好几十厅长，山东从未曾换过，故山东的教育比较差有秩序，而安徽是一团糟。革命的事业，不是革别人的命便成自己的事业，总要有相当时间的，试看苏俄。

第三，一切的封建势力、部落思想、工具主义，都乘机充分发挥。乱世造奸雄，奸雄造乱世。自袁贼世凯专用下等的走卒做封疆武臣，无聊的书办做地方大吏，以便自用，于是人人学他。现在的当局，其用人处有没有像袁世凯的呢？这个风气，影响到一切社会上，教育焉能成例外？清末办学者，尚且多存些公益事业的心，至不济，"门墙桃李"之观念是虚荣心作用，也不足害人的。而今呢？私立大学除办南开大学的张伯苓先生几个少数以外，有几个真正存心在教育事业呢？若是把办学当做买卖做，尚不是最坏的；若当做走狗制造场，乃真是乱国害政的大源。直弄到有政治野心者，非办大学不可。欲登门投靠者，非进大学不可，所以大学生选举校长，每举些权要与政客。因此我们真不能不佩服清华与中央大学（今南京大学）的学生，他们选举校长——这诚然不是——还是几个读书人。

在这个办学的与从学的相互利用，以申张封建势力、发挥部落思想，充实工具作用之下，教育岂不是紊乱社会的根源？这样的事实可以写成一部一千页的大书，读者人人心中总有几个例子，我不用举了。

第四，哥伦比亚大学的教师学院毕业生给中国教育界一个最学好的贡献。我没有留学或行走美国之荣幸，所以我于哥伦比亚大学的教师学院诚然莫测高深。不过，看看这学校的中国毕业生，在中国所行所为，真正糊涂加三级。因此我曾问过胡适之先生："何以这些人这样不见得不低能？"他说："美国人在这个学校毕业的，回去做小学教员，顶多做个中学校长。已经稀有了，我们却请他做些大学教授、大学校长，或做教育部长。"这样说来，是所学非所用了，诚不能不为这些"专家"叹息！这些先生们多如鲫，到处高谈教育，什么朝三暮四的中学学制，窦二墩教学法，说得五花八门，弄得乱七八糟。我现在有几句话敬告这些与前清速成法政学生比肩的先生们：第一，小学，至多中学，是适用所谓教育学的场所，大学是学术教育，与普通所谓教育者，风马牛不相及。第二，教育学家如不于文理各科之中有一专门，做起教师来，是下等的教师；谈起教育——即幼年或青年之训练——是没有着落，于是办起学校自然流为政客。第三，青年人的脑筋单纯，与其给他些杂碎吃，不如给他几碗大鱼大肉。这些教育家们奈何把中学、小学的课程弄得五花八门，其结果也，毕业后于国文、英、算、物理等等基本科目一律不通。其尤其荒谬者，大学校里教育科与文理科平行，其中更有所谓教育行政系、教育心理系等等。教育学不是一个补充的副科，便是一个毕业后的研究。英国有好些大学以大学文理科毕业者习教育，未习文理科者不得习教育；德国的教育训练是把大学的哲学科（文理经济政治皆在内）学生于高年级时放在特设的一种教育学修习所中，以便教师之养成。总而言之，统而言之，做校长的要从教员出身，否则无直接的经验、切近的意识，其议论必成空谈，其行为当每近于政客。然而要做教师，非于文理各科中有一专门不可。所谓教育行政、教育心理等等，或则拿来当做补充的讲义，或则拿来当作毕业后的研究，自是应该，然而以之代替文理科之基本训练，岂不是使人永不知何所谓学问？于是不学无术之空气充盈于中国的所谓"教育专家"之中，造就些不能教书的教育毕业生，真是替中国社会造废物罢！

第五，青年人之要求，因社会之矛盾而愈不得满足。今日中国的社会，是个最大的矛盾集团。时代的、地域的、阶级的、主义的，一切矛盾，毕集于中国之一身。在这个状态之下，国家无所谓"国是"，民众无所谓"共信"，人人不知向那里去。三十多岁的人尚且不能"而立"，更何所责于青年？在这样情形之下，青年学生自然不能得安定——身体的、心理的、意志的。于是乎最基本的冲动，向最薄弱的抵抗处发动，于是乎青年学生的事不是风潮便是恋爱……

以上的五项中，第一、第二两项是基本的原因，第三、第四两项是目下紊乱之直接原因；第五项是一种外感病，自身健康自然不染，自身不健康是免不了的。政府若想把教育彻底改革，非对这原因作有效的处置不可，否则改一回学制即增一回紊乱，作一次处分即种一次恶因。

至于改革的具体方案，下次再谈。

原载 1932 年 7 月 17 日《独立评论》第九号

教育改革中几个具体事件

关于教育改革之具体问题，原则上我们可以有些意见。其施行的详细方案乃是教育当局的事，我们局外人既无材料在手，自然无从悬推。

教育改革具体方案之原则，一时想来有下列数事。

（一）全国的教育，自国民教育至学术教育，要以职业之训练为中心的。这话不是江苏省教育会一系人之老调头，他们的办法是把学校弄成些不相干的职业的"艺徒学堂"。幼年人进学堂，如进工场一般，这是极其不通的。我们乃是主张学校中的训练要养成幼年人将来在社会服务的能力，养成一种心思切实，态度诚实，手脚动得来，基本知识坚固的青年。所以中小学虽有化学，然而如竟专心制起胰子来；虽有物理，然而专心做起电灯匠来，都是大可不必的。不过，化学虽不造碱，而必使中学毕业生在化学工厂中做起事来，能应用他在学校中学的化学知识；在农场中做起事来，能应用他在学校中学的动植物知识，然后这教育不是失败的。

在这"职业训练"的要求之下，我以为中小学的课程应注意下列数事：

甲、将中小学课程之门类减少至最低限度，仅仅保留国文、英文、算学、物理、化学、自然知识、史地知识、体育等，而把一切不关痛痒的人文科目一律取消。一面将党义的功课坚实的改良，使其能容纳些可靠的人文知识，不专是一年又一年的叫口号。当年黄炎培等人拟高中章程，竟有了文化史和人生哲学。这个题目在欧洲尚不会建设得能够包含着基本训练之意义，试问中国有谁配教这门功课？在高中又如何教法？……

乙、每一科目宁缺勿滥。在城市的学校可减除自然知识，在乡村学校亦可酌量减除些科目，只有国文、英文、算学是绝对不可少的。每一科目既设之后，必求有实效，国文非教得文理清通、文法不错不可，英文非教得文法了然能有些实用不可，算学非教得有算术、几何、代数、最浅解析几何、最浅微分之基础知识，而能实用不可（此限度就高中言）。物理非教得对于电灯、肥皂泡、天气变化、化热力功用等等一切我们四围环境中遇到的事件，能与书本上的指示连起来不可；植物非教得能把我们园中的植物拿来分类认识出来不可。一切功课都步步跟着实验，教科书不过是一个参考的手本，训练的本身乃在动手动脚处。国文、英文也不能是例外的，历史要教到坚实而不盲目的民族主义深入心坎中，同时知道世界文化之大同主义；地理要教得知道世界各地物质的凭借，及全国经济生活之纲领，若专记上些人名、地名、年代、故事，乃真要不得的。为实现这样的课程，教育部有设置几个专科的课程编定委员会之必要。

照这样做下去，然后以下列的标准考察一个学校办的成功与失败：一、学生的手脚是否有使用他的课本上的知识的能力；二、学生能不能将日常环境中的事与课本上的知识联贯起来。能，便是训练的有效；不能，便是制造废物了。这样的训练，不特可以充分发育一个人之用处，一个人将来在职业上的用处，并可以防止安坐享受的习惯、思想不清的涵养、做士大夫的架子。

（二）全国的教育要有一个系统的布置。民国以来的教育，真可谓"自由发展"了，其结果是再紊乱不过的。私立学校随便开，大学随便添，高中满了全国。即令这些学堂都好，也要为社会造出无数失业的人来，而况几乎都不成样子。现在教育部有下列的几个当务之急：第一，作一个全国教育的统计，同时斟酌一下，中国到底需要些那样人，然后制定各校各科的人数，使与需要相差不远。第二，使公立学校在上下的系统上及地方的分配上有相当的照应。第三，限制私立学校，使它不紊乱系统。第四，最要紧的——国民教育、普通教育、职工教育、学术教育，中间之相接、相配合处厘定清楚，务使各方面收互相照应之功效，而不致有七岔八错之形态。

（三）教育如无相当的独立，是办不好的。官治化最重之国家，当无过于普鲁士。试以普鲁士为例，虽说大学教授讲座之选补权亦操之教育部，一切教育行政皆由部或地方官厅令行之，然其教育界实保有甚大之自治力量，行政官无法以个人好恶更动之。当年以德皇威廉第二之专横，免一个大学校长的职，竟是大难；革命后普鲁士教育部长免了一个国立歌剧院院长的职，竟发生了大风波。如熟悉德国教育情形，当知高等教育权皆在所谓秘密参议手中，普通教育权皆在所谓学事参议手中，其用人行政，一秉法规，行政官是不能率然变更的。这样子固然有时生出一种不好的惰力，然而事件总不至于大紊乱。中国的教育厅长，特别是市教育局长可以随便更换，这犹可说他们是政务官，然而厅长、局长竟能随便更变校长，一年数换，于是乎教员也是一年数换了。服务教育界者，朝不保夕，他们又焉得安心教书？又焉得不奔竞、不结党营私？

所以政府的责任，第一是确定教育经费之独立，中央的及地方的。第二是严格审定校长、教员、教授的资格，审定之后，保障他们的地位。第三，教育部设置有力量的视学，教厅亦然，参以各种成绩之考核，纯然取用文明国家文官制度（Civil Service）之办法，定教育界服务人员之进退，及升级补缺。河南省的教育经费能独立，山东省的教育不曾换过长官，其结果便比江苏、安徽好得多，这真是值得注意的。

（四）中国的教育是自上腐败起，不是自下腐败起。民国二十年来的事实可以完全证实此说。教育部没有道理了，然后学制紊乱，地方教育长官不得人，校长不成样子，然后教员不成样子，然后学生的风纪不堪问了。政府有时稍稍表示认真的决心，每收意想不到的效果。如民国十五年国府在广东时，把中山大学解散了，教授重行聘任，学生须经甄别，当时的中山大学真可谓党派斗争之大集合，亦是学潮的博物馆，然而政府一经表示决心之后，竟全无问题，于是中山大学有了三年的读书生活，以后仍是政府措施不当，然后风潮又起来的。又如此次政府表示整顿中央大学的意思，不特在中大办下去了，即远在北平的大学，也望风软化。虽以刘哲一样的人，尚能以决心平服北平教育界，而况其他？……所以我的看法是：教育之整顿，学风之改善，其关键皆自上而下，都不是自下而上。若大学校长永远任用非人，虽连着解散几次又何益？然则今之政府之责任，在整顿自己责任内的事。所谓政府责任内事者，大致有下列二项：

甲、把教育部建设成一个有技术能力的官厅，以法兰西、普鲁士的教育部为榜样做去，不特参事司长不能用一无所能的人，即科长、科员亦必用其专门之长。此外更设统计处，以便全国教育事项了如指掌；设教材编纂处，不再审定些亡国的教科书。

乙、厅长、大学校长、教育局长必须用得其人。其人若有人品，有见识，有资望，自然没有学潮，有也不至为大害。以我个人教书的经验论，学生多数是好学生。我一向对学生极严厉，并未遇到反响，所见的学生捣蛋，皆自教员不振作而起。

（五）教育当局要为有才学的穷学生筹安顿。中国的家庭是世界上最腐败的，中国的家庭教育是世界上最下等的，所以严格说去，中国无"世家"之可言。惟其如此，故贤士干才多出于贫寒人家。环境之严苦锻炼出人才来，不是居养的舒服能培植德性的。科举时代，穷人是比较有出路的，一来由于当年读书本用不了许多钱，二来由于当年义学、宗塾、廪膳膏火、书院奖励、试馆等制度，大可帮助有才无钱的人。今日之学校教育，用钱程度远在当年之上，并无一切奖金、助金。国家号称民国，政治号称民权，而贫富之不平更远甚，成个什么样子？不特就人道的立场言，极其不平；即就政治的作用论，也是种下一个最大的危险种子。所以我来提议：

甲、把自大学至小学的经费抽出至少百分之五来作奖学金。

乙、把一切无成绩的省立大学停止了，改成奖学金（国外留学金在内）。

丙、把一切不成样子的私立大学停止了，收他们的底款为奖学金。

丁、一切私立学校不设奖学金者，不得立案。

戊、学费一面须收得重，奖学金额一面复设得多。

于是国家有国家的奖学金,省有省的奖学金,县有县的奖学金,学校有学校的奖学金,团体有团体的奖学金。于是学生用功了,穷学生尤其用功了,学校的风气自然好,社会的秩序自然改善。

此外关于学术教育的事项,后来再论。

原载 1932 年 7 月 24 日《独立评论》第十号

论学校读经

记得十七八年以前，内因袁世凯暴压后之反动，外因法兰西一派革命思想和英吉利一派自由主义渐在中国知识界中深入，中国人的思想开始左倾，批评传统的文学，怀疑传统的伦理。这风气在当时先锋的重心固然是北京，而中山先生在上海创办《建设》杂志，实给此运动以绝大的政治动向。我们从他当时所表现的议论中清楚地看出，他是觉得专是一种文化的革命是不足的，必有政治的新生命，中国才能自立，必有政治的新方案，中国才能动转。中山先生提倡"把中国近代化"之功绩是后来中国人所万不当忘的！……则自建业建都以来，政治上要右转些，本为事理之自然，当为人情所谅解。不料中国人"如醉人，扶得东来西又倒"。一朝右转，乃至步步倾之不已，只弄到去年的祀孔！远史不必谈，姑谈近史。清升孔子为大祀而清亡，袁世凯祀孔而袁世凯毙。韩退之（即韩愈）有句话，"事佛求福，乃更得祸！"大凡国家将兴，只问苍生，国家不了，乃事鬼神，历史给我们无数的例。祀孔还不算完，接着又有读经的声浪，这事究竟演化到如何一步，我不敢知，我只替国家的前途担心。提倡革命的人们，无论左向右向的革命，总不免把主张说到极端，到极端才有强烈的气力，然而手操政权的人们，总应该用充分的知识，健强的理智，操持中道的，中道然后有安定！特别在这个千疮百孔的今日中国，应该做的是实际的事，安民的事，弄玄虚是不能救国的。

在批评读经政策之前，有几件历史事实应该知道。

一、中国历史上的伟大朝代都不是靠经术得天下、造国家的，而一经提倡经术之后，国家每每衰落的。我们且一代一代地看去，周朝还没有受这些经典于前代，那时候的学问只是些礼、乐、射、御、书、数的实际事件。秦朝焚书坑儒，更不必说。汉朝的缔造，一半赖高帝之武，一半赖文帝之文，高帝侮儒，文帝宗老，直到武帝才表彰六经，然而茂陵一生所行，无事不与儒术相反。宣帝以后，儒术才真正流行，东海边上的读经人作师作相，汉朝也就在这时节起头不振作，直到王莽，遍天遍地都是经学。李唐创业，最表彰的是老子；到了玄宗，儒学才在中天，玄宗亲自注《孝经》，玄宗也亲自听破潼关的渔阳鼙鼓。赵宋的太祖、太宗都是武人，真宗像个道士，仁宗时儒术乃大行，也就从仁宗时起，仰契丹如上国，有蕃夏而不能制。赵普号称以半部《论语》治天下，我却不知道他之受南唐瓜子金，教太宗以夺嫡，在半部之外或在内？明朝是开头提倡宋元新儒学的，其结果造成些意气用事的儒生，酿成燕变而不能制。若不是当时外国人不闹，若不是永乐真有本领，中国又要沉沦了。再看偏安的南朝。南朝的第一流皇帝，一个是纯粹流氓刘寄奴（南朝宋高祖武皇帝刘裕），一个是高超儒生萧老公。刘寄奴到底还灭燕、灭秦，光复旧物，萧老公却直弄到断送南渡以来的汉人基业。我说这些话并不是蔑视六经、《论语》《孟子》等之历史的价值。它们在当年自然有过极大的作用，我们的先民有这些贡献犹是我们今日可以自豪自负的。我只是说，虽在当年简单的社会里，国家创业也不是靠经学的，而一旦国家充分提倡经学，一面诚然陶冶出些好人物,一面又造成些浮文诡化的儒生。不看宋明的亡国吗？儒生纷纷降索虏，留梦炎本是状元，洪承畴更是理学人望，吴澄、钱谦益则胜国之盖世文宗也。事实如此，可知在古时经学制造的人物已经是好的敌不过不好的了。或者当时若没有经术，事情更糟，也未可定，不过当时的经术并无六七十分以上的成绩，是件确定的史实。

二、当年的经学，大部是用作门面装点的，词章家猎其典话，策论家装其排场，作举业的人用作进身的敲门砖。念经念到迂腐不堪的缺点虽然极多，而真正用经文"正心诚意"的，可就少了。这本也难怪，经文难懂，又不切后代生活。所以六经以外，有比六经更有势力的书，更有作用的书。即如《贞观政要》，是一部帝王的教科书，远比《书经》有用；《太上感应篇》是一部乡绅的教科书，远比《礼记》有用；《近思录》是一部道学的教科书，远比《论语》好懂。以《春秋》教忠，远不如《正气歌》可以振人之气；以《大学》齐家，远不如《治家格言》实实在在。这都是在历史上有超过五经作用的书。从《孝经》，直到那些劝善报应书，虽雅俗不同，却多多少少有些实际效用。六经之内，却是十分之九以上但为装点之用、文章之资的。我这些话不是我的议论，更不是我的主张，只是我叙述历史的事实。若明白这些事实，便当了然读经的效用，从来没有独自完成过。即就维持儒家的道德教化论，在当年五经大半也还是门面的，也还是靠别的书支持儒教。那么，在当年的社会中失败了的读经，在今日反能成功吗？

三、汉朝的经学是汉朝的哲学，"以《春秋》折狱"，"以'三百篇'当谏书"，哪里是《春秋》、"三百篇"本文之所有的事？汉朝的儒生自有其哲学，只拿五经比附出场面来而已。宋朝的经学是宋朝的哲学，自孙复、石介以下每人都是先有其哲学，再以经文附会之，岂特王安石一人而已？汉朝、宋朝的经学在当时所以有力量者，正因本是思想创造的事业，本来不是纯粹的经学，所以才有动荡力。清儒之所谓汉学是纯粹的经学了，乾嘉的经学也就全无政治的道德作用了。清末，一面在那里办新学，一面在那里读经，更因今文为"康梁逆党"之学，不得用，读经乃全与现物隔开。上者剽窃乾嘉，下者死守高头讲章，一如用八股时，那时学堂读经的笑话真正成千成万。少年学生上此课者，如做梦一般。我不知今之主张读经者，为的是充实国文或是充实道德力量？如欲以读经充实国文，是最费气力不讨好的；如欲以之充实道德力量，还要先有个时代哲学在。不过据六经造这时代哲学，在现在又是办不到的事了。

据以上三类历史事实看去，读经从来不曾真正独自成功过，朝代的缔造也不会真正靠它过，只不过有些愚民的帝王用它笼络学究，使得韩文公发明"臣罪当诛，天王圣明"的公式，又有些外来的君主用它破除种族见解，弄到朱文公也在那里暗用"夷狄之有君不如诸夏之亡"称赞金章宗！

难道相去不远的旧社会中试验两千年不曾完满成功的事，在相去如南北极的新社会中值得再去尝试吗？

以上是历史的考察，再就现在的情形论，尤觉这一面事断不可办。我的见解如下：

第一，现在中小学的儿童，非求身体健全发育不可，所以星期及假日是不能减的，每日功课是不能过多的。同时，儿童青年之就学，本为养成其国民的需要，谋生的资格，自然也该把知识教育的力量发挥到最大无害的限度，以便成就其为有用之人。况且现在的世界是列国竞进的，若是我们的中小学程度比起欧、美、日本同等学校来不如，岂非国家永远落后，即是永远吃亏？在这又要儿童青年健康，又要他们程度不比人差的难题下，原有的功课已嫌难以安排，若再加上一个千难万难的读经，又怎样办？挖补自儿童的身体呢？挖补自儿童的近代知识呢？

第二，经过明末以来朴学之进步，我们今日应该充分感觉六经之难读。汉儒之师说既不可恃，宋儒的臆想又不可凭，在今日只有妄人才敢说诗书全能了解，有声音、文字、训诂训练的人是深知"多见厥疑""不知为不知"之重要性的。那么，今日学校读经，无异拿些教师自己半懂不懂的东西给学生。若是教师自己说实话"不懂"，或说"尚无人真正懂得"，诚不足以服受教育者之心；若自欺欺人，强作解事，无论根据汉儒、宋儒或杜撰，岂不是以学校为行诈之练习所，以读经为售欺之妙法门？凡常与欧、美人接触者，或者如我一样，不免觉得，我们这大国民有个精神上的不了之局，就是不求深解，浑沌混过；又有个可耻之事，就是信口乱说，空话连篇。西洋人并不比中国人聪明，只比我们认真。六经虽在专门家手中也是半懂不懂的东西，一旦拿来给儿童，教者不是浑沌混过，便要自欺欺人，这样的效用究竟是有益于儿童的理智呢，或是他们的人格？

以上第一件说明中小学课程中"排不下"这门功课，第二件说明"教不成"它。我想，这也很够反对这件事的"充足原理"了。至于六经中的社会不同于近代，因而六经中若干立义不适用于民国，整个用它训练青年，不定出什么怪样子，更是不消说的了。以世界之大，近代文明之富，偏觉得人文精华萃于中国之先秦，真正陋极了！

至于感觉目下中小学国文及历史教材之浅陋荒谬，我却与若干时贤同意见，这是必须赶快想法的。政府或书店还应编些嘉言集、故事集、模范人格的传记以作教训，以为启发。国文、公民、及历史的教材中，也当充分以此等有用的材料。这些材料不必以中国的为限，其中国的自不妨一部分取资于六经中之可懂的、有启发性的、不违时代的材料，这就很够了。

原载1935年4月7日《大公报》星期论文，又载1935年4月14日《独立评论》第一四六号

闲谈历史教科书

颇不幸,我没有作过中学历史教员,也没有在大学教过中国通史或西洋通史,所以我不曾受到这种极有价值的经验的好处。现在谈历史教科书,或者有时不免是悬想,这要请本文读者体察并原谅。

一 历史教科书和各种自然科学教科书之不同处

编历史教科书,在一点上与编算学、物理等教科书有绝不同之处,我们要看明白,才可以谈编历史教科书的宗旨。算学与物理科学是可以拿大原则概括无限的引申事实的。这个凭借,在地质、生物各种科学已难,在历史几不适用。庞加莱(Henri Poincaré)说:"最有趣的事实是那些不止一次可用的,是那些有机会再出现的。幸而我们生在一个富于这样事实的世界内。姑假设说,我们这世界中不止六十元素(按,此数是三十年前的话)而有六千万元素,而众多的他们,又不是这些极希少,那些非常多,而是平均的分配着。那么,我们每次捡起一块石子便得到一个新元素的机会,是很多的。我们知道别的石子的成分,不足以助我们知道这个新捡起来的。在遇到每一件新物体时,我们只好像一个婴儿一般,顺从我们一时的兴致与需要而行动。在这样一个世界中,科学是不会有的,也许思想与生命都是不可能的,因为照这样情形,天演不能发展出自身保存的本能来。多谢上帝,事实不如此,但这个福气,也同其他我们常有的福气一样,并未引人注意。生物学家也要同样的受窘,假如世上只有个体,没有种类,而遗传性不足以使儿子像父亲的话。"(*Science et Méthode*,P.11)

物质科学只和百来种元素办交涉,社会科学乃须和无限数的元素办交涉,算学家解决不了三体问题,难道治史学者能解决三十体?若史学家不安于此一个庞氏所谓"天命",而以简单公式概括古今史实,那么是史论不是史学,是一家言不是客观知识了。在一人著书时,作史论,成一家言,本不无可,然而写起历史教科书来,若这样办,却是大罪过,因为这是以"我"替代史实了。

物质科学中,设立一个命题,可以概括(Mach 所谓述状)无限度的引申命题,所以编物理以及理论化学教科书,虽不必如 Hertz 的办法,把机力学变做一个几何原本,总可以拿原则概括事实,拿大命题统率小命题。所以编这些门类的教科书,大约有三个领导的原则。第一项,列定概括命题,以包函甚多引申的命题与无限的事实。第二项,举切近于读者的例,以喻命题之意义。第三项,在应用上着想。这些情形,一想到历史教科书上,几乎全不适用。第一项固不必说,历史学中没有这东西。第二项也不相干,历史上件件事都是单体的,本无所谓则与例。第三项,历史知识之应用,也是和物质知识之应用全然不同的。

我们没有九等人品微分方程式,所以人物只得一个一个的叙说。我们没有百行的原素表,所以行动只得一件一件的叙说。我们没有两件相同的史事,历史中异样石子之数,何止六千万,所以归纳是说不来,因果是谈不定的。因果二词,既非近代物理学所用,亦不适用于任何客观事实之解释,其由来本自神学思想出。现在用此一名词,只当作一个"方便名词",叙说先后关系而已,并无深意。照这样说,历史教科书怎样写呢?

我想,我们对历史事件,虽不能作抽象的概括命题,却可以根据某种观点,作严密的选择。古今中外的历史事件多得无数,既不容归纳,只得选择了。至于选择的原则,又如何呢?

二 选择历史事件之原则

想回答这个问题,必须先问,我们为什么应在中学中设历史一科(据二十一年课程标准,小学历史虽并入社会科内,但历史仍为社会科的中心)。中学中设这一科,本有它的历史背景,中国、西洋没有大不同。中国人之读史习惯,在当年为的是科场、作文及一般知识。当年学问本以经史为大端,并没有自然科学,当年知识本以人文为贵重,物质知识是为人不看重的。西洋教育系统中,历史之占一位置,也是沿袭文艺复兴以来的习惯。所谓 liberal education(有通识教育或博雅教育之意,也特指文科教育)者,本舍不了历史。历史是供给士人以修饰及谈资的,没有这层装点,算是野人。到了现在,这话仿佛不该这样说了。物质界、生命界的知识无数,这在智慧上是无量价值。工艺界经济的知识无数,这在人生上是无量福利。以中小学生之时光精力,应付此等切身的知识，尚虑不及，还要谈历史吗？设若历史只是士人的装饰品、谈吐的资料、文艺的辅佐，胡思乱想所取材，还值得成一学校科目吗？

我以为历史仍应保存在中小学中，而其目的，应该与自文艺复兴以来的士人教育用意不同，因而作用不同。所有装饰性的、士流阶级性的、记诵性的，皆不与近代生活相干，所以可以一齐不采。只有三个意义，我们似当充分看重。

第一是对于"人类"（Mensch heit）及"人性"（Menschlichkeit）之了解，把历史知识当作"人学"。若能实现这一个意思，历史当然不比动物学次要。人性是难于抽象解释的，尤其是人的团体行动。如借历史说明生命界最近一段的进化论，当然是与我们现在生活有关的。

第二是国民的训练。把历史教科做成一种公民教科，借历史事件做榜样，启发爱国心、民族向上心、民族不屈性、前进的启示、公德的要求、建国的榜样；借历史形容比借空话形容切实动听得多。"托诸空言，不如见诸行事之深切著明也"。

第三是文化演进之阶段，民族形态之述状，在中国史更应注重政治、社会、文物三事之相互影响。

这三个要求既树立，其余一切物事，可以少论，"不食马肝，不为不知味"，中学生不知历代皇帝与年数，不为愚！

这三义在上文中再详说，现在另转到别一点上讨论。

三　教育部设定之标准

说到教育部颁布的历史课程标准，我当时看了，颇不敢恭维。现在手中无此物，无法细说，且就我记得的印象写下。此标准之作者，似未见到几个贯串上下的原则，但忙于一代一代的堆积题目，弄得读者觉得颇像一部《策府统宗》一类书的目录。还有一点很要紧，天下的事都不是可以不实验便完美的。此标准之作者，似乎并没有自己试着作一部历史教科书。先自己看看可行不可行，遽然成为定律，强书贾以必遵。书贾奉令承教，急急上市以图利，自然管不了许多。而且所定标准，节目太细，欲充分叙说，则限于字数；欲有所刊落，则不合定程。其中还有假想的节目，无人研究出的阶段，在书贾固只得将就敷衍，在大才也觉得手足束缚。我希望教育部把这种标准放宽些，而对于审查上更用心些。才可算是重其所重，而轻其所轻了。

近来教育部把中学历史分作本国史、外国史，我也莫测其用意。虽然中国与本国两名词不同，只有民国才是严格意义下的本国。但这层毛病还小，不要管它，专想想它所谓外国史。外国史一个科目，以我所见闻，诚不知道除中国外那一个有这样说法，这样教法。历史当然要有个地方范围。有地方范围，才能叙说人文演进、人事变迁之意义。外国真不成一个历史的体（entity）。以外国为范围，这历史怎样写法呢？这位制法者之心中，必以为外国史如下式：

世界史减去中国史等于外国史。

那么，我们看看这书怎么写。以国别为次，还以时代为次呢？若以国别为次，这样外国史简不成了一部通志的四裔传，显然不像话，也没法教人。无论何人，只要是试着编历史教科书的，当不如此。想来总是以时代为次的。既以时代为次，正在那里谈罗马全盛时代，忽然转到倭奴之耶马台国；正在那里谈罗马法王制服日耳曼族之罗马皇帝，忽然转到突厥之强大，如何可以免于语次无伦之病？诚然，在善于叙述者可以调剂一下，使这样的不使减少，然而文化的统绪、历史的继续性，必受此规定之障碍。须知世界上的国家民族虽多，而文化的统绪并不多。"西洋"一个名词，本来可包括欧、非、西亚，且印度与此系之关连也比与中国稍深些。然则历史尽可照旧分成"中国史""西洋史"。如此，既可以明了西方文化因革的脉络，并可以表显中国文化的地位，因为东亚、中亚的历史，大可附见中国史中。他们在文化上本是中国的四裔；在历史上，也仅是中国的卫星而已。若将这些个自中国史中删去而与西洋混入一书，既失自然之位置，又无端减削大汉之地位，诚不可解。

四　编历史教科书的一个基础则律

照常识说，十件事都说不明白，不如一件事说得明白，较为有益。凡一切有头无尾的事，不能启发的事，不能引人生深切印象的事，在教育的价值上都是很有问题的。然则历史一科，若想不使学生生反感，而收到设此一科的效用，与其多说些事，而说不明白，不如少说些事，而说得明白。现在编教科书者，格于制定标准，有些事，不得不说，其情可原。但因此发生的弊端，总要设法改正才好，无论由教部方面，或编者方面。

我觉得编历史教科书，应该依据上文第三节所说三种选择标准，运用下列一个原则：

在规定之字数及时限内,将历史事件之数减少到最少限度,将每一历史事件之叙述,充分到最大限度。

由此原则,自然要引申出下列几个方式:

一、所含之题目（Subjects）比现存者应大大减少,但字数或者应该增加。

二、人名、地名、官名都减少到最少限度。每一地名,必见于附图。其今不知其地理者,亦应在地图上注明"无考"。每一官名,必注明它的职掌或级品。

三、充分利用年表、系表、沿革表及其他各种图表,容纳纷纭的事实、中学生读来无兴味的材料。如此,则叙述的正文中可以不致如京都江海之赋,只是些私名,学生对之自然要增加兴味了。

四、一件重要事件,叙述上应该不惜详尽,应该把"故事""传记"的艺术作用,酌量引到教科书的正文中。

五、若干历史事件,前后相关者,可以据其意义联贯说之。如西汉初年的国内大事,第一段是削平异姓诸王,第二段是除诸吕,第三段是削弱同姓诸王。若把这些事都当作独立的事看去,自然要分节叙述;若把它们看作"汉初皇帝政权之安定化"过程中之三个阶段,由远及亲,一步一步的来,至武帝而完成,或者化零为整,读者不嫌破碎了。

五　活的教科书

照上节四五两项所说,我们所要求的是一部活的历史教科书。(一)将散碎的事件,连贯起来,执其要领。历史事件虽多，而一个时代的政治与文化之趋转，在大头绪本不多的，抓住要害，自可应付众多史实。（二）将民族中伟大人物的性格行事，皇帝却不可要或少要。选几个形容出来，将民族兴亡中的若干壮烈的事件选几条叙述清楚，才是把有意义的历史知识供给于学生，不强似说了一朝又一朝，提过一人又一人？（三）将文化演进的阶段，上下连贯起来叙说之；必要时，可以打破朝代的限制。

总而言之，学校中历史科固需辅助读物，教科书本身总当是一部有形体、有神采、能激发人、能锻炼人的书。不当将教科书本身编得难收效果，却把一切推在辅助读物上。

六　辅助书

辅助读物是一事，我今天不谈。教本的辅助书又是一事，我现在说出两种来。

一是读史图像。编历史教科书者，应该搜集一切最有助于了解史的图像，编为一书。列如石刻中的永乐中奴儿干都司碑、锡兰发见之郑和碑；金刻文中如令敦、宗周钟、小盂鼎（大致如郭沫若所释）、虢季子白盘、秦权、莽量等；其他文字品，如重要的汉晋木简、唐皇帝劳问沙州张氏的玺书、正德中在西边建喇嘛寺的诏书、万历中封日本国王的敕书，诸如此类，举不胜举。今人好谈造纸与印刷术，然则何不将自殷、商甲骨文字至当代报纸，一个大演进过程中（一）各种字体；（二）各种书写之材料，自甲骨至机器纸；（三）各种书式，如汉代简书、唐代写本、宋印宋装的《文苑英华》、活字本、明末线装书等等，一齐用图像形容出来。至于生活状态,美术演进,尤靠图像,是不消说的。如此一个辅助书,可以代替十万字的叙述,并且可以增加十倍的兴趣。不过编这书不是容易的事,胡乱剽窃一阵,什么孔子像咧、汉武帝像咧,前者本是后人想像,后者尤不知来历何若,是不信实,且没有作用的。

二是读史地图。这件东西的需要不消说的,可惜现在为学校中之中国史,没有一部适用的。杨惺吾的自然仍旧是最好的,虽然有些也是乱画,不过他的体例是绝不适用于学校教科的。日本图中,我见的有箭内亘者,这书比学校用的中国制造好得多,但错误仍多,且亦不适于中国人用。我随便举一点,以征中国人画此类图之不经意。一个朝代的疆域,前后变迁是很大的,如汉朝文帝时与武帝末年大不同,武帝末年又与《汉志》所载西汉末年颇不同。如画一个汉代疆域图,必须注明适用于何一年,岂可注明大约年数?不记年数的一代疆域图,是简直不通的。制读史地图,实在是一件极难作的事。然若没有一部好图,教科书如失左右臂一般,而教授上又必感受极大麻烦。

我希望编历史教科书者,同时编这两件东西。

七 编西洋史教科书时应注意的几个大题目

依上文第三节所举三个标准编西洋史,可以省略许多西洋人的西洋史中题目。本来我们既接受西洋文化,自应注重西洋历史。然而这是专门科目,中国人虽然绝不当自暴自弃,以为做不成西洋史学家,但我们学校的西洋史当然要和英、美人不同。即就欧洲论,各国的历史教本内外出入也不同。自西欧言之,五世纪以后的东罗马帝国，关系甚少，故教科书记载极略，每每的但在记十字军、记土耳其时带着一笔。然近代希腊与保加利亚、罗马尼亚等国之观点，当然与此不同。以此为例，封建的德意志中若干事件与我们什么相干？西罗马一代一代的皇帝世谱，与我们有何关涉？照抄西欧各国学校中的历史教科书，借用 Robinson 与 Breasted，似都不是办法。

照我们国家教育的立场言，学校用的西洋史，或者可以下列诸事为纲领：

远古史：说明各地远古文明之起源及演进之阶段，以为希腊、罗马、波斯、大食诸史之基石。

古代史：希腊、罗马之政治的、社会的演进，文化之总积及其遗留于后来西欧、东欧、西亚、北非之人文的传袭（Legacy）。

中代史：旧文明族与新武力族之渐混合及其混合之效果；西方文物与东方（近东）宗教之接触；近代文明最基本层之建立。

近代史：（1）欧洲民族之稳定（言未为大食蒙古所践踏）；（2）精神的解放；（3）物质的扩张；（4）科学思想之发展；（5）近代民族之长成；（6）人权思想与经济思想；（7）世界之缩小；（8）最近代文明之不安定形态。

这是我今夕所想到的一个纲领，不敢说无毛病。然中国学校的西洋史，总当是举大遗细的西洋史，并且是为中国用的西洋史，似乎是没有问题的。

八　民族主义与历史教材

本国史之教育的价值，本来一大部分在启发民族意识上，即外国史也可用"借喻"的方法，启发民族意识。历史一科与民族主义之密切关系，本是不待讨论的。当前的问题，只在用何方法使历史教育有效的、有益的启发民族思想。我觉得下列几条似乎人人都知道采用，如用得小心，也并无毛病。

（1）说明中国人对世界文化上的贡献。

（2）亲切的叙述历代与外夷奋斗之艰难。

（3）亲切的叙述国衰、国亡时之耻辱与人民死亡。

（4）详述民族英雄之生平。

（5）详述兴隆时代之远略。

不过，若是说过了火，既害真实，亦失作用。对青年是不应该欺骗的，治史学是绝不当说谎的。譬如造纸、印刷诸事，诚当大书特书，然若以为价值与发明蒸汽机相等，则近于妄。又如张衡的测地震器，固是一段佳话，然若与盖理律之发明并论，尤近于诬。好在中国历史本有其大光荣，爱国者不必言过其实，只说实话，即足以达到它的目的，又何苦在那里无中生有，说些不相干，培养国民的夸大狂呢？我们应该借历史锻炼国民的自重心（不是自大心），启发强固的民族意识，以便准备为国家之独立与自由而奋斗。同时我们也应该借历史陶冶文化大同思想，使中国人为世界文化之继承者、促进者。如此乃是泱泱大国之风，不为岛夷，不为索虏。

容纳民族思想于历史教材中，但当以事实启发，不当以言辞耳提面命。历史之用，本在借喻于行事，又何必于其中"托诸空言"。常常有很足以启发民族意识的事，或为教历史一科者所忽略。姑举几例。靳准、冉闵之品格本不足道，然其屠戮胡虏之行为，极足以形容西晋亡后胡晋相仇之情景，晋人民族意识之深刻化。作高中教科书者，对此等事皆一字不提。此犹可曰事属微细，请言其较大者。晋南渡后，自桓氏起，几以做皇帝为规复中原之酬劳品，而刘裕之功烈，实不在东罗马帝茹斯丁（今译查士丁一世）下。当时士人心中此一极重要之思想（规复中原），我一时所查到之教科书中似皆未充分叙述出来。此犹可曰其中支节太多，请言其更大者。明祖建国，本附韩宋。韩宋建国，虽托弥勒佛，终以恢复宋统为最大口号。虽世人皆知其非赵氏之裔，然建号承统，人心归附，本是一场民族革命。此中意义，绝不在清道咸中天德太平一派人运动之下。而且，韩宋兵力所及，亦有可观，在大都未下时，先打破了上京（多伦）。这一派是不当与张士诚、方国珍齐看的。郭子兴、明太祖原都是此一派中的将领，明太祖奉其朔十余年，虽王业已隆，犹于其国中发号施令时，用"皇帝圣旨吴王令旨"之公式。及韩氏沉于瓜步，朱氏仍吴王之称，未建国号，"事等于监国"，其曰吴元年者，犹是"古者诸侯各于其国称元年"之义。元之贰臣降朱氏者，始教以不拜军中所设宋帝御位，以后此等贰臣，恰是明初年立制修史之人，乃尽泯此民族革命之踪迹，而朱氏亦渐忘其革命之立场，自居于胡元之继承人矣。然此等事迹，实民族奋斗史中第一等重要材料，决不在太平天国革命之意义以下。今之作历史教科书者，竟于此一字不提，远袭元贰臣降明者之自损尊荣，近取清人著述之帝胡寇汉。王鸿绪曰："元为正统，明为龙兴"，未免缺少认识。

九　结语

我答应了叶溯中先生写此一文，一月中非甚忙即小病，直到最后的今日，才赶两夕的工夫成此一篇闲谈，聊以塞责，决不敢以为定论。此题目中我要说者，写出不及一半，其余只好将来在别处写了。

最后一句话：编历史教科书，大体上等于修史，才、学、识三难皆在此需用，决不是随便的事。以榜样论，司马涑水的《通鉴》，本是一部教科书，是一部造诣到绝顶的教科书。不过那部书是为"资治"用的，今之教科为训练国民用，目的不同；那部书为皇帝大臣士大夫立言，今之教科对青年说话，对象不同而已。遵原则以选择史事，尽考索以折衷至当，正是作教科书者所当追步。"高山仰止，景行行之"，幸作教科书者留心焉！

原载1935年10月1日《教与学》第一卷第四期，正中书局出版

第二辑　中华民族是整个的

时代与曙光与危机

"时代是一个什么东西?"真是一句很难回答的话。想解决这个答案,不免牵动了许多方面,从形上学的见解,到常识。现在姑且以我这不曾学问的见识——因为我不曾学过社会学——下个解说,权当为这篇文章而作的设想罢了。

一个民族,或一团互相接触而具有大共同生活的若干民族,忽然生活上失了一个大渊源,或得了一个渊源,或由嬗变(Mutation)的缘故和遗传下的现状不尽合了,于是知觉界里起了一番对待的了解:这了解先从小小的地方漫漫散延,到了一个时期,便影响到一切上,而发生破坏与建设双扇的影响人生的运动;这个或这些民族所据的时候,就被这个了解染上颜色了,其中自不免还有别的颜色一齐下进染色缸里,不过染成的结果是个虽然夹杂而有一种"主要的"颜色。这个主要的颜色定这个时代。所以我们可以说时代是一种异样的——就是不和以前以后同的——生活所占据的垂直领域。

天地间的事物和道理没有一件是绝对的,是永久的,因为它们都随着时代染颜色,而时代又是不住的,所以为谋一身或一团或一族的生活,第一要认清时代,然后是非有标准可据。

请问现在是什么时代?我再做个不假学问的回答:是在一步一步以理性为根据、要求平等的长时期中的一级。近世史是要求平等的历史。最初一步的宗教改革，是觉悟的宗教信徒，本着理性，向教会要求平等的运动。后来的政治革命，是觉悟的人民，本着理性，向政权的僭窃者要求平等的运动。然而僭窃者何尝专是帝王贵族绅士的高号呢，我们不劳而衣食的人，对于社会牺牲的无产劳动者也是僭窃者。将来他们革我们的命，和我们以前的人革帝王贵族的命是一种运动。所以这以前过了一小点，以后放着一大部的社会改造运动，不过是以往政治革命的补充，其意味没有两样。未来的究竟，仿佛悬着个无治的族。这有始有终的政治社会改造运动，从千年后看来，必然自成一个段落而号一个时代。至于运用这一个时代的精神在哪里呢？就是人人以"以社会为家"的理解。这句成语是希腊人的遗产：据我分析看来，有几层意思，第一，负社会的责任，拿做当唯一的责任，远在个人的家庭的责任心之上；第二，觉得社会有和家庭同样的恋爱力，不特不能离，且断乎不忍离，为他出力，不专希望成就取得报答，有不止不倦的心境；第三，把家族的亲密诚实无间、无拘无伪的意味推到社会上。有这番理解，然后人的动力可以充量发泄，而换到要求平等的效果。

罗马人说得好，"我们罗马人是一家人"。他们觉得罗马城里的事，大大琐琐都极切己，然后起了"朴雷伯之争"，然后成就了历史上的一番伟壮事业。希腊人有一种特别彩色，是极有趣味一句话。他们觉得一身的官能所接触的都是极有味的，所以凡事便奈何他一番，结果他们才变成极有趣味的人。他们的趣味是以宇宙的和自然的情绪为渊源，这情绪蕴积生衍的结果是个泛平等观，感情刺激动性，然后为平等的努力和要求。希腊各城内部的历史，就是这样的历史，把这副精神遗传到近代，才有近代史。

近代民族在大体上说，不过是把希腊的和罗马前半的历史重新演一番，虽然近代比古代范围广些，问题复杂些，社会上摆列的次第颇不一样，而物质方面更有深浅的分别，但是其以"以社会为家"的理解为平等的努力和要求，却没有两样。"以'以社会为家'的理解为平等的努力和要求"——这一句话，是使历史的踪迹留得住的。请看东方民族所建的大国家，如成吉思汗的帝国，铁木真的帝国，钦察汗，莫窝儿，何以不留踪迹呢？只因为不是这一幅民族的真精神，所以民族的踪迹留不住。历史上有个很动人注意的现象，就是凡一个亚利安民族，当开化之始必把这一副精神大大地发挥一番，希腊、拉丁、日耳曼各族不消说了，东方的印度族为平等的努力和要求，造成了许多恩物，它那副自然的宇宙的精灵的情绪，几乎比希腊人还深些，更把泛平等观推到超于物质的精神上，虽免不了渺渺冥冥，然更可表出亚利安族精神的伟大。再看近来开化的斯拉夫族——姑以俄罗斯人为代表——那一种和宗教精神一样魄力，而理解相反的郁结的泛爱，恰似希腊方开辟的年代。但历史上的亚利安人发挥这个精神，又和近代和现世有个不一样的现象，历史上的亚利安人最先是如此的，到后来吃饱了、发肥了、快乐了之后，便渐渐的变成个东方民族，就把这副民族的真精神丢掉。近代的亚利安各族和受亚利安化的各族，因为交通带着他们调和文化，使得他们平衡经济的享受和压迫，使得他们循一定的方向，科学使得他们了解群类生活的前因后果，更替他们开了一个奋兴的希望的大统系，所以他们能把这副精神保持住，不因为物质膨胀而丧失，并且推到已经消歇过的民族，使他返老为童，而且推到原不曾有这精神的民族，最后的结果——现在固未尝到——是各民族同赋了这个精神，而且永远保持。所以历史上的文化是一个民族独担的，担不起了，再让给别个。近代的文化是一些民族合伙担的，到后来谁也不许说"担不起了"。这个在文化上民族精神的共活，是近世现在和将来的时代的特征。

历史是记人的动作的。人的动作不外两种方向：一优越的要求，二平等的要求。罗马城内的争是下级对上级平等的要求，罗马城外的争是罗马人对外族人优越的要求。希腊各城内部的争是平等的要求，各城的互争是优越的要求。优越的要求是生物学上的遗传，所谓竞争之后最适者得余生。人却有个超于动物的理性和人的同情心，所以在前一种以上又有平等的要求，这两种要求在近代、古代都有的，不过有消长的关系。在古代，事迹多从优越的要求而出；平等的要求虽然力量和意味极大且长，而所占据的面积非常的小。近代是平等的要求向最大的面积伸张的时代，最后的结果——现在离着尚远——是社会上的"山渊平"，而一切的意味，差不多又和不曾进化的原人有个共同的根据地，至于精粗的不同是不消说的。所以世界的进化从原人到未来的究竟不是照着圆圈周而复始地进行，也不是直线地进行，乃是个抛物线。起点终点都在平地上，不过地点不同罢了。

转过来，看看中国现在是个什么时代。第一层，我们要粗略晓得他的前因；第二层，我们看看他的横切面；第三层，我们就民族的质性上，诊断诊断他的意义。就第一层说，我们须得从远处大略说起。凡研究中国社会上任何问题都不要忘现在的中国社会和运用他的素质，是被二千年的专制历史陶铸成的。从封建跳入新潮流，和从专制跳入新潮流，所得结果当然不同。封建诚然不是一个好制度，却还存着几分少数人自治的精神，不至于把黏土变成沙漠，把生长体变成机械，把社会的发育换作牛马群的训练。顾亭林（即顾炎武）论封建，几乎要把郡县变作土司一般的制度。这个主张在外表看来仿佛迂得可笑，若就他立论的意思着想，实在是"有感而发"，土司还比专制好；土司纵不能帮助社会的滋长，也还不至于把社会变成散沙一般的群众。在专制之下只有个人，没有什么叫做"公"的，所以在个人的责任心之外，不负个社会的责任心，原是当然。所以中国的社会大半是机械似的，不能自生自长自持自动，一切全由外力。《中庸》上孔丘说"人存政举，人亡政息"，这话很可推到中国社会上的现象。我并不是到现在还骂专制，我是因为专制的名字虽然被人唾弃了，而中国社会仍然是专制陶熔的，况且运用专制的质素，还深深地印在社会里人人的心中，人人的习惯上，不得不把他指明，免得他瞒混过去，再去演罪恶。请看中国人崇拜政治的心理，可以知道他还不忘专制了。他总希望大人物出来，有所凭借而去转移社会，仿佛看得改造像运机器一般，而与培植树木发展体力的办法远。我说句鲁莽的话，凡相信改造是自上而下的，就是以政治的力量改社会，都不免有几分专制的臭味；凡相信改造是自下而上的，都是以社会的培养促进政治，才算有彻底的觉悟了。至于武人官僚、卖国团、安福俱乐部，都是历史上相传下来的积毒大发作——信机械力的人，其行事的结果必至于大溃决。现象是这样的，内质又是那样的，虽然把他的名字铸成众矢之的了，把他的流毒看做废气了，然而他的质素既已化作习惯，潜着运行而不及觉察，则我们不得不留他的神，以便处置他。我时常有个比喻，现在的中国人远远地望着了曙光，然而身上穿着袁世凯的祭服，要去跳进世界流去，这是中国现在的时代被他的前因支配的大概。

习惯的势力，是不能不承认的。它能使你觉着不是而改不了，或者竟把你的不是瞒蔽着不及察觉，"放下屠刀，立地成佛"——这是说觉悟的强大功能，这话我不能不承认它也有几分理由，然也有不尽然的。在有绝顶坚强意志的人或者可以如此，至于就大多数人而论，觉悟是不可全靠的，觉悟是未必停得住的，觉悟未必能另换一个人格出来，必把所觉悟的养成习惯然后"见诸行事"，所以觉悟之后不直接着就是完全的改行，其间免不了这习惯养成的一级。中国人从发明世界以后，这觉悟是一串的。第一层是国力的觉悟；第二层是政治的觉悟；现在是文化的觉悟；将来是社会的觉悟。前两层——过去的——并不曾踏下根，养成习惯，还没有弄出点成绩出来，而已经急转直下了，自甲方面说，进步不可说不快；自乙方面说，觉悟还不曾养成行事的习惯，轻飘飘的，更不曾造出成绩，到现在所得的结果——就是从第二层觉悟入到第三第四层——只是一个精神的大解放，积久的权威能突然坠地，而新建设的活动力不能受前一层觉悟的恩物的帮忙。兼程并进的进取，何尝不是中国此刻所要求的，不过，分别看来，快走则可，隔着个墙跳过去，则不能。我以前很觉得跳墙的进取最便当，现在才知道社会的进化不能不受自然律的管辖，从甲级转到乙级，必须甲阶级试验失败了，试验他的人感觉着不彻底不圆满了，然后进入乙级，乙级的动作方有魄力，否则乙级建立在空中，力量必然薄弱。

读者不要误会我的意思：我绝对不主张不要急进要缓进，我是说我们不可不晓得前两层觉悟的无结果，很有些影响于后来的觉悟，这话很容易明白，中国人关于政治的觉悟所办出的成绩，不如理想所期之多，现在转到社会的觉悟上了，就甲方说，社会的改造不能凭借着政治革命所建立的成绩而厚其力量。就乙方说，政治革命还在葫芦提着，还算不曾做过彻底的试验。所以社会改造在政治改造身上找不到一个明白的目标而行其推翻。

请把日本做榜样，日本是在政治改造上有成效的，现在转到社会改造上了，就甲方看，政治上的建设有许多可借社会改造之用，如：因政治的力量、资本的经济大发展而有大工厂，一转就成了社会主义的发祥地——是一个好例。就乙方看，他们的人民眼看着政治改造彻底试验了，国也强了、富了，穷人更要没米吃，于是乎待政治而起的社会改造运动，必有极大的威猛，所以日本将来的社会改造定有力量。

我们晓得有这一层道理，那么，既知道社会改造运动的根基薄弱了，更要大家努力将持它，不可使它再随便葫芦题下去。原来中国人既受很长久的专制，逢事葫芦题也是在长久专制的支配之下，当然的现象，再加上中国人每于觉悟之后善于反动，到了现在，社会上真七岔八乱了。自从欧化到中国来，还不曾深深习染，先起了很强烈的反动，学术思想上的反动，可以章太炎为代表，政治上的反动当然以袁世凯为代表，远远地驮着专制精神的压力。近来又逢着思想政治的大反动，兼以中国人不曾有很强固的魄力搬运新潮流的思想，又极少以行事合着思想的一致精神，所觉悟不过仅在知觉界里放光明。于是乎现在这个时代所受之于历史的支配的显出个浮而絫的状态，浮是无根基，絫是若干头绪若干趋向涌于一时直到了这番的无领袖，不用手段的不计算结果的五四运动，才算真社会运动，才算把处置社会的真方法觉悟了。以后若抱着这个头绪，而以坚强的觉悟做根基，更须加上一番知识的大扩充做下去，便可渡过现状的难关了。

以上是就现在的前因上说，以下转到上文说的第二层，就是现在时代的横切面，说一说。

以前中国社会上有个很奇异的现象，就是上级的社会和下级的社会，差不多可以说是不接触，上级社会的政治法律礼俗等，影响不到下级社会；下级社会有他们自治的方法。现在这现象稍须变了，而另有一个可注意的现象出来，就是大城市和乡村或小邑的生活，在经济上、思想上、生活状况上、组织上、文化阶级上、习俗上……截然不同，两者之间竟很少一些流通的脉络。为这个缘故，现在，定一个改造社会的——这个两截社会的——运动的方针，也竟非双扇不可——就是说办法上不能一致。我们在学校读书的人，每每把社会改造当件容易事；记者这次乡居和劳动者与农民交接了一番，才知道做去颇不容易：城市的劳动者恶习极深；农民的生活倒是很纯洁，其价值远在城市的劳动以上，不过经济上大不发展了，将来伴着他们经济的发展，就是恶习的增加。

记者现在主张，对于改造农民生活，尽可"卑之无甚高论"，只要帮助他们维持和发展他们固有的自治的意义，再灌上最小限度的知识，而以发展他们的经济状况为唯一目的，就够了，其他尽可暂缓。一则因为他们的经济状况太低下，所以别的谈不上；二则因为他们固有的自治组织是散开而几乎不相接触。若老子所期望的，既没有集中的团结，则社会改造运动不得其口而入。所以此后改造社会的主义，当然是对着一般城市社会的状况而发的。农民社会的情形和这不同，当然要另具一副法子，然而暂不能兼顾，只好暂且放在一边。不过使城市社会和农民生活接触——原来接触很少——却是要紧的，因为若不促进中国人文化的大略一致和生活的相触接，便不能增进中国民族的健康。至于就大城市的一般社会说来，又犯了互不接触的毛病，职业一有不同，生活上便生差异，思想上必不齐一。在一个大城里，异样的社会很少社会的关系，至于联合起来而营社会的共同生活，造出一个团结的组织，又就着这组织活动去，更是谈不到的。所以有人说，中国的社会只有群众，并不是社会。这都由于一切的社会之间，太没有联贯的脉络，就太少有动的力量了。

现在促进社会的办法，第一步便是疏通脉络：一方把大城市的社会和农民的社会联络起来，一方把城市中的各类社会互相联络起来，一方把城市中的各类社会互相联络，而生动作出来——这是因为就中国现在社会的横切面看来，散立的分子太多，脉络太少了，而横切面中所以有如此现象者，仍为着（1）原来的社会就散漫；（2）而且和西洋人接触以后，经济上生了大变化，彼此相悬太甚，便把原来的"合拍"破坏了。又因为新思想进来，化了一部分原留着些毫不化过的，其间心神情意上相离必然更远了。

一民族的社会文化，有人分做四部看去，一普遍质，二中心质，三遗剩质，四特出质。倘若这四部分位置分得合法，然后有了社会的康健，第一、第二两种仿佛是一件事，其实也还有分别，在未曾发达到极高度的国家，普遍质虽有极大的影响，然而未必居一国文化的中心，较少有使它的文化前进或后退的势力，而能力使它的文化前进或后退者，乃另是一种原素，根基较为薄弱而有很好的凭借，所以能居中心的地位——中国就是一个好例。剩遗质是前一个时代的遗产，就一方说来，它也有调节生活剧变的好效力，在一个经济不发达的国家，它更在分配上能维持一部分的公平。但是人是进化的动物，这种原素其中纵含有一部分的养料，也因为化合的不妥，没法存着，只好打在老废物里洗刷去。特出质是染未来的时代的色彩的，它若有厚蓄的力量，而发展上快而且固，便可证明这社会至少有一部分的健康。看看这四部在中国社会里配置的情形，不由得令人难受，普遍质和遗剩质几乎混合为一——就是，在中国最普遍的文化，仍然是前一个时代的文化，中心的文化是什么，差不多指不出来。姑且以大城市的文化当它，我们很容易看得这大城市的文化，在经济上是个被人狠狠剥夺，而又不能消化物质成养分的；在思想上是个极沉滞，而又极浅陋薄弱的；在生活上是极无滋味的，就是有力奢侈的人一味浪费，无力生活的人坐待枯槁。总而言之，这种文化所造就出的最大部分，是只为浅近物质生活的奴隶的人，简直地说，中国此刻的社会，除去农民的部分，另是一状态外，其余的社会——有力量的城市中社会——是用着历史上传下来的老脾胃，换个新款式尽量发挥出来的。至于特出的文化，当然是这一般觉悟的青年所据有的了，不过所可虑者，这一类文化的发展培养出的部分少，激动来的部分大。试举一个例，在有眼光的政治家治下所培成的革新运动，和在倪嗣冲、张作霖、张敬尧、陈树藩治下所激成的革新运动，自然有根基厚薄的不同。

　　至于就中国的民族上看：它影响时代的情形如何，也可略说一二。中国的民族富于感觉性而薄于把持感觉性，是个聪明的民族，可惜有个民族的精神衰弱症。这现象很容易看出，一般人早成早谢，崇拜小聪明，贪图目前的小利益，以苟且为处置事务的办法，注意点不能持久，而又不能专一，怕根本的改革法，都是很明白的经验。社会上明达的见解比较的还不算绝少，而绝少强固的精神。凡号称聪明的人，多半神经过敏，神经过敏就是神经衰弱。特立独行和智力卓绝的人极难遇到，一般人的能力知识都和他的职业一样，可以随便转换，更和他的生活一样，左右离不了那么一套。这样民族所支配出的时代，自然是个很显得疲劳的时代，偏偏世界要打到一窝去，想不合伙不能，于是乎在很可乐观的潮流变化之内，不免现出点强打精神的色泽。

但精神衰弱在个人不是不能医治的病症，在民族也是如此。所以使个人或民族的精神衰弱，总不外两个原因，一精神上的约束，二生活上的压迫。好在精神解放现在已有了一部分的成绩，就用这解放了的积聚得久的精神去谋生活改善，又当这样的一个世代，自然要变了，以前静默的光景，社会的旧组织死了，所以没有维系与发展社会的中心能力，所以社会上有个散而且滞的共同现象，现在的时代就是一个新中心，能力渐渐升高蔓延的发端。

照以上所说，虽有些悲观的现象，但良好的动机固已有了。这动机就染这个时代的颜色。为经济的压迫，觉悟上的促动，这个时代现出它的真活动力来，就内部说是变化社会，就外部说是加入世界流。总而言之，以前的加入世界团体是国家的，以后要是社会的这一转移，就现出现在的时代。

所谓社会的加入世界团体，换句话说，就是以世界的社会趋势做榜样去改造我们固有的社会。改造社会靠两层力量，一社会的了解，二社会的责任心。社会的了解含着：（1）固有社会的病症；（2）理想社会的标的，和（3）应机进行的程续。

譬如我们知道中国人——和世界的人——所受的苦痛和压

迫，根本上由于这个资本私有的制度，要是想好非达到资本公有的目的不可，并且还要知道从旧状态到新状态应该怎样办去，大题目是这样，小事件也是这样。要想做去，非先知道不可做去的分数永远赶不上知道的分数，没有不知道能做出的，但仅仅知道——不能创作的知道——是没有丝毫用处的。要是把中国人知道的事都行出来，必不会有这样的现状：中国人知道的虽然不多，毕竟比他做出来的还多得多，中国人早知道恶政府要不得，然而恶政府至今存着，这都由于知道以外确欠一个责任心。

去年我在一本英国杂志上见到一篇批评波斯人的文章，大略说波斯人中上阶级的教育也还勉强过得去，有知识的士人颇不少，但是几乎人人是小气的，所以明明知道的事，偏偏做不出来，有了解心，无责任心，结果就造成了波斯的腐败。这话简直和批评中国人一样，中国人的没有社会责任心，可以从积极、消极两方看去，现在有一种最普通的现象，就是人人不安于位，刻刻想着一身的地位增进；人人不自揣不知道自己的价值几何，偏要以侥幸的手段求过分的收获，把人的肉拿来自己吃，就不问影响于社会的是怎样了。我们可以说这一般人的心理是不惜亡国灭种以逞其私，多数人求侥幸、求躁进、求过分的收获，就是亡国灭种的根源，这是没有社会责任心的积极方面。

睁着眼睛看人卖国乱政、涂炭地方、破坏代议制，绝了中华民族一线不断的人格，不过是长吁短叹而已，顾着身家，怕着势力，一丝也不动，明知道他们偷了我们的东西去，还宣告我们的死刑，终是一丝也不动，这是没有社会责任心的消极方面。

袁世凯就利用这个缺点演了一出大悲剧，其结果这缺点更膨胀了，就有了现在的局面。可是在这样一个时代之内，这局面是不能常的，所以才有了五四以后的几个社会运动。五四运动可以说是社会责任心的新发明，这几个月里黑沉沉的政治之下，却有些活泼的社会运动，全靠这社会责任心的新发明。我们很知道这社会责任心的发明的里面，包着很多热闹事，现在这个时代的第一曙光，还不在智觉的开展，就在这个。

所以从五月四日以后，中国算有了"社会"了。

紧跟着社会责任心的发明，便要是社会道德的发明。以前一般中国人所以为道德的——哲学家的不能实行的理性道德不计外——只是个政治的和资本的道德，"忠"字只有一个权威的意味，"孝"字只有一个金钱的价值，什么廉节、报恩、好施等等，自然也有一部分的真理，不过就他们解释这些，位置这些上，都有一个很重的政治的和资本的意味。以后要转为社会的道德了，要有一个重新的组织。社会道德学说的传布和社会道德的培成，都不是很容易的事，非到时机成熟不可。道德问题乃是一个社会的、经济的、政治的问题，在前一个时代里，把后一个时代的道德理解宣布出来，势必因社会状态、经济状态的不相容，不能使它深入人心。一旦社会的责任心发明了，大家对着社会"动"了，自然因"动"的结果，就一件事的成功或失败上追求其根源，悟到社会道德的必要，这时候人人心里有个新道德的觉悟，于是乎社会道德就渐渐地养成，凭空以新道德说贯注给人，是使人用演绎的法子领会，其根基比较的薄弱；任他们的事业上生活上自己体会出来，是用归纳的法子觉悟，其根基自然要深固的。所以就这时代看来，新道德观念必然要自动地即刻从个个青年脑中溢出，而社会道德必成此后这个时代的一个最大问题。

转来再就思想上说。近代的思想有两种趋向：一、个性的；

二、社会的。前几个世纪是个性的发展，近几十年是社会性发展。中国人在这个时候自然免不了加入最近的趋向，不过前一时代的个性发展，也是我们所必须要求的事情。不经个性充分发达的一个阶级，文化上必觉得干燥无味，而且突然转到社会性上，文化上又很觉得根基薄弱，所以中国此后的思想运动应该是双管齐下的，文化的发展全靠着敢想、能想、想得自由。我看中国此刻新旧两方面的人，都有点不大敢想，想得不很自由，旧的方面不消说了，新的方面的人也有大略一致的现象，所介绍和创作的思想多半是很平通的，很平通的思想固然是极有用的，不过使近代思想史上放火花闪光的，极新的思想自然应该引进。为求有用而想去，必成一种社会性的思想，为求安顿我们的心识而想去，必成一种个性的思想，前一种免不了有一部分的不自由，后一种乃是极自由的。

中国在晚周时代，思想五花八门，所以有那样的纷杂状况，都为着他们不肯强就他们精神上所不安，一心求解决了他们心上所感的境界。希腊的当年也是这般，这般才能活泼、才有趣味，而且不止于有趣味，还有绝大的不期而得的用处呢，凡是我们先抱一种求适宜求有用的心理，组织思想去每每想不到很奇僻的道路里去，最自由的个性思想，能辟人不能辟的路，所以无意之中，时常得着人不能得的效果——从崎岖闭塞危险的路里探出真理来。有用没有用简直是事后因时变化的事，决不是能预先断定的事。中国人此刻关于安顿他们精神上太不忠诚了，明明要这般做，却不敢照他所做仔细想成条理发表出来，没有承认他的行事和他的思想一致的胆量，先承认他心之所安和他身之所适是矛盾的。遍社会上是些极端为我的人，为浅近物质生活的奴隶的人，却没有一部把这思想组成统系，大胆发表出来的书，因为他们只敢如此做，不敢照着做的样子想去求得个理性的证明。我看他们不敢想的毛病比他们敢想做的毛病还大，现在正该介绍些发明些敢想的思想，好让一般人大着胆儿一想。一方自然要养成平实有用的社会性思想，一方发挥个性的思想，也于文化上有绝大补助，两样合成才能成就这个所谓文化运动。

但是个性的自由思想决不是无边际无着落的妄想所能冒充的；能自由思想的人，必是能了解和使用科学性的人。科学在人心里手上，因人的性质不同而异其意味，同是一个电学，汤姆生约瑟心里的电学，和普通电学家心里的电学，和电气工程师心里的电学，和电机修理匠心里的电学截然不同。有的人看得科学是真理，有的人看得是发挥精灵活动最有趣味的事物，有的人看得是"利用厚生"的器具，它也因为人待他不一样也就异其效用。

中国人以前对于科学只承认了它的物质的效用，不知道它的精神的效用，所以它也不和中国人亲切起来，勉强给中国人很少些的物质的效用，毫不帮助中国的文化发展。现在人渐渐于机械的科学观以外，有个精神的科学观，知道科学不特是狭义的有用，并且是个精神的兴奋剂。所以此后中国人对于科学脱了"制造局的主义"了，入……（下缺）

（前缺）……国人群的活动力最后的一次试验，中国人是不是、能不能为世界的一部分，唯一的一次。我们既是这个时代的人，自然负了完成这个时代的意义的责任。

选自《傅斯年全集》第一卷，湖南教育出版社，2000年版

万恶之原（一）

读者诸位！请猜我说这万恶之原，是什么东西呀？我想大家永不会猜到。既然听见我说出这么凶一个题目来，一定往远的地方想去；却不晓得我所说的，就在目前，是我们一秒钟也离不开的，并且是那些冤人的圣贤，教我们从这里成道正果的。我既然胆敢冒犯众怒，还请大家仔细理会一番，想想还是那些骗人的面具是呀，还是我这直觉的裁判是呀。这么才不辜负我了。

我请大家不要误会，我并不是受了刺激，才发这样议论。这是我几个月来，读书、观察、思考的结果。我先从反面远远说起。

请问"善"是从何而来？我来答道，"善"是从"个性"发出来的。没有"个性"就没有了"善"。我们固然不能说，从"个性"发出来的都是"善"，但是离开"个性"，"善""恶"都不可说了。所以可以决然断定道，"个性"里面，一部分包罗着"善"，"非个性"里面，却没处去寻"善"去。譬如我们心里要杀人放火，居然就杀人放火去。这虽然是大恶，但是我是从自己心志的命令，对于这事完全负责任的；比起有个人拿刀压在我脖子上，逼着我拿钱助赈，还高明些。因为后一件事，根本与我无干；就是算做好事，也不能说是我做的。照这样说来，"善"是一时一刻离不开"个性"的。

更进一层，必然"个性"发展，"善"才能随着发展。要是根本不许"个性"发展，"善"也成了僵死的、不情的了。僵死的、不情的，永远不会是"善"。所以摧残"个性"，直不啻把这"善"一件东西，根本推翻。"善"是一定跟着"个性"来的，可以破坏个性的最大势力就是万恶之原。

然则什么是破坏"个性"的最大势力？

我答道，中国的家庭。

古时有一般哲学家说，人生下来，本是善的。这句话并不难讲。就人的"含蓄能力"（Potentialities）而论，原有许多善的端绪；要能培养得法，"扩而充之"，把那些不善的质素压没了，就可以成个善人。把坏社会里生的幼童，放在好社会里，大了多半成就个好人；把好社会里生的幼童，放在恶社会里，大了多半成就个坏人；都因为这个道理。所以竟有人说：坏事不是个人做的，是社会做的。也有人说：坏事不是为子女的做的，是他父母逼着他做的。可恨中国的家庭，空气恶浊到了一百零一度。从他孩子生下来那一天，就教训他怎样应时，怎样舍己从人，怎样做你爷娘的儿子。决不肯教他做自己的自己。一句话说来，极力地摧残个性。你看西洋有华盛顿，中国没有；西洋有达尔文，中国没有。难道中国不该有这样天才吗？我说，不是没有，是被中国家庭消灭了。华盛顿小时，把他父亲园里的树，砍了几棵。他父亲怒着问他，他就承认是他办的。他父亲便转怒为喜，说道："诚实是最好的，你能够诚实，所以恕了你的过罢。"假使华盛顿和他父亲是中国人，这事就不这样办了：必定可惜这几棵树，把他儿子教训一番；什么诚实不诚实，哪有闲工夫管他。如果他儿子会掉个小鬼，弄个小聪明，他才要喜欢着，说是大了不可限量呢。诸位晓得，小孩子最易受大人感化。他父母一举一动，都与他终身有关系。倘如华盛顿的父母这样一办，华盛顿就不是华盛顿了。可见中国的华盛顿都是教中国做父母的埋没了。达尔文小的时候，送他到学堂里，不肯念功课，每日里跑到河边上，摸蛤蟆，捉螺蚌去。弄得没法办了，送到高等学校学医。他又不肯听讲。说教员讲得"是不能受的糊涂"；一个人整日里在城外弄花、弄草、弄虫儿。他要是个中国人，他家庭一定觉得他是个永不堪造就的顽皮孩子，就不想教育他的方法了。简捷说罢，西洋家庭教育儿童，尽多是量材设教的。中国人却只有一条办法——教他服从社会，好来赚钱。什么叫做"个性"，他是全不明白。只把这一个法儿施用，成就他那"戕贼人性"的手段罢了。

中国人是为他儿子的缘故造就他儿子吗？我答道，不是的，他还是为他自己。胡适之先生曾有句很妙的形容语，说"我不是我，我是我爹的儿子"。我前年也对一位朋友说过一句发笑的话："中国做父母的给儿子娶亲，并不是为子娶妇，是为自己娶儿媳妇儿。"这虽然近于滑稽，却是中国家庭实在情形。咳！这样的奴隶生活，还有什么埋没不了的？

中国人对于家庭负累的重大，更可以使得他所有事业，完全乌有，并且一层一层地向不道德的中心去。但凡有一个能赚钱的人，那七姑八姨，都黏上了，那家族更不消说。这么一来，让他丝毫不能自由，不能不想尽方法，赚钱养家；不能不屈了自己的人格，服从别人；去连累得他上下前后，寸步不由自己，譬如戴上手铐脚镣一般。我模糊记得王而农《读通鉴论》上有一节：论到谢做了好几朝卿相，都因为他的子弟，逼迫他这样。陶渊明自伤五个儿子，不好纸笔：若果五个儿子好纸笔了，老头儿或者不能自洁了。咳！这是中国家庭的效用：逼着供给，弄得神昏气殆；逼着迁就别人，弄得自己不是自己；逼着求衣求食，弄得独立的事业，都流到爪哇国去。《大学》上说，"修身然后齐家"。在古时宗法社会，或者这样。若到现在，修身的人，必不能齐家。齐家的人，必不能修身。修身必要"率性"，齐家必要"枉己"，两件是根本不相容的。还有孟子说："人之所以求富贵利达者，其妻妾不羞也，而不相泣者几希。"古时的人，或者这样好法；现在却应当反过来说，"人若不求富贵利达，其妻妾不羞也，而不相泣者几希"。咳！家累！家累！家累！这个呼声底下，无量数英雄埋没了。

这两条不过是最大的恶迹，其余若妾的怪现状，姑媳的怪现状，妯娌的怪现状——更不消说。一句话说出来罢，总使得心神不能清白，能力无从发泄，一天一天向"不是人"做去。最好把路德的话，换几个字，去形容它，"想知道中国家族的情形，只有画个猪圈"。

更有那些该死的伦理家，偏讲那些治家格言，齐家要旨。请问整天齐家去，还能做什么事？况且家是齐得来的吗？又有人说，这是名教，不可侵犯。还有人说，什么"名教罪人"。"名教罪人"，不可不小心的。其实名教本是罪人，哪里有不名教的罪人？名教本是杀人的，哪里有不杀人的名教？

我们现在已经掉在网里了，没法办了。想个不得已的办法，只有力减家庭的负累，尽力发挥个性。不管父母、兄弟、妻子的责难，总是得一意孤行，服从良心上的支配。其余都可不顾虑，并且可以牺牲的。这样还可望有点成就，做点事业。

我再说句话完结了罢，奉劝没有掉在网里的人，复理会得独身主义是最高尚、最自由的生活，是最大事业的根本。

还有一种东西，也可算得"万恶之原"，和中国的家庭，不相上下的。欲知端的，且听下回分解。

民国七年十一月四日孟真附白：

本号中《万恶之原》一文，系前月所作。近见实社《自由录》第二集，亦载一文，名《万恶之原》。所论者亦为家庭。原应另改一题，无如牵动本文，印刷者势不愿拆已成之版。兹特于校对时，加此附白，乞读者体谅。又此两文名同质似，而主张大异。恐读者误以为相蒙，特声明其差别：

一、彼泛指家庭，吾则专就腐败之中国家庭立论，希望其改造成新式，而不认世界上之家庭制度，在现日可以根本废除。

二、吾所谓独身主义，希望特殊人格者用之，以为特殊事业之张本，不敢望尽人如是；彼则谓世上不应有婚姻。

三、吾所谓独身主义，乃极纯洁之生活，非如英后伊丽莎白之独身；彼既以不婚责之尽人，自不能与我同旨。

原载 1919 年 1 月 1 日《新潮》第一卷第一号

心气薄弱之中国人

当年顾宁人先生曾有句道理极确、形容极妙的话，说"南方之学者，'群居终日，言不及义'；北方之学者，'饱食终日，无所用心'"。到了现在，已经二百多年了，这评语仍然是活泼泼的。

我也从《论语》上，找到一句话，可以说是现在一般士流里的刻骨的病，各地方人多半都如此——仔细考究起来，文化开明的地方尤其利害——就是："好行小慧"。

什么是大慧，什么是真聪明，本来是句很难解决的话。照最粗浅的道理说，聪明是一种能力，用来作深邃的、精密的、正确的判断，而又含有一种能力，使这判断"见诸行事"。并不是外表的涂饰，并不是似是而非的伎俩。

但是现在中国士流里的现象是怎样？一般的人，只讲究外表的涂饰，只讲究似是而非的伎俩。论到做事，最关切的是应酬。论到求学，最崇尚的是目录的学问，没道理的议论，油滑的文调。"圆通""漂亮""干才"……一切名词，是大家心里最羡慕的，时时刻刻想学的。他只会"弄鬼"，不知道用他的人性。他觉着天地间一切事情，都可以"弄鬼"得来。只管目前，不管永远；只要敷衍，不问正当解决办法；只要外面光，不要里面实在。到处用偏锋的笔法；到处用浅薄的手段。

本来缺乏作正确判断的能力，又不肯自居于不聪明之列，专作质直的事情，自然要借重"小慧"了。觉得"小慧"可以应付天地间一切事情，无须真聪明，就成了"小慧主义"了。世上所谓聪明人，一百个中，差不多有九十九个是似聪明。似聪明就是"小慧"。惟其似聪明而不是聪明，更不如不聪明的无害了。

何以中国人这样"好行小慧"呢？我自己回答道，"小慧"是心气薄弱的现象；一群人好行小慧，是这群人心气薄弱的证据。中国人心气薄弱，所以"好行小慧"；就他这"好行小慧"，更可断定他心气薄弱。现在世界上进步的事业，那一件不是一日千里！那一件不用真聪明！真毅力！那一件是小慧对付得来的！——可叹这心气薄弱的中国人！

人总要有主义的。没主义，使东风来了西倒，西风来了东倒，南风来了北倒，北风来了南倒。

没主义的不是人，因为人总应有主义的。只有石头、土块、草、木、禽兽、半兽的野蛮人，是没灵性，因而没主义的。

没主义的人不能做事。做一桩事，总要定个目的，有个达这目的的路径。没主义的人，已是随风倒，任水飘，如何定这目的？如何找这路径？既没有独立的身格，自然没有独立的事业了。

没主义的人，不配发议论。议论是非，判断取舍，总要照个标准。主义就是他的标准。去掉主义，什么做他的标准？既然没有独立的心思，自然没有独立的见解了。

我有几个问题要问大家：

（1）中国的政治有主义吗？

（2）中国一次一次的革命，是有主义的革命吗？

（3）中国的政党是有主义的吗？

（4）中国人有主义的有多少？

（5）中国人一切的新组织、新结合，有主义的有多少？

任凭他是什么主义，只要有主义，就比没主义好。就是他的主义是辜汤生、梁巨川、张勋……都可以，总比见风倒的好。

中国人所以这样没主义，仍然是心气薄弱的缘故。可叹这气薄弱的中国人！

七年十二月十五日

原载 1919 年 2 月 1 日《新潮》第一卷第二号

社会——群众

中国一般的社会，有社会实质的绝少；大多数的社会，不过是群众罢了。凡名称其实的社会——有能力的社会，有机体的社会——总要有个密细的组织，健全的活动力。若果仅仅散沙一盘，只好说是"乌合之众"。十个中国人，所成就的，竟有时不敌一个西洋人。这固然有许多缘故：也因为西洋人所凭托的社会，是健全的，所以个人的能力，有机会发展；中国人所凭托的社会，只是群众，只是有名无实，所以个人的能力，就无从发展。把矿物做比喻，西洋社会，是多边形复式的结晶体；中国社会，是附着在岩石上半沙半石的结合。

先把政治上的社会做个例：一个官署，全是"乌合之众"所做的事，不过是"照例"的办法，纸篇上的文章，何尝有活动力？何尝有组织？不过是无机体罢咧！至于官署以外，官吏中所组织的团体，除去做些破坏的事情，不生产的事情，不道德的事情，也就没别事做了。只好称他群众了。又如工商界的组织，虽然比政界稍好些。然而同业的人，集成的"行"，多半没能力的。又如近来产生的工商会，比起西洋的来，能力也算薄弱多了——这仍然是社会其名，群众其实。至于乡下的老百姓，更是散沙，更少社会的集合。看起中国农民，全没自治能力，就可知道他们止有群众生活。

说到学生的生活，也是群众的，不是社会的。就以北京各高级学校而论，学生自动的组织，能有几个？有精神的生活，能有多少？整日的光阴，全耗费在"胡思""幻想"和"谈天""消遣"里边。兼有顾亭林说的南北两派学者之病——"言不及义""无所用心"。每天下课的时候，课堂上休息的时候和吃过晚饭以后，总是三五成群，聚成一堆，天上一句，地下一句，用来"遣时"。若是把这废弃的光阴，移在自动的组织上，岂不大好？然而总是不肯的。所以这样的生活，只可算做在群众里边，做散沙的一分子。

总而言之，中国人有群众无社会，并且欢喜群众的生活，不欢喜社会的生活；觉得群众的生活舒服，社会的生活不舒服。

还有一层，"社会上之秩序"和"社会内之秩序"，很有分别。前者谓社会表面上的安宁，后者谓社会组织上的系统。二名虽差在一个虚字，却不可把两种秩序混为一谈呢。一切社会表面的秩序，除非当政府昏乱——像一年以来，某派的穷兵黩武——是不容易破坏了的。所以袁世凯当国时代，处处都是死气，大家却还说他能保持社会的秩序。但是这表面上的秩序，尚是第二层紧要，比不上社会内的秩序关系重大。

现在中国社会内部里的秩序，实在是七岔八乱。一个人今天做买卖，明天做起官来了；去年当工程师，今年当政客了。任凭什么职业，谁都干得来，谁都干不来。给他干就干得来，不给他干就干不来。这是社会组织的系统缺乏秩序的一端。又如在一种职业以内，譬如在一衙门当差，若是靠着辛辛勤勤，做按部就班的事情，就不免"冯公白首，屈于郎署"。若是不注重自己应办的事，去干些蝇营狗苟，一定能够躁进。又譬如在一家店铺内，稳稳当当的做事，隔几个月加一回薪水的事，是不容易有的。全不给人一个向上的机会，那些长久守着。只好今天改这行，明天改那行，弄得社会就七岔八乱了。这又是不照秩序的一端。这样事随处可见，也不必多举。总而言之，中国社会的内部，不是有条理的；易词言之，是大半不就轨道的。生出的恶果，也无可数。其最显著、其最祸害的：第一，是社会上多失职和不称职的人；第二，是使社会不健全了。

原载 1919 年 2 月 1 日《新潮》第一卷第二号

社会的信条

一般社会里,总有若干公共遵守的信条。这些信条,说它没用,它竟一文不值;说它有用,它竟有自然律的力量。

中国社会里,自然也有若干信条的。这些信条,是从历史上遗传下的,是有极大力量的,是旧道德所托命的。我们因为今昔时代不同,这些信条不应时,发出许多破坏他的说话,就有许多人很不以为然的。四月间有个朋友和我辩说——

社会上总要有若干信条,大家遵守,才能维持秩序,发展公众的福利。要是你也从自由的思想,他也从个人的判断,大家东跑西跑,没有标准的是非,岂不要闹翻了吗?

我回答这说话道,为保持社会上秩序起见,当然须赖公共的信条。但是信条与信条不同,总要分个是非,辨别它的性质,考察它的效果——不是可以一味盲从的。我且分析说个大概:

(1) 社会上的信条,总当出于人情之自然。那些"戕贼人性以为仁义"的宗教、名教的规律,只可说是桎梏,不能拿它当做信条。所以信条的是非,总当以合于人情,或不合人情为断。我们若是服从不合人情的信条,必定变做戏法的"奇人"了——那些造这信条的人,对于服从信条的人,所有的"功德",就和玩戏法的,对于他的"奇人"一样。

(2) 这种信条,总要有意识,总要对于社会或个人有利益。

信条的用项,全是为增进社会的幸福起见。若并无利益,或者有害,反来遵守它,也算无灵性了。

(3)信条总应合于现日的社会情形;若是遗传的信条,经过若干年,社会的性质改变了,人生观念不同了,我们反来遵守历史上的信条,岂不同信仰死灵魂,崇拜泥菩萨一样?可是中国现在社会上的信条,一百件中,就有九十九件是死灵魂、泥菩萨。

照这看来,信条一类物,须是应社会上所需要,出于自然,具有意识。若果遵守矫揉造作、不合时宜的信条,就有入地狱的苦痛。现在我举个例。我曾在一本笔记上,见过一种福建的特俗,大概说:

> 延平一带地方,未婚妇女,死了定婚的丈夫,便要寻死,这种风气李氏最盛。李氏是那里巨族,曾经出了个所谓名臣名儒的李光地。这位名臣名儒,立了条家法,凡是未婚女子,死了丈夫,须要殉节。若是不肯,别人当助她死,好求旌典。照这家法行了下来,就有不愿死的,家中父母无可奈何,把她绞死,然后请旌。因而李氏一家,受旌最多。乡人见了,羡慕的了不得;一齐学它,就成了风俗。

作笔记的人,把事实写完,便大大赞美一番。看官!这样信条,地狱有它惨酷吗?可是一般社会上人反说是"名教攸关"哩!

诸位切莫疑我举了个极端的例。我不过说个显而易见的,来做证据。那些外面看不出可恶,骨子里却害人到底的信条,正是多着呢!

剪话截说,我们总要做人,不要做"戕贼杞柳而成的杯棬";总要从心内的判断,自然的性质,不要从社会的强压力。我们必须建设合理性的新信条,同时破除不适时的旧信条。

(以上四条系去年六月中所作笔记)

原载1919年2月1日《新潮》第一卷第二号

破　坏

几个月以来，为着暴乱政潮的反响，受了欧战结局的教训，中国的思想言论界，渐渐容受新空气了。什么民本主义，一齐大谈特谈。有几家政党作用的报纸，居然用白话做文，居然主张自由思想，居然登载安那其主义克鲁泡特金的自叙传，这总算难能可贵的，也是可以乐观的。

我今天在一家上海报纸上，看见一条短评说：

现在中国的情势，要求新道德、新思想、新文艺的输入，非常之殷；恐怕是没有人不晓得的。

但是有一班人，他虽是做这输入的事业，然并不是将新文艺、新道德、新思想，多多益善的输入进来，却在那里专门想打破旧文艺、旧道德、旧思想，终日里做了许多驳难痛骂的文章。

我以为这个样子，与那新陈代谢的道理，颇不相合。譬如一个瓶，藏满了旧空气，如要改为新空气，虽是终日拿这个瓶来摇动，那旧空气依然不出去的。所以我们若认定中国今天既需要新道德、新思想、新文艺，我们就该尽量充分的把它输入，不要与那旧道德、旧思想、旧文艺挑战；因为它自然而然的会消灭的。

这话猛然看见，好像也有道理，仔细一想，竟是不能自圆其说。新道德与旧道德，新思想与旧思想，新文艺与旧文艺，同时占据同一空间，不把一种除去，别一种如何进来？若是中国并没旧思想、旧道德、旧文艺，那么只用介绍新的就完了，不必对于旧的打击了。只是中国本来有一种道德、思想、文艺，大家对它信服的很，以为神圣似的。如果不发现了它的不是，不能坠大家对它的信仰心，自然不能容新的，还用什么方法引新的进来？一个空瓶子，里面并没多量的浑水，把清水注进就完了。假使是个浑水满了的瓶子，只得先把浑水倾去，清水才能钻进来。中国是有历史文化的国家，在中国提倡新思想、新文艺、新道德，处处和旧有的冲突，实在有异常的困难，比不得在空无所有的国家，容易提倡。所以我们应当一方面从创造新思想、新文艺、新道德着手；一方应当发表破坏旧有的主义。这是势必处此的办法。像这家报纸的议论，竟是似是而非不通的很呀。

但是我们《新潮》的主张，并不是仅仅破坏就可了事。我们对于破坏有几层意见：

（1）长期的破坏，不见建设的事业，要渐渐丧失信用的。

（2）若把长期破坏的精神，留几分用在建设上，成就总比长期破坏多。

（3）发破坏的议论，自然免不了攻击别人，但是必须照着"哀矜勿喜"的心理。现在思想沉沦的人，到处皆是，固然可恶的很，可也一半是社会造就出的：他们不便自负完全责任。我们对于不同调的，总要给它个"逃杨归儒"的机会，并且用"归斯受之"的待遇。若果不然，一味的快意而谈，可以接近的，也弄得上了千里之外，还能有什么功效？还能化得甚人？须知立异的目的，在乎求人同我，不可以立异为高。现在中国的思想文艺界，实在可怜了。总要存大慈大悲的心境，超脱一个是一个哪！

这一面是这样讲。也还有不得不菲薄别人的时候，我们断断乎不可从乡愿态度。我在本志的发刊词上，已经说过了。

十二月十七日

原载1919年2月1日《新潮》第一卷第二号

中国狗与中国人

有一天，我见着一位北京警犬学校的人，问他道，"你们训练的狗，单是外国种呢？或是也有中国狗？"他答，"单是外国种的狗。中国狗也很聪明；它的嗅觉有时竟比外国狗还要灵敏，不过太不专心了。教它去探一件事，它每每在半路上，碰着母狗，或者一群狗打架，或者争食物的时候，把它的使命丢开了。所以教不成材。"

我听了这一番话，很有点感触，何以中国狗这样的像中国人呢？不是不聪明，只是缺乏责任心——他俩一样。中国人"小时了了"的很多，大了，几乎人人要沉沦。留学在国外的成绩颇不恶——胡适之先生说，只有犹太人在美国大学的成绩最好，其次便是中国学生；至于真美国人，远不如这两种民族——然而一经回国，所学的都向爪哇国去了。大约也是遇着了母狗，或者加入一群狗打架，或者争食物，所以就把已经觉悟的使命丢掉了。

中国狗和中国人同生在一个地带，一个社会以内：因为受一样环境的支配，和西洋的狗和人比起来，自必有人狗一致的中国派的趋向。和狗有同样的趋向，并不是可羞的事。所不得了者，这趋向偏偏是无责任心。

我以为中国人的无责任心，真要算达于极点了。单独的行动，百人中有九十九个是卑鄙的。为什么呢？卑鄙可以满足他自身肉体的快乐——他只对这个负责任——至于卑鄙而发生的许多恶影响，反正他以为在别人身上，他是对于自己以外的不负责任的，所以不顾了。团体的行动，百人中有九十九是过度的：斗狠起来过度；求的目便在度之外，手段更是过度的。这可就中国历年的政争证明。为什么要这样呢？他以为虽过度了，于他自己无害；成功了他可抢得很多的一份。失败了人人分一份，他所分的一份也不比别人多，所以不择手段。一人得，或一团体得，而国家失的事，屡屡得见。现在"鱼行"当道固不必说了，就是前几年也有若干溢出轨道的事；若国会的解散，六年临时参议院的召集等等，都是以一团体的利害做前提，而把国家的根本组织打散。我很觉得中国人没有民族的责任心——这就是不怕亡国灭种。我又觉得中国人没有事业的责任心——所以成就的事业极少。没有私立的学校，公立的学校也多半是等于官署；没有有力的工厂；没有不磨的言论机关。一时要做事业，不过预备他"交游攘臂"的媒介物：一旦求得善价，还是沽出去罢！

中国人所以到了这个地步，不能不说是受历史的支配。专制之下，自然无责任可负；久而久之，自然成遗传性。中国狗所以如此，也是遗传性。中国狗满街走是没有"生活"的。西洋狗是猎物种，当年的日耳曼人就极爱狗，常教狗做事，不专教它跑街，所以责任心不曾忘了。中国人在专制之下，所以才是散沙。西洋人在当年的贵族时代，中流阶级也还有组织，有组织便有生活，有生活便有责任心。中国人没有责任心，也便没有生活。不负责任地活着，自然没有活着的生趣。

我总觉得中国人的民族是灰色的，前途希望很难说。自"五四运动"以后，我才觉得改造的基本的萌芽露出了。若说这五四运动单是爱国运动，我便不赞一词了：我对这五四运动所以重视的，为它的出发点是直接行动，是唤起公众责任心的运动。我是绝不主张国家主义的人；然而人类生活的发挥，全以责任心为基石。所以五四运动自是今后偌大的一个平民运动的最先一步。

不过这一线光明也很容易烟消云散。若不把"社会性"用心地培植一番——就是使责任心成习惯——恐怕仍是个不熟而落的果子。

前清末年的改造运动，无论它革命也罢，立宪也罢，总有坚苦不拔、蓬蓬勃勃的气象，总算对于民族责任心有透彻的觉悟。民国元二年间更是朝气瞳瞳。然而一经袁世凯的狂风暴雨，全国人的兽性大发作。官僚武人在那里趁火打劫，青年人便预备着趁火打劫。所以我以为中国人觉悟还算容易，最难的是把这觉悟维持着，发挥去。

我们自己以为是有新思想的人，别人也说我们有新思想。我以为惭愧得很。我们生理上、心理上，驮着二三千年的历史——为遗传性的缘故——又在"中国化"的灰色水里，浸了二十多年，现在住着的，又是神堂，天天必得和庙祝周旋揖让。所以就境界上和习惯上讲去，我们只可说是知道新思想可贵的人，并不是彻底地把新思想代替了旧思想的人。我不曾见过一个能把新思想完全代替了旧思想的人。我们应常常自反，我们若生在皇帝时代，能不能有一定不做官的决心？学生在科举时代，能不能一定不提考篮？能不能有绝俗遗世的魄力？不要和好人比，单和阮嗣宗（即阮籍）、李卓吾（即李贽）、袁子才（即袁枚）一流败类比，我们有不有他们那样敢于自用的魄力？我们并袁子才的不成才的魄力而亦没有，那么，后人看我们，和我们看前人一样，我们现在腼颜自负的觉悟，不和当年提过考篮而不中秀才的人发生一种"生不逢时"的感情一样么？有什么了不起呢？这感情能造出什么生活来呢？

所以新思想不是即刻能贯彻了的，我们须得改造习惯。

原载 1919 年 11 月 1 日《新青年》第六卷第六号

多言的政府

西汉文景时，鲁人申公以《诗》学负一时的盛名。汉武帝在初即位时，正是年少气壮，好侈务大，又是走儒家的一条路的，所以请了申公来，很想他能为朝廷做几个宣言，献几个计画，制几套标语。谁知这位八十多岁的老先生大大与一般好说话的儒家不同。他对武帝说，"为政不在多言，顾力行何如耳！"武帝听了真扫兴，只好稍迟送他回家了。本来文景两代都是儒家与黄老明争暗斗的时候，儒家总受些压迫。武帝初即位，真个是儒家扬眉吐气的时候，真可以大大花俏一下子，然而申公偏偏这么老实。今之修庙救国论，长安王业论之柱国大儒，真要笑这老头子太不会做文章了！

汉武帝还不是一位说空话的呢！他要雪国耻，便和匈奴混战了几十年，通西域以断匈奴右臂，设度辽将军以断匈奴左臂，到底把匈奴"抵抗"得筋疲力尽，几十年后便降中国。黄河在瓠子决了口，他便自己截堵去。他的一生虽也有不少过失，但竟然造成了中国不亡于匈奴的局面，竟把现在汉人所居的地方都给汉人站住定了。他没有空言长期抵抗，他没有空言努力救灾。申公对他还说这样话，如申公生到现在，不知更要作何样感想呢？

中国统治阶级之喉舌——即文人——向来是好说空话的，因而中国的政治无论在如何昏乱的时候，总有一篇好听的空话。近年来开会宣言贴标语的风气更盛,所以说空话更说到无以复加的程度,真所谓"颜之厚矣"。在"九一八"事件以前,我们最大的典礼时发宣言,简直要以全世界之前途自任,现在稽颡泣血于国联之门,不用"一切帝国主义"一类的名词,而用"友邦""公道"了。这样在固有文化论者,犹可说君子居安而安,履危而危,真个是国粹的大道,然而凡百庶事,又何必都大吹特吹,吹时全不想到实行,吹完顿时忘记了呢?这样的把戏,出之于口,等于念咒,写之于纸,等于画符,作之不已,等于发狂。这真是一个民族智力德力堕落的象征!

现在姑举两件事为例,以论为政不在多言的道理。

第一件是所谓行都,所谓陪都。原来一国有好几个都,似乎是帝王家的风度。若在民国,只有政府所在可以称都。其实帝王时代一国数都的风气,到明清已经改了。明有南京应天府,同时便在那里虚设六部各衙门,清有盛京奉天府,同时便在那里虚设五部。即在更远各朝,也每在它的所谓陪都所谓方京置留守,可见对于没有政府的都,虽皇帝对之,也颇歉然。我想,现在决不会因陪都行都而设政治分会,以数次大战而取消的东西决不会再如此容易出来。然则所谓陪都,所谓行都,当不过是"开发西北""恢复中原昔日文化"若干口号下的一个藻饰,一种盛典。我们何幸生此盛圣明之世,稽古右文,猗欤盛哉!就是在这样的藻饰盛典上,我们也还希望他力行一下子,不必多言。行都陪都都不是一个委员会一篇计画书便能出来的,也不是修庙修陵便可将西北繁荣了的。姑无论破产的东南决无余财倾于西北的荒漠中,即令有之,而不自然的发展,如所谓沙漠种田也者,也决无维持、继续、发展之理。总要先使得西北有可以发展的环境,然后人民自己可向发展的路上走。使得人民自己向发展的路上走，政府所负第一步的责任是：一、维持社会的秩序；二、澄清政治的腐恶，三、给与人民以一种苏息；四、便利交通。这个人民自行发展的先决条件，在各处皆适用，而在活地狱的西北为尤甚。我们试问，西北军人对人民之榨取如何，鸦片烟之强迫耕种如何，杨虎城的力量在西安城几十里外之效能如何，西北人在这样贫困生活中所供给之赋税如何……人民生产事项之被军、政、匪兵毁坏者如何，这样问题当局者正不容易回答罢。据自西北来的人说，西安数十里外简直是地狱的世界。有一个旅行者，住在一个县署里，亲身听见受拷人民的夜间苦楚，少交一元便是几十板子，迟交一天便是几百板子，而所交者非赋非税，而是迫派种植的烟苗捐。在这样的现状之下，而拜佛者梦想享乐游原上的清秋佳节，装点以杨家姊妹，好古者幻造咸阳府库，金匮石室，充实以周汉彝器，明清簿录，我诚不知我们贵国大人物之脑筋是世界上古往今来何种痴麻药浸过的！在这个问题之下，政府还是少说几句空计画，在最低范围之内，先做出一二件事来给人看看，例如恢复秩序，稍纾民困之类。若一直的总是说空话，说自己并没有意去实行的大话，将来纵是说真话时，也要没有人相信了。

第二件是所谓建设。虽在最富的国家如英美，若建设专靠政府便也有限了，总要靠人民自己去建设，政府不过立于从旁协助的地位而已。在穷困到极度的今日之中国政府哪有力量建设多种事业，而中国政府已往之成绩，并铁路航运都弄得这么糟，真不配再多量地去尝试国营事业。今日之政府，以人力，以财力，都不是能够"百废俱举"的。他若尽他的责任，他的建设事业第一项是建设出社会的秩序来，社会有秩序，则人民可以自己去建设,不待政府去做这个,做那个。第二项是建设出官署及公务员服务之秩序来,有了这一层,然后国营事业不致一举办便沦落为腐化的结晶品,而旧有事业,亦可在这一层的大前提之下去整顿。这都是政府本分以内的事,都是可以做到的事,都是其他大事所凭借的事。几年前北伐到了北平时,全国统一,引起人民的很大希望。而侈谈建设者,更弄了好些文章出来。从今天算来,似乎在无线电以外成就的事项很少,这些固有一部分是政局不安定负责任,然而其最大的弊病仍在说话太多,计画太多,开会太多,宣传太多,而过于不问实际,过于不求步骤。到了今天,国家已堕入这无底深渊中,哪里还有再说大话的颜面?且把本分内最浅近的事做出来,不必再高谈建设事项咯!

中国人真是一个说话不算话的人群!我们中国人中,尝见有时有人受人扯谎的指摘时,似乎并不充分的生气,若在西洋,则Liar一个徽号一经加之于人,恐免不了受人之掌。所以官府文章,说时本不是预备实行的。今政府之多言少行,似乎本不违背我们国粹的大道理。不过,立国于现在,而这样子做,既坠落官常,又败坏民德,还是择该做能做的事,切切实实做几件,不要"危不忘安"地总是说大话罢!

原载 1932 年 12 月 11 日《独立评论》第三十号

政府与提倡道德

政府应该不应该利用它的特殊凭借，去提倡它所认为道德的，本是一件向来有争论的事。除去极端的自由论者和宗法主义的国家，大约都取一种中间之路。不过，在欧洲的这个争执是有一个明显的体态的，即是政治与宗教之关系，即二者之间之分合的程度，在中国则以本无所谓"建置的教会"及宗教义法之故，所以凡是政府所提倡的道德，每每不外下列两事：其一，宗法时代的仪文及其相关联物事；其二，法律所应当制裁而在中国则不能制裁的，转去乞灵于所谓道德。就前一项看，每似无知之表见，就后一项看，更觉无聊了。所以自民国成立以来，每次政府在那里制礼作乐，太息于世道人心之日下，而以一纸空文提倡道德，不特在正面所得结果直等于零，且在旁面适足以助成伪善与虚饰之增长而已。

政治责任与道德本是一个大题目，在这样一篇短文中我不能将纲领说得明白。现在但举出几点来讨论。

第一，近代国家决不能以宗法主义为建设国家组织社会之大原则。

故凡宗法制度下所谓道德之崩溃，每是新时代之国家新时代之经济所形成，正不必过为忧虑。在这些地方，政府只好任时代之自然演进。例如女子的贞操，本可不必成为道德问题，其所以成为道德问题者，本是男权社会所造就。这件"道德"，要依女子的经济地位之变动逐渐改化的。又如子女对于父母之独立性，近二十年来在都市大大改变了，在乡村尚不会有实质的改变。这个对应，明显的经济变动为道德变动之原因。道德变动之类乎此者，既非政府的力量所能左右，更非具有近代社会学知识者所应痛心。

第二，所谓公德与私德之分，本是一个绝对不通的流行观念。

设如所谓德者，其作用不及于本人一身之外，这简直和一个人的饮食衣服居处的习惯一样，只要不扰乱到别人，便只是他个人的僻性，其中无所谓道德不道德。设如所谓德者，其作用固及于本人一身之外，这便是与公众有关的事了，这便是公德了。以前的中国社会，本以家族为组织单位，所谓国家者，不过是运用征服权能之上层绳索，所以在家庭中之孝悌，在朋友间之忠信，是道德系统之重心，而为公忘私，为国忘己，虽为一般作道德论者所提倡，且为不少理想家所实践，终不成为民众心理上道德之重心。所以损己服公，在西方富有国民训练的民族中，行之甚易，而损公益己，在我们这样缺少家族以外之锻炼之社会中，改之甚难。我们所缺少者，是近代国民之必要的公德素养，包括着为国家送自己的性命在内。认清这一点，则政府与其费许多的唇舌，提倡些社会习俗中的道德，毋宁利用政治的及法律的权能，陶冶国民的公德。这话即等于去说，用政治摒斥一切危害公德的，用法律干涉一切破坏公德的。欧美先进国家之国民训练，本是经过一个长期的政治与法律的陶冶，陶冶既成，才能够以畏法为向义之门，以服公为克己之路。

即如"礼义廉耻"的口号，在上位者登高一呼，自然有无量在下位者四面一应。应自应，而无礼、不义、鲜廉、寡耻，未必不一一仍旧。尤其大的患害是，一般原来鲜廉寡耻者，作此等呼号不已，仿佛托庇在这呼号之下，仿佛他也不算真的鲜廉寡耻者，这真不啻为此辈添一层护符。所以在位者若真的想提倡礼义廉耻，口号是没用的，只有自己做个榜样，把自己所能支配的无礼、不义、鲜廉、寡耻之徒，一举而摒弃之。古来有句格言，"以身教者从，以言教者讼"。教书匠的作用还是如此，何况运用政治之权能者？政府若真的想提倡德义，只好先作一个澄清自己的榜样，也只须这么一个榜样，就够了。

第三，中国人所缺乏者，是国民训练，不是抽象道德名词。

抽象道德名词有时自然也很有用处，抽象名词之训练，自然也可在千百个口头禅中得到什一之忠实信行者。但这个究竟不能普及于大众，且在训练有效时分意识上总带些意气性，在躬行上不易于有方法。即如宋明晚年之理学，正是一个抽象道德观念之训练，其效力固能使若干理想家为民族牺牲性命。然而究竟与大众差少相干，而且这些理想家在举动上又是乱来的。现在不需要过于凌空的东西，而绝对需要坚实的、普遍的国民训练，不需要道德的口号，而需要以法律及政治"纳民于轨物"之劳作。

请先谈法律。古来所谓刑礼之不合，本是一种社会的畸形现象，而主张刑礼异趋者，又每是些懒用逻辑的竖儒。柳宗元见得透彻，他说："其本则合，其用则异。"看他那篇《驳复仇议》之所论，真能一扫礼刑二元论者之误谬。然则政府若果在人民的道德上有兴趣，正应以法律陶冶民德。在立法上固应引进若干反宗法部落的、公民契约论的近代思想（这层颇能办到些），在执法上尤应养成服公从义的习惯，是是非非的良心（这层上却毫无成绩）。须知法律即是秩序，即是训练，这是自罗马以来一切有成的国家的标准。国民的训练者不是元首，不是辅相，不是大将军，而是公正的法官，这是英、美、法、德诸国的历史事实。若凭借法律的陶冶，将来的中国人公心发达，能做到"其子攘羊而父证之"，中国乃真的超越苏拉时代的罗马，而是一个十足的近代国家了。

请再谈政治在陶冶民德上的效能。孟子说："尧舜帅天下以仁而民从之，桀纣帅天下以暴而民从之。"这话在现在看来自然太简单些，然凭借居高临下的地位者，时机好，运用巧，有时真能移转风气。不过，若想行得通，必先自己做个榜样，即孟子所谓"帅天下"，决没有自己向东，劝人向西，而人肯听的。现在若以政治的力量提倡民德，真有好多事可以做，爱国心，服务心，廉洁的行谊，忧勤的劳作，一切等等，数不尽的。只是这些好东西又都不是空口劝人便能做到的，必须自己立个榜样。以我所见，自北平至南京，是不是有开代的气象，我愧不敢说。我只见天下熙熙，天下攘攘，若不想到国难之深，民困之极，只见到公务机关汽车之多，公务员应酬之繁，外宾招待之周，不相干的事计画的得意，也真够太平景象了。如此的政治的榜样，是能锻炼人民道德的吗？如果一面如此"帅天下"，一面又以制礼作乐，昭显德化，我恐所增进者，只是伪善与乡愿，希意与承旨，所没落者，转是国之四维礼义廉耻耳。

原载1934年11月25日《大公报》星期论文

中华民族是整个的

中华民族是整个的！

这一句话怎么讲呢？原来二千几百年以前，中国各地有些不同的民族，说些多少不同的方言，据有高下不齐之文化。经过殷周两代的严格政治之约束，东周数百年中经济与人文之发展，大一统思想之深入人心，在公元前二二一年，政治统一了。又凭政治的力量，"书同文，车同轨，行同轮"。自从秦汉之盛时算起，到现在二千多年，虽有时候因为外夷之侵入，南北分裂，也有时因为奸雄之割据，列国并立，然而这都是人力勉强的事实，都是违背物理的事实。一旦有适当的领袖，立时合为一家。北起朔漠，南至琼崖、交趾，西起流沙，东至鸡林、玄菟，这是"天然"赐给我们中华民族的田园。我们中华民族，说一种话，写一种字，据同一的文化，行同一伦理，俨然是一个家族。我们中华民族自古有一种美德，有四海一家之风度。即如汉武帝，正在打击匈奴用气力的时候，便用一个匈奴俘虏做顾命大臣；在昭帝时，金日䃅竟和霍光同辅朝政。到了现在，我们对前朝之旗籍毫无歧视，汉满之旧恨，随清朝之亡而消灭。这是何等超越平凡的胸襟！所以世界上的民族，我们最大；世界上的历史，我们最长。这不是偶然，是当然。"中华民族是整个的"一句话，是历史的事实，更是现在的事实。

有时不幸，中华民族在政治上分裂了，或裂于外族，或裂于自身。在这时候，人民感觉无限痛苦，所渴望者，只是天下一统。未统一时，梦想一统；既一统时，庆幸一统；一统受迫害时，便表示无限的愤慨。文人如此，老百姓亦复如此。居心不如此者，便是社会上之捣乱分子，视之为败类，名之曰寇贼，有力则正之以典刑，无力则加以消极的抵抗。

中国经辛亥年的革命，由帝制进为共和，一统的江山俨然不改。只可惜政治上不得领袖，被袁世凯遗留下些冤孽恶魔。北廷则打进打出速度赛过五季，四方则率土分崩，复杂超于十国。中山先生执大义以励国民，国民赴之，如水之就下。民国十五六年以来，以北方军阀之恶贯满盈，全国居然统一，平情而论，统一后之施政，何曾全是朝气，统一后之两次大战，尤其斫丧国家之元气。中年失望，自甘于颓废；青年失望，极端的左倾。即以我个人论，也是失望已极之人，逃身于不关世务之学，以求不闻不见者。然而在如此情势之下，仍然统一，在如此施政之下，全国之善良国民，仍然拥护中央政府者，岂不因为中华民族本是一体，前者以临时的阻力，偶呈极不自然的分裂现象，一朝水到渠成，谁能御之？所以这些年以来，我们老百姓的第一愿望是统一，第一要求是统一，最大的恐惧是不统一，最大的怨恨是对于破坏统一者。

这个心理有最近的两个事实明白表示出来，段芝泉先生（即段祺瑞）本是北洋耆旧，论其个人，刚性高节，本可佩服，论其政治的贡献，则师心自用，纵容群下，《春秋》责备贤者，正不必为之讳。然自其避地南归之后，无论何种政治思想者，无不钦佩他，他居然是无疑的民国之元功，社会之三老。所有安福政绩，在国民心中一齐消账。至其最近"股东不同意"（见《益世报》）之表示，尤为社会上称道不已。又如阎百川先生（即阎锡山），虽在北方有最老之资格，其人之勤俭朴诚，爱惜地方，尤为国人所称道，然其见识与办法，亦有多人不以为然，且有嘲笑之者，自从他毅然决然飞到南京去，全国人都另眼相看，以为此老毕竟高人一等，不待耕者有其田，他老先生已经有了全国人的心田！这种国民心理的转移，不是明白表示国人渴望国家不分裂吗？

然而这些天里，平津一带"空穴来风"，有所谓自治运动。若说这是民意，民在那里？若说这是社会上的事件，请问谁是出名领导的人？若问国人的心，他们只是希望统一，以便安居乐业。雇来的苦力不足为民众，租界上住着昔曾大量剥削人民后经天然淘汰之官僚军阀，不配算领袖，满街洒的黄纸条，都是匿名帖子！天下那里有不具名的政治运动？黑市上那里有正人？孔子有一句现成话，"将谁欺，欺天乎？"

所谓要求自治，虽然闻其声（黑路上的怪声）不见其人，而发挥其良心之主张，在平津者有教育界（宣言见上星期日《大公报》），其他各界虽未宣言，居心无二。这个宣言，初签名者数十人，到了第二天，几有千人，这才是民意的负责表示。宣言中指明这是破坏国家领土完整的阴谋，这才是有识人民的明确认识！

我终不相信此间事情就此恶化下去了，因为此间地方最高当局宋商二公（即宋哲元、商震二人）之人格与历史是国民信赖不疑的！就宋主任说，他是西北军中最忠实的将军，从冯焕章先生（即冯玉祥）经过无数艰苦，不曾弃他，这地方最足以表显其忠心与气节。忠于主帅者，自易忠于国家，何况他的捍卫国家的勋绩，虽在妇人孺子，至今称道。就商主席说，他早年便是志士，后来在北方军阀贯盈的时代，他最先在绥远举义。至其卫国之功，正与宋公伯仲。所以我深信他们决无忽然改换其自身历史，堕于大海中之理，所以在此汹汹之局，我们穷学究尚在此地安心默祝国家多福！

不过，伪造民意，扰乱人心的各种阴谋，也是可虑的。负责当局，应以国家民族的立场，把背叛国家的败类，从严防范，尽法惩治！

原载1935年12月15日《独立评论》第一八一号

我所认识的丁文江先生

丁文江（在君）先生去世，到现在过一个月了。北方的报纸仅《大公报》上有一个认可而悼惜的短评，南方的报纸我所见只有《字林西报》有一篇社论，这篇社论是能充分认识在君品行的。李济之先生说："在君的德行品质，要让英美去了解。"这是何等可惜的事！我以为在君确是新时代最良善最有用的中国之代表；他是欧化中国过程中产生的最高的菁华；他是用科学知识作燃料的大马力机器；他是抹杀主观，为学术、为社会、为国家服务者，为公众之进步及幸福而服务者。这样的一个人格，应当在国人心中留个深刻的印象。所以我希望胡适之先生将来为他作一部传记。他若不作，我就要有点自告奋勇的意思。

论在君立身行世的态度，可以分作四面去看：一、对自己（或应曰律自己）；二、对家族；三、对社会；四、对国家。现在依次叙说一下：

一、在君之律自己，既不是接受现成的物质享受之纨袴子，也不是中世纪修道的高僧。他以为人们没有权利过分享受，因为过分享受总是剥夺别人，同时他也不愿受苦，因为他觉受苦的机器是没有很大工作效能的。人要为公众服务而生活，所以服务的效率愈大，生活愈有意义，起居饮食愈少磨擦，服务的效率愈大。我们在此地不可把舒适和华侈看混了。在君很看重舒适，有作用的、合理的舒适。他对于朋友的趋于华侈的习惯，却是竭力告戒的。舒适可以减少每日生活中之磨擦性。只要不为舒适所征服，舒适是增加生命力的。譬如，在君是有机会坐头等车，他决不肯坐二等车；有地方睡安稳的觉，他决不肯住喧闹的旅馆。但是这些考量，这个原则，绝不阻止他到云贵爬高山去看地质；绝不阻止他到黑海的泥路上去看俄国工程；绝不阻止他每星期日率领北大的学生到西山和塞外作地质实习；绝不阻止他为探矿、为计画道路，半年的游行荒野中。他平日之求舒适，正是为储蓄精力，以便大大的劳作。他以为人人有要求舒适以便工作的权利，人人都没有享受奢侈，或得到舒适而不动作的权利。在这一个道理上，他不是明显的受英国的"理论急进者"的影响么？虽然他没有这样自己宣传着！

他有两句名言："准备着明天就会死，工作着仿佛永远活着的。"所以无论在何等疾病痛苦之下，无论在何等的艰危环境中，我总不曾看见他白日的发空愁，坐着忧虑消耗光阴（不幸得很，我便是这样的一个人）。若是他忧虑，他便要把这忧虑立时现为事实，若不能立时现为事实，他决不继续忧虑着。例如他大前年冬天从俄国回来后，觉得身上像有毛病，到协和医院去诊察他的左脚大拇指发麻的症候。他问医生说："要紧不要紧？"医生说："大概不要紧。""能治不能治？"医生说："不能治。"他告我，当时他听到这话便立时放心了。我问所以然。他说："若是能治，当然要想法子去治，既不能治，便从此不想他好了。"他这次在病危中，除末了一星期不大言语外，以前，虽偶有病人免不了的愤怒，但大体上是高高兴兴专说笑话的。他从不曾问过医生："我这病有危险没有？"他在病中也不曾忧虑到任何身内的事。他能畅谈的最后一日，和我所谈的是胡适之先生应该保重他的身体，节约他的用度，是凌鸿勋先生的家庭如何快活，北方大局如何如何。这样的心神安定，有几个宗教大师能做到？

二、论到在君的对家庭，真是一位理学大儒。他对于他的夫人史久元女士是极其恩爱的。他们两个人的习惯与思想并不全在一个世界中，然而他之护持她，虽至新至少年的恩爱夫妻也不过如此。丁夫人也是一位很可以敬佩的女士，处家、待朋友，都是和蔼可亲、很诚心、很周到的，并且对两方的家庭都是绝对牺牲自己的。她不断的病，在君便伺候了她二十多年的病，不特做她的保护人，并且做她的看护生。他真是一个模范的丈夫，无论在新旧的社会中，都做到这个地步了。

说到这里，我不妨连着叙述他的性道德观。他并不反对"自由生活"，假如"自由生活"不影响一个人的服务社会。他主张人的"性本能"应得其正，不然，要失却一个人的精神平衡，因而减少一个人的用处。他从俄国回来，尤其称赞俄国的婚姻制度，他说，儿童既得公育，社会上又从此没有 Scandals（意为丑陋之事）了，这是自从人类有配偶制度以来的最大革命。他这样的信念，却是想送给将来的中国人们去享受。他自己，不特没有利用任何一种现成的左倾或右倾思想便利私图的事，或存心，并且凡是合理的旧新习惯所要求者，他总要充分的尽其责任。他论人是很宽的，自由恋爱是可以的，或者有时是很好的，假定不因此而妨害本业。娶妾也未尝不可，也要假定不因此而妨害本业。我们大家知道，他对于志摩之再度结婚是反对的，在君不是反对志摩再婚，他是反对志摩那样一结婚不能工作了。他十分的相信，服务之义"无所逃于天地之间"。至于在能充分服务一个条件下之个人自由，不应该用成见的道德论去干涉他或她。

在君对他的兄弟，又是一位模范的人格。他同母的，一兄二弟，异母的，三弟。从他的老四以下，求学的事总是他在操心。他之所以辞地质调查所的原因，据说，大部分由于地质调查所所长的薪水不够他津贴弟弟们上学。在他"失业"的那一年，我问他小家庭外大家庭内之负担，连着亲戚们共若干。他说，今年两千。待他次年不失业了，他的进款也只是每年六千。

三、在君对于社会的观念完全支配在"服务"一个信心之下。若把他这个主义写文字，我想可以这样说：看看中国人是在何等阶级的生活中。据何廉博士的研究，中国人平均进款，是每年二十七元。再看看我们知识阶级的生活是怎样。若把我们的生活降低到每年二十七元，一件事业也不能做了。若受今日社会给我们的待遇而给社会以相当的回报，只黾勉服务，把自己所有的能力都尽了，然后可以问心无愧。在这一个基本认识之下，他是永不间断的为社会中团体及个人服务。他论一件事之是非，总是以这一件事对公众有利或有害为标准。他论一个人的价值，总是以这一个人对公众有利或有害为决定。他并不是一个狭隘的功利论者，但是他的基本哲学，确是一种社会价值论。

他一生的服务范围虽是多元的，但十之七八是学术及学术行政，其余二三分或者当由行政的（包括有助行政之技术的）及实业的平分了罢？他放弃了自己研究来管别人的研究，他牺牲自己一时的工作来辅助别人的工作，其意无非以为一人之成绩总有限，多人之成绩必然更大。在不深知者或者觉得他有一个舍己耘人的天性，其实他是为社会求得最大量的出息，而不求其自我。这样热心的人本已少见，这样热心又加以在君那样的见识与学问,又有谁呢?

他对于好朋友之态度,恰如他对于他的家人、妻与兄弟,即是凡朋友的事,他都操心着并且操心到极紧张、极细微的地步,有时比他那一位朋友自己操心还要多。他的操心法,纯粹由他自己的观点行之。他是绝对信赖近代医术和医院规律的。朋友病,他便如法炮制之。举例说,受他这样待遇的,有适之、咏霓(即翁文灏)两先生。他是绝对相信安定生活是工作的基础条件的,朋友们若生活不安定,他便以他的见解促成之。受他这样待遇的有我。他为一个朋友打算,要从头至尾步步安排着,连人如何娶妻、如何生子都在里头。据李仲揆(即李四光)先生说,在君这样为他安排过,只是仲揆没有全照他的方法。朋友死了,他便是孤儿寡妇第一个保障人,赵亚曾先生的事可以为例。

他之看重朋友,似乎大多由于他认识为有用,学术上或事业之用。一旦既成朋友之后,他每每不自觉的颇以监护人自居,对于同辈(听说对于比他年长的也有时如此)俨然像个老大哥。因此,朋友们一齐称他曰"丁大哥!"若他认为某一朋友不努力,或行为上丧失或减少其社会服务的或学术的作用,他必要责备,必要督促着改过来,因此常和朋友发生纠纷。

我可以记一件亲见的事。前年二月,翁咏霓先生在杭受重伤的消息传到北京时,在君正在协和医院躺着,一面检查身体一面还发点小烧。朋友想,不要告他这消息,偏他看报看见了。一听朋友说明详情,他立时想从医院飞出来。我亲自看见他在涕泗交流中与医生争执。医生说:"你在这个时候离开医院去坐车是极傻的。你到了杭州,一个病人也无一点用处。"因此他才不走,就在床上料理了许多事,皆关于咏霓事业的安排。他没有许多话,只是说:"咏霓这样一个人才,是死不得的。"

四、在君之对国家,或者外国人看得清楚些。他死后,《字林西报》作一社论,题目"一个真实的爱国者",我相信这是对在君最确切的名称。诚然,在君没有标榜过爱国,尤其没有办过"救国会",然而在君对于国家的忠勤是极其显明的事实。就消极的方面说,他从来不曾坐过免票车,从不曾用公家的费用作私用,从不曾领过一文的干薪。四年前,资源委员会送他每月一百元,他拿来,分给几个青年编地理教科书。他到中央研究院后,经济委员会送他每月公费二百元,他便分请了三位助理各做一件事。他在淞沪总办卸任后,许多人以为他必有几文,乃所余仅是薪俸所节省的三千元,为一个大家庭中人索去。

积极方面说,他在中国建设出地质学,至少他是创造了一个可以使地质学在中国发达的环境,已可谓功在国家。至今还没有第二个人在提倡科学研究上比得上他。他在淞沪任中,为后来之上海特别市建造弘大的规模,只可惜后来人并不能步趋他。他除了好些积弊。他从外国人手中争回重大的权利,不以势力,不以手段,只以公道。交出这些权利的外国人,反而能够诚意的佩服他!虽然他当时的上司是孙传芳,然而他并不是孙传芳的私人,他仍为中华民国服务。后来孙传芳日暮途穷,倒行逆施时,他并没有跟他。(此中故事,在君曾为我详说,待后来写出。)至于他对外国人,永远是为中国辩护的,至少是为新中国辩护。凡外国人抹杀了中国实事而加菲薄,他总起抵抗,论政如他驳濮兰德的小册子,论学如他评葛兰内的文,都是很有精采的。《北平教育界致国联调查团书》,是他的手笔,是一篇伟大的著作。

用充分的知识,忠勤的为国家服务,丝毫不存自我利益心,便是真实爱国者的定义,也便是在君的行事。

在君虽是一个真实爱国者,却不是一个狭隘的国家主义者。他以为世界上的文明的和平的民族都应该共存共荣,共致力于人类之知识与幸福,所以有时候他真拿某一外国人作朋友看,这是我所最难能的。

以上所说是在君的"立身",以下再谈在君的"行道"。

我们且看在君的道是何道。

这当然不是"貉道","貉道"在近代中国也曾经为几个无政府主义者提倡过,现在不闻声气了。在君既信仰近代物质文明,当然不能简单成"貉道"。这当然也不是"王道"。我们的近邻无端把霸字读作王字,真正不值一笑。在君的道决不退化到二千年前,无论他是王是霸。

在君的道是近代文明中的一条大道。在这道上走的有"搜求心",有"理性",有"智慧",有"人类同情心"。在这道旁所建筑的庭舍,是"世间经验之扩充","科学知识之寻求","物质之人工的利用","改造不合理性的方案"。自从开辟新大陆以来,人类的知识日向扩充,人类的要求日向增加,人类的思力日向解放,至十八世纪出来了成系统的理性论。科学与工业之发达,固颇受这样思想的影响,而若干人生观社会观之改变尤是这类思想所助成。这样一步一步向着开明走的大路,一直到欧战后才出来新生的反动。

在君留学英国,在欧战前若干年(一九一一以前)。那时候自由党已起来当政,早年的理论急进派(Philosophical Radicals)若干主张,修改后依然为实际政治上争议之点。以在君的思力敏锐与多才,在这时候好看报,特别是《泰晤士报》,自然要受这个空气的影响。我知道在君是好看经济学书的,我尤知道他关于 J. M. Keynes(即约翰·梅纳德·凯恩斯)的书每本必看,所以我敢说,他纵不是柯波登(即理查德·科布登)、边沁、穆勒之研究者,他必是受这一派思想的影响者。聪明人嗅着空气便可得坚实的益处,原不待咬文嚼字如专家。然在君又是学科学的,他在英时的科学兴趣,由动物学到地质学。恰恰这一行的科学在英国有圣人达尔文、有护法赫胥黎、有游击名将葛尔登(Francis Galton),所以在君若于研究这一行学问时越过实验室而寄兴趣于词辩,大有精神的安顿处,连宗教都有一个。在君必是一个深刻的受赫胥黎影响者(严复并不是),他也在中国以他的科学玄学战做成了赫胥黎(只可惜对方太不行了)。在君所在英国又是利用科学造成福利的最前进国,在若干意义上最近代化的地方。本来天才是生成的,在君思力锐而敏,在最短时间中能抓到一题之扼要点而略去其不重要点,自然不是英国人教会他的。但是他的天才所取用的资料,所表现的方式,所锻炼成的实体,却不能不说一部分由于英国的思想与环境,英国有很多极其可恶的思想,不过在君所受者却是最上层精粹。因为在君能读法、德文书,走过大陆,他对于英国人之守旧、自大、摆架子、不自觉的自欺,必然看穿。他绝看不起中国人学来一个牛津架子,或者他对于剑桥清谈,也不尽看重吧。

至于他所受者,大来说近代欧洲的,小来说维多利亚朝以来英国的,究是些什么?我想可以撮成下列几句。

　　行为思想要全依理智,而不可放纵感情压倒了理智。

是是非非要全依经验，而不容以幻想代经验。

流传之事物或理论，应批评而后接受，而不容为世间的应声虫。

论事论人要权衡轻重，两害相衡取其轻，两利相衡取其重。

一切事物之价值，全以在社会福利上人类知识上之关系为断。

社会是一个合作集团，人人要在里边尽其所有之能力。

社会之不公，不合理，及妄费之处是必须改革的（虽然要用演进的方式），社会上没有古物保存之必要。

读者看到这里，若是不识在君者，或者觉得此君必是一个"冷静头脑"，这却大不然了。他是一个火把！他又是一个感情极重的人，以强动不息的精神，用极大的感情，来祈求这一个"理性－经验－实用"的哲学，来实现一个进取而不保守的人生。不知必不行，知之必能行。

归纳以上两章，我们可以说，在君在立身、行事上是兼备中西伦理条件的积极的良善公民，永远为团体、为个人服务着。这一层是使他不能为革命党处。在君在主义上是钦崇而又信仰近代科学及开明的民生主义者。这一层是使他近年来颇同情于苏俄设施处。

近代文化到中国来，虽有成功，亦多失败。今日中国在思想上，在社会伦理上，在组织上，依然甚多荒古的现象，这是不得了的。丁在君是"近代化中国"的大队中最有才气的前驱。中国若有这样人二十个,又都在扼要适宜的地位,二十年后,我们庶几可以成第一等的近代化国家了。为什么他先死呢?

记得"九一八"之前半年间,有一天,我请几个朋友在我家吃饭。座上有在君,有适之先生等。我议论一个人,适之先生以为不公允,说:"你这偏见反正是会改变的。你不记得在巴黎时,你向我说过三遍,回国后第一件事是杀丁文江。现在丁文江在你旁边,你干吗不杀他?"后来我怨适之先生恶作剧,他说:"在君必高兴,他能将你这杀人犯变作朋友,岂不可以自豪?"

我开始大佩服在君在我读科学玄学论战时,那时我在英国。以为如此才人,何为仕于钱镠之朝,又与吕惠卿辈来往,所以才有"杀"之一说,其中实不免有点如朱子所说,其词若有憾,其实不尽然也。乃民国十八年初夏相见之后,不久即成朋友,一年后成好朋友,最近几年中竟成极好的朋友。在其病重时,心中自思,如我死,国家之损失小得多。这个变迁应该有个缘故吧。所以我说他好,比胡适先生说他好更有要求读者注意之理由吧?

原载 1936 年 2 月 16 日《独立评论》第一八八号

我所景仰的蔡先生之风格

有几位北大同学鼓励我在本日特刊中写一篇蔡先生的小传，我以为能给蔡先生写传，无论为长久或为一时，都是我辈最荣幸的事。不过，我不知我有无此一能力。且目下毫无资料，无从着笔，而特刊又急待付印，所以我今天只能写此一短文。至于编辑传记的资料，是我的志愿，而不是今天便能贡献给读者的。

凡认识蔡先生的，总知道蔡先生宽以容众；受教久的，更知道蔡先生的脾气，不特不严责人，并且不滥奖人，不像有一种人的脾气，称扬则上天，贬责则入地。但少人知道，蔡先生有时也很严词责人。我以受师训备僚属有二十五年之长久，颇见到蔡先生生气责人的事。他人的事我不敢说，说和我有关的。

（一）蔡先生到北大的第一年中，有一个同学，长成一副小官僚的面孔，又做些不满人意的事，于是同学某某在西斋（寄宿舍之一）壁上贴了一张"讨伐"的告示；两天之内，满墙上出了无穷的匿名文件，把这个同学骂了个"不亦乐乎"。其中也有我的一件，因为我也极讨厌此人，而我的匿名揭帖之中，表面上都是替此君抱不平，深的语意，却是挖苦他。为同学们赏识，在其上浓圈密点，批评狼藉。这是一时学校中的大笑话。过了几天，蔡先生在一大会中演说，最后说到此事，大意是说：

诸位在墙壁上攻击××君的事,是不合做人的道理的。诸君对×君有不满,可以规劝,这是同学的友谊。若以为不可规劝,尽可对学校当局说。这才是正当的办法。至于匿名揭帖,受之者纵有过,也决不易改悔,而施之者则为丧失品性之开端。凡作此事者,以后都要痛改前非,否则这种行动,必是品性沉沦之端。

这一篇话,在我心中生了一个大摆动。我小时,有一位先生教我"正心""诚意""不欺暗室",虽然《大学》念得滚熟,却与和尚念经一样,毫无知觉;受了此番教训,方才大彻大悟,从此做事,决不匿名,决不推自己责任。大家听蔡先生这一段话之后印象如何我不得知,北大的匿名"壁报文学"从此减少,几至绝了迹。

(二)蔡先生第二次游德国时,大约是在民国十三年吧,那时候我也是在柏林。蔡先生到后,我们几个同学自告奋勇照料先生,凡在我的一份中,无事不办了一个稀糟。我自己自然觉得非常惭愧,但蔡先生从无一毫责备。有一次,一个同学给蔡先生一个电报,说是要从莱比锡来看蔡先生。这个同学出名的性情荒谬,一面痛骂,一面要钱,我以为他此行必是来要钱,而蔡先生正是穷得不得了,所以与三四同学主张去电谢绝他,以此意陈告先生。先生沉吟一下说:"《论语》上有几句话,'与其进也,不与其退也,唯何甚?人洁己以进,与其洁也,不保其往也。'你说他无聊,但这样拒人于千里之外,他能改了他的无聊吗?"

于是我又知道读《论语》是要这样读的。

(三)北伐胜利之后,我们的兴致很高。有一天在先生家中吃饭,有几个同学都喝醉了酒,蔡先生喝得更多,不记得如何说起,说到后来我便肆口乱说了。我说:"我们国家整好了,不特要灭了日本小鬼,就是西洋鬼子,也要把他赶出苏伊士运河以西,自北冰洋至南冰洋,除印度、波斯、土耳其以外,都要'郡县之'。"蔡先生听到这里,不耐烦了,说:"这除非你做大将。"蔡先生说时,声色俱厉,我的酒意也便醒了。

此外如此类者尚多,或牵连他人,或言之太长,姑不提。即此三事,已足证先生责人之态度是如何诚恳而严肃的,如何词近而旨远的。

蔡先生之接物,有人以为滥,这全不是事实,是他在一种高深的理想上,与众不同。大凡中国人以及若干人,在法律之应用上,是先假定一个人有罪,除非证明其无罪;西洋近代之法律是先假定一人无罪,除非证明其有罪。蔡先生不特在法律上如此,一切待人接物,无不如此。他先假定一个人是善人,除非事实证明其不然。凡有人以一说进,先假定其意诚,其动机善,除非事实证明其相反。如此办法,自然要上当,但这正是孟子所谓"君子可欺以其方,难罔以非其道"了。

若以为蔡先生能恕而不能严,便是大错了,蔡先生在大事上是丝毫不苟的。有人若做了他以为大不可之事,他虽不说,心中却完全有数。至于临艰危而不惧,有大难而不惑之处,只有古之大宗教家可比,虽然他是不重视宗教的。关于这一类的事,我只举一个远例。

在五四前若干时,北京的空气,已为北大师生的作品动荡得很了。北洋政府很觉得不安,对蔡先生大施压力与恫吓,至于侦探之跟随,是极小的事了。有一天路上,蔡先生在他当时的一个

"谋客"家中谈起此事，还有一个谋客也在。当时蔡先生有此两谋客，专商量如何对付北洋政府的，其中的那个老谋客说了无穷的话，劝蔡先生解陈独秀先生之聘，并要制约胡适之先生一下，其理由无非是要保存机关，保存北方读书人，一类似是而非之谈。蔡先生一直不说一句话。直到他们说了几个钟头以后，蔡先生站起来说："这些事我都不怕，我忍辱至此，皆为学校，但忍辱是有止境的。北京大学一切的事，都在我蔡元培一人身上，与这些人毫不相干。"这话在现在听来或不感觉如何，但试想当年的情景，北京城中，只是些北洋军匪、安福贼徒、袁氏遗孽，具人形之识字者，寥寥可数，蔡先生一人在那里办北大，为国家种下读书、爱国、革命的种子，是何等大无畏的行事！

蔡先生实在代表两种伟大的文化，一是中国传统圣贤之修养，一是法兰西革命中标揭自由、平等、博爱之理想。此两种伟大文化，具其一已难，兼备尤不可觏。先生殁后，此两种文化在中国之气象已亡矣！至于复古之论，欧化之谈，皆皮毛渣滓，不足论也。

原载 1940 年 3 月 24 日重庆《中央日报》

盛世危言

《盛世危言》是所谓"同治中兴"后的一部论时政的书，我现在只是借用它这个名字，内容毫不相干。

清朝晚年可称为盛世吗？这在今天看来真是笑话了，要是盛世，何必去革命？这当然是中国传统文人的老调了。不过，为那个时候想想，也未尝没有一个可为盛世的机会：论地方，则二十年的大乱削平，封疆大吏，如曾、左、李者，皆近代之豪俊，他们都把握着积极接受西洋应用科学之要点。论中央，则恭王奕䜣之明识大体，用尽方法节制叶赫那拉氏之胡为，枢臣文祥之忠勤练达，在当时已知上下一心为立国之本，而遗折谓上议院即古所谓谋及卿士，下议院即古所谓谋及庶人，更见其识见之远。论建设，则新海军先日本而成，江南制造之弘规，福州船厂之经营，以及北洋之新政，皆先日本而创始。论事业，则西北戡定，海上无波。论政风，则陋规虽仍旧，大贪污并无所闻。上文所举诸人，仅李氏颇为子孙计，其实尚不如后来的京堂时代的盛宣怀。

若其他诸人，则子孙但能作田舍郎吃一碗饭而已。而文祥之廉俭尤有可称道者。他在总理衙门多年，这个衙门在当时乃兼办外交与新政之设计者。一个公使驻北京多年，临行，文祥饯他，他说："我在贵国供职多年，深佩中堂之人物，很想往贵府拜辞一回。"文祥回答："实不相瞒，我总算是国之大臣了（按，当时恭王在政治上居第一位，他即居第二位，即代恭王办政事者），而敝寓寒陋实不堪招待外宾。"这个公使肃然起敬，回国后把这事写在回忆录上。由此看来，贾充、杨素之一门极奢，未必即为晋、隋收到"怀庶民，来远人"之效；而亡清的最后一个满洲政治家，在中国史上也值得一笔。论史事是要公平的，闲话少说，言归正传，那"盛世"毕竟盛不起来，其根本的理由是清实在办不下去了。醒觉的汉人，决无再受特殊阶级统治之理。

今日乃真是盛世，这迥与传统文人所说不同，我们不可因两千年的文化滥用这个名词而不用，因为我想不到一个更好的名词。而且古时所谓盛世者，到了下列所说，乃为极致，这就是民康物阜，海宴河清，弧矢东来（这就是库页岛的石器渔户来进贡），麒麟西至（这就是阿拉伯贡吉拉弗），越裳南归（这就是我们提携中南半岛的文化），猃狁于襄（这就是去了北方的威胁）。然而照盛极必衰的道理，一旦国家承平如此，必含着衰落的因素，例如大唐天宝时代，便是如此。所以历史上的盛世，每为盛之末，今日之盛乃为盛之始。抗战之实力，先世所稀，不平等之条约一朝而废。惟其为盛之始，故真是盛世，亦惟其为真盛世，乃真需要危言，更惟其为真盛世，乃可受危言。孔子曰："邦有道，危言。"韩昌黎曰："惟善人惟能受尽言，况盛世乎哉！"

"破题"先说了许多，岂不费辞？其故实由于我要说明盛世不可无危言也。至于本旨，实说不胜说，岂止如何者一，如何者二，如何者六而已？今姑以日内所常见于心上者，择要写下来：

其一曰：今日乃真卧薪尝胆剑及屦及之时，而决非事既定功已成之日也。同盟国未来之必然胜利亦即中国未来之必然胜利这是绝无可疑的。我们必在几年内打回到老家,并且看见日本没落到明治维新以前的地步,而受到他应受的一切惩罚。又看见我们的国运远过汉唐明之盛世,而对世界将来之维新的大同的文化上有绝重大之贡献。这都是无问题的。不过,实现的时间有早晚,实现的程度有深浅,这却全靠我们的努力来决定。早一年,好一年;深一层,好一层,这关系今后五百年的命脉。我尝想,我们这次抗战,好比唐僧取经,最后胜利是早经决定了的,一如唐僧取经之前,观音菩萨早在如来佛面前说好了的。但是,为功行之圆满,不得不经八十一难,因为不如此不能证真果,在将来即不能佛法常光。所以我们过了一难又一难。到了今天,长夜漫漫已算过去了,"东方明矣",佛国在望,然而还有好些难,如火焰山、无底洞等等,仍待我们去拼命,若不拼命而坐待的呵,决无到达佛国之理。诚然,我们的领袖秉周公敬德之心,行诸葛武侯尽瘁之事,宵旰勤劳,乾惕震厉,而为其精诚所感以夙夜从公者,固可各处见到。但是整个的看来,我们今天努力是不是已经到了十成呢?这应该是一切人,尤其是一切在重要的地位者,各个反省一下的。目前的局面,原自显然;有百万的倭寇在我们国土之上,占据着我们的菁华,我们必须把他都赶出去。这件事固然需要盟国的帮助,就海军论,这是盟友的责任,英美,尤其是美国,必须彻底解决日本的海军;就空战论,这也大部分需要西半球盟友的帮忙;即陆军一项配备也有待于盟友之处,这都不消说。然而陆地上的厮打死打,可全是我们的事。这一条上,别人帮不上我们的忙,我们也决不期待别人帮忙。我相信,在日本海军彻底打败之后,盟军能在中国地带得到空军优势之时,日本的军心是会动摇的,人心是要不稳的。但是,这次交战国家的经验，皆远超过上次大战的交战国，胜利之希望既绝之后，其支持之能力是大的，而且以食粮缺乏使日本溃败，是不可能的，所以我们更需准备反攻，提早反攻，长久反攻。这固有关于盟国之接济，也在乎我们的布置，我们的努力，我们的如何用尽力量而不浪费力量。我想，我们应该有一个口号，这口号便是：一切为反攻。既然一切为反攻，则凡与反攻无直接关系者理应从缓办理，而为反攻所需要者，不论事实如何困难，如有缺陷，皆当整顿，不论环境如何难办，如当改正，即须改正。一壮丁必得一壮丁之用，一加仑油必得一加仑油之用，一斤血汗必得一斤血汗之用。从背面说，其与反攻无直接关系者，纵有关于十年大计，百年树人，也不妨从缓。因为失地早收复一年，即等于十年建设之效力。瞻念沦陷区之痛苦，顿想到陆放翁有诗为证：

三万里河东入海，五千仞岳上摩天。
遗民泪尽胡尘里，南望王师又一年。

其二曰：一代之政风，每造于开国之时，而今日正开国之时造政风之日也。今后百年之气运即决于此时。故今日政风之厚薄，实为百年治乱之所系。就中国近代史论，纯由满洲人办事的一段，不值得说了，只从曾、胡时代说起。曾国藩、罗泽南之办湘军，虽说乡人部曲之观念极重，而且不敢"慨然有澄清天下之志"，究竟把握着儒家传统的要点，"言忠信，行笃敬"，诚而勿欺，慎终于始，所以农夫可以作勇卒，秀才童生可以为大将，此中道理，并无如何开新局面之处，因为曾之为人，本亦是皇甫嵩之伯仲，然而规模典型既在正轨之中，一时天辰颇似有一种清明之气。一到曾之继承人李鸿章手中，风气顿变。李于曾氏，亦曾用心效法，究以天性及少小环境之差别，大不相同了。李为一代之霸才，他的做法却也大杂霸气。我们可以说，曾氏正而不谲，李氏谲而不正。一谲之后，自有如袁世凯者出焉。自曾氏在乡办团算起，到袁世凯余孽消灭为止，约八十年，即自李氏创办淮勇算，也要七十年，然而李鸿章谲而不正之影响，直到北伐统一才算大体结束。由此可见风气造成影响之远，风气转变之亦易亦难。新中国本为国父中山先生所创造，而蒋委员长之创新军，纯为主义之发挥，其弘规亦非罗泽南辈所能想见。两公之创造新局面，民物为之一新，追想清末以及北洋军伐时代之日月，恍如隔着几百年，这诚然是中国史上之一奇迹。然而古人有句话"满招损，谦受益"，我们今日政界的风气是否皆可满意，这是要检讨，要改革，要以理想之局面遗留后人的，今日政界的风气，我一时以为大可以注意者有两件事：第一，如何发动人民的力量。这事可以苏联近事为比拟，纳粹攻苏开始时，许多人认为苏联必早败，因为正在清党清军之后，斯氏政权是要遭严重试验的，然而事实证明绝不如此。这因为斯氏政权虽未给人民以自由，却曾给人民以平等，在封建势力部族杂压之下之人民得到平等，其忠勇是无量的。我这里并不是说苏联可完全为我们取法，但我们却不可不注意苏联是能发动人民力量的。我作一个小小的建议，我们的官，尤其是大官，可以一律"改善"其生活如平民。他们固已有许多如此了，但愿其全数如此。再进一步，"耕者有其田"，何不早些日子施行？今日政府之力量已甚强，根基已甚固，尽不必太多顾虑。如果官不成为阶级，则中国三千年之弊病一扫而空矣。现在官也要抽壮丁了，大是好消息，但愿一切高官之子弟，男则皆从军上前线，女则皆作军人医院之看护，此风推而广之，此意扩而充之，以至于官吏中无富人，有势者不役人，我们的子孙要几百年享受不尽了。第二件事是如何发动在官者尽职奉公之心。诚然，今日奉公尽职之公教人员实不为少，中央如此，地方亦然。然而这个比例，似乎尚未达到理想之大多数，似乎有时与地位之高低，成反比例。做一录事则尽力抄写，做一科员则日夜办稿，此犹可合于孔子之道，曰会计当而已矣。一为司处之长，则有环境焉，有上司焉，有外面之人须考虑其"敌乎友乎"焉。至于长官，则"人事"之困难更多矣。当年胡林翼在湖北与太平军练兵厮打，有个文官是他顶头上司，他已经善于应付了，而犹不时自怨自叹的说："七分精神对付官制军，三分精神对付长毛。"今日之司处之长，以及更上层之官，究竟用几分精神来办事，几分精神来对付环境？假如用一番宋儒克己自省的工夫，或且偶有人要觉得胡林翼的比例，还不算太坏罢？或者可美罢？其实此等风气之充实也不算难事，只要有几个，或者十几个"其直如矢"之人，"惟仲山甫，刚亦不吐，柔亦不茹"，只是就事办事，不顾环境，不畏上下，社会上之风俗可以立刻醇厚些。这尤在乎在上位者之提倡了。这中间自然也不免要有无故牺牲了自己的，然而当此盛世之始，总要成功的。更有进者，欲人尽职，则必先许人以尽言，假之以礼，而不责其言过，然后一机关之中，首长之与属从，可上下相通，如"鱼之得水"，不仅为主僚关系而已。试看历史上的大朝代，每一个大朝代之安定，总在一个偏于宽放的皇帝手中，例如汉之文帝、唐之太宗、宋之仁宗、明之孝宗，其时发言盈廷，好的坏的都有，有些话，我至今读史尚觉不耐，而当时的皇帝耐之。偏偏这四个皇帝的时代，是四朝中人才最盛的时代，为百年开太平，岂不可怪？昧昧我思之，此中大有道理在。常有人谓，此时人才多，彼时人才少，此皆半是半非不是不非之论。人得际会，得其施展，则为人才，所以邓禹当年所望不过文学，马武所望不过督邮。不得其机会不得其施展，则谁知其为人才？设若诸葛亮遇到明思宗（即朱由检），至多也不过几十个宰执中之一人，或至于断头而后已。然则人才之出，在柔性的时代容易，在刚性的时代艰难，只闻"鱼之得水"为佳话，不闻木之得火为美谈。以上所述四帝，盖以柔弱胜刚强为制造人才之道也。然则今日一部之首，一局之长，似皆可体会以上四帝培养人才之道。大凡中国历史上之治世，每每杂用儒术黄老名法，无儒术无所立心，无黄老无所为纲，无名法无所为用，然则以儒术之忠节为心，以黄老之运用为体，名法之事委之于人，"但持大体而已"，乃最便于培养人才之道也。此义又有书为证，《康诰》曰：

> 惟厥丕显考文王，克明德慎罚，不敢侮鳏寡，庸庸，祗祗，畏威，显民，用肇造我区夏。（按其中有一二字，以金文习语改传本之失。）

此事为文王之事，此言为周公之言，所谓"不敢侮鳏寡"，按之《诗经》，乃当时习语，即一视同仁之谓，无关深义。若所谓庸庸祗祗，畏天之威，显民之生，其言何其恻隐而柔胜，不意其出于定功之嗣主，用以述其前王之创业者也。

以上所写姑止于此，若尽性写来，"日上数十简"，可为一个不尽的故事。写后自看一遍，顿觉其中但有敝同乡辕固生所称《老子》的话，"此寻常家人言耳"。并无"危言"，只见"迂论"。

欲改文题，已来不及，不过，《诗》之教有曰，"言之者无罪，闻之者足以戒"。是耶，非耶，或者不相干耶？

原载 1943 年 5 月 2 日重庆《大公报》星期论文

天朝——洋奴——万邦协和

在近一百年中，中国造成的伟大的失败固有好几件，而伟大的成就也有好几件，这伟大的成就之一，便是中国由一个古老式的国体，变其形态，加入了近代列邦之兄弟圈中。

这个改变的过程，自然都是过去的事，但其中的意义在现在还有启示性的，所以不妨简略说一下。中国历代的国体，只有罗马帝国大体上可以比拟，这就是说，他不承认甚且不知道有和他平等的国家之存在。罗马帝国固与当时的北方民族信使往还，但他只知道这些民族是些夷狄，他的使者塔西土斯（今译塔西佗）写了一部他的《索虏传》(*Tacitus de Germania*，今译《日耳曼尼亚志》)，他与东方波斯国的萨山涅王朝常在构兵中，这是东方文化很高的国家，但他也决不承认波斯是他的平等国。所以罗马帝国便是古代欧洲的"天朝"，他平衡四围一切的民族，全以他自己的标准为断，所谓"外国"，只是蛮夷的代名词，而非不管他的事之谓。同样道理，历代的中国，除去宋辽一段似乎有点平等国交以外，也是不承认且不了解世上可以列国分立，平等交往的。汉晋隋唐这样，近代的明清也不是例外。积累二千年之习惯，陶冶在普天率土，中国四夷之观念之中，更以过去的成功坚实其自信心，所以自明末远西人始到中国以来，求通商者总说他是入贡，派信使者总说他是来朝，这并不是当时人矫情造作，当时人的心中确如此想，且不能相信更有其他的观念可以存在。且看乾隆时期英国派遣玛加纳伯爵奉使来华，乾隆给英王的回信（两通上谕）所说的话，如"咨尔英王，海外输诚，重译向化……"一类的话，若译成白话的英文，便等于说"你这个野蛮的国度呵……你不安于你的僻陋的状态呵……羡慕天朝的文化呵"。这在今天读来，不免觉得这位弘历可汗真正糊涂，但在当时人却绝不能觉出他有万分之一的胡闹来。我记得一九二二年我在伦敦有一天听哲学家罗素演讲"中国问题"，他就把这诏书的直译读来，惹得会场笑死。他接着说："若是觉得这话可笑，便不了解中国对外关系之历史的背景；若了解中国，便应不觉得这话可笑。因为中国正如罗马帝国不知世上有他的平等者，这是在当时环境中所必然的。"中国自鸦片战争以后数十年间，与外国人的纠纷，常常由"天朝体制"而起。我看李鸿章在辛丑议和中的电奏，若干关涉主权的大事，在西安的流亡政府并不关心，只是严电李氏力争外使初觐坐黄轿一事，从此可知天朝的宝座，不肯轻易拆除，天朝人物的立场，不是轻易改变的。

但是，这立场，这宝座，终于几度在战舰火器之下拆除了。辛丑以后，办洋务者成为一个新的物种，住大埠者养成一种新的心理。这个顺应次殖民地地位之心理，赤裸裸地说出，便是洋奴。

天朝的心理是自大，也是所谓优越感（Superiority Complex），洋奴的心理是自卑，也是所谓劣贱感（Inferiority Complex），这两种心理，都是不能与他国共处而能处得自然的。

国民革命军北伐以来，洋奴心理阶段应该告一结束，而抗战数年，不平等条约取消，这两种心理似乎全成过去。但是，我们不可大意，这两种心理因有他们长期的传统，并未在人人心中除尽。必须除尽，我们国家方才舒舒服服的繁荣在近代列国的兄弟圈中。读者以为我这是过虑吗？我想未必吧？我看见期刊中常常有妄自尊大的怪文，也每每听到变相"刚巴多"的怪论，这都是阻碍我们取一种自然态度的。

中国既已加入了近代列国的兄弟圈，自无取乎往者的两项态度。今后的外交态度，既非自恃，亦非倚赖，而应该是万邦协和。这一个名词在中国固是一个成语，在拉丁文亦有一个完全相同的成语，即 Commitasinter alias。所可惜者，朋友告我，倭奴也用这个名词，用得它全是倭奴的曲解，犹之乎他说"王道"全是"霸道"一样。我初闻此说，今晚又想不出一个更好的名词来，所以仍用这个名词作标题，只是界说明白，协和是自由意志的协和，非所谓"罗马和平"也。

协和主义之外交，本身是个明显的原则，不待具体的界说它，若必须举例说它的要点，我一时想有下列三点可说：

一、协和主义之外交，是不树立任何敌人的，必不得已而有敌人，这敌人必须是世界之公敌，而非一己之私敌。所以相沿的纠纷，能解决者，总是尽早解决，必不得已，利害相衡，宁可忍痛。所谓悬案，只有国力至强者，方可负担得多多个。国力在培植中者，万不可多有，以免小患变成大害。此外与人相处，最要是"诚""恕"二字。诚者，心口如一之谓；恕者，能为对方设身处地想之谓。日本人之失败，即失败于自其"开国"以来不取此二字。

二、以上的一义，仍是偏于消极防患的方面，积极方面，我们必须有极其可与深切合作的与国，否则虽少敌人，亦少与国，仍不免为孤立主义。此孤立主义,在将来之世界中无一国担负得起的,连同美国在内。我所谓极其可与深切合作之与国者,即谓在平时可与之取同一之步调,以维持世界和平,万不得已而有正义之抗战,可恃为盟邦,彼力与我力,可应一切变局也。

三、协和的外交,不仅是一个政府对一个政府的事,而是一个全国民对一个全国民的事,所以除非有关国体的事,只有"吾从众"是善策。文化的合作,是国民外交之基础,文化既合作,自不免相互的影响,且正需要此影响。若于此中有所别择,必先于此道细心体会,否则但看到一面别择等于杜塞,杜塞之结果必是疏交。即以中美过去关系论,美国固自海约翰起,树立其对华亲交政策,且自鸦片战争以来,即与英法异其步调,思与中国交好。正如曾国藩奏折上说"米夷资性淳厚,对天朝时思效顺,并英佛等夷构结似并不深。"这调子在今天看来真可笑,然确是一件重要的史实。即美国从未参加对华之屈服争夺战也。然而这二十余年中,中美亲交之基础,并不在商务上、权益上,而在文化上。文化制造一种情感,是比国策纯洁的,且有时比国策还有效,因为国策有时摇摆,感情是不然的。

综括以上几项的意思,则我们今后至少三十年中的外交——建设国力中的外交——应该是"联美、善英、和俄,而与其他国家友谊相处"是也。所谓联美者,有经济上的联系,有文化上的联系,这皆极其重要,而最前要决定的是"世界政策"的联系。这就是说,美国对于战后世界改造之大小问题,我们要参与其决定,而积极的,有效的,加以赞助,助其实现。中美两国人不仅在战争中要做同志,即战后亦当建设长久高度的亲交。有这样的亲交,而中国的国力在滋长中,则太平洋真为太平之洋。就是说半边天下太平了。说到英国，我们先要知道英国不是一个很讲感情的国族，而是一个重理智的国族。惟其如此，故与英国做朋友的本钱不多是外交上的机智，而多是内政上的修饬。官府之效能甚大，经济之进步甚速，文化之开展可佩，社会道德之增进可睹，这样，就是你无意与英国做好友，英国也会找上你的门来的。本来这个道理对一切国家皆适用，而对英国尤其适用者，因为对英国更无第二条基本方法也。苏联的外交是百分之百的现实主义者，大凡现实主义者，必作惊人之举，凡曾一度作惊人之举者，必在未来屡作惊人之举。而与现实主义者相处，强则只有也用现实主义，弱则只有充分认识现实，而现实地解决一切。总而言之，统而言之，我们今后五十年中，第一个心思是培植国力，第二个心思还是培植国力。在培植国力中，我们要避免一切可能的纠纷，并解决一切不安的因素，勿以善小而不为，勿以害小而忽之。试看历史上的伟大朝代，在建国之始，哪一个不是在外交上小心翼翼的。一位朋友听我说到此地，来问我："你的意思是不是说，我们现在姑且取老子的柔道，一旦国力建设起来，再发扬蹈厉一下子？"我回答说，你这话全是战国阴谋之说，我们今天要协和，以建立国力，将来仍要协和，以持盈保大，否则今日之柔，以为他日之刚，便是不诚，不诚是必自食其果的。如日本之为方法改良的义和团也是。朋友又说，你这一些话都是平淡无奇的常谈。我回答说，这话太恭维了。要道理都是老生常谈，如辕固生之说《老子》为"寻常家人言"。

不过我要声明一句，协和的外交，不可解作无所事事坐而待之的外交，相反的，应该是极其积极极其活跃的外交。我又要附带一句：外交之基础全在内政，不过也有内政甚修饬，而以外交方针之错误招致大祸的，如上次欧洲之德国是也。但却没有离开内政而能运用外交的。

原载 1944 年 4 月 2 日重庆《大公报》星期论文

"五四"二十五年

今年的五月四日,是"五四"的第二十五年纪念。"五四"事件已经过去了一世纪的四分之一了。在这样变动剧烈的世界中,一世纪的四分之一,可以有无穷的大变化发生。即在中国,这变动也是空前的。所以若有人在今天依旧全称的、无择的讴歌"五四",自是犯了不知世界演进国家演进的愚蠢,其情可怜。然而若果"五四"的若干含义,在今日仍有教训性而并未现实,或者大势正与之相反演进,自然不必即是国家之福,其事可虑。

"五四"在当时本不是一个组织严密的运动,自然也不是一个全无计画的运动,不是一个单一的运动,自然也不是一个自身矛盾的运动。这个情形明显的表现于其整个运动的成就上,所以消极方面的成就比积极方面的多。这正是许多人贬责"五四"运动的根据。我以为"五四"纵有许多弱点,许多未成熟处,但这个消极的贡献,却是极可宝贵的,也还是今天甚可警醒的。

何以呢?中国的存在有几千年,自有其长处,即是说,有使他寿命如此长久的缘故。但是,这个几千年的存在,论对外呢,究竟光荣的年代不及屈辱的年代多;论内政呢,内政的真正清明,直如四川冬天之见太阳,"生民多艰",古今一致。所以恢复民族的固有道德,诚为必要,这是不容怀疑的。然而涤荡传统的瑕秽,亦为必要,这也是不容怀疑的,假如我们必须头上肩上背上拖着一个四千年的垃圾箱，我们如何还有气力做一个抗敌劳动的近代国民？如何还有精神去对西洋文明"迎头赶上去"？试问明哲保身的哲学、"红老哲学"（《红楼梦》《老子》，世故之极之哲学）、虚文哲学、样子主义、面子主义、八股主义、官僚主义、封闭五官主义，这样一切一切的哲学和主义，哪一件不是建设近代国家的障碍物？在洗刷这些哲学和主义，自须对于传统的物事重新估价一番。这正如尼采所说，"重估一切的价值"。自然，发动这个重新估价，自有感情的策动，而感情策动之下，必有过分的批评；但激流之下，纵有旋涡，也是逻辑上必然的，从长看来，仍是大道运行的必经阶段。今人颇有以为"五四"当年的这样重新估价有伤民族的自信心；不错，民族的自信心是必须树立的，但是，与其自信过去，而造些未曾有的历史奇迹，以掩护着夸大狂，何如自信将来，而一步一步的作我们建国的努力？这就是说，与其寄托自信心于新石器时代或"北京人"时代，何如寄自信心于今后的一百年？把一个老大病国变成一个近代的国家，有基玛尔的土耳其是好例。土耳其原有回教的加利弗（Califate，意为王位），这是土耳其几百年霸权的遗物，在上次大战中还有甚大的号召力，使土耳其虽败不亡，然而基玛尔（今译凯末尔）胜利的进入君士坦丁后，毅然决然的废止这个制度，这因为这个制度之于土耳其，对外虽有号召的大力，在内却是彻底革新的阻碍，基玛尔务实不务名，所以在土耳其境内废止了他。又如中东近东人民习用的红帽子，到屋子里也不脱的，他也为文化大同起见废除了他。至于文字的改革、习俗的改革，处处表现出他要彻底近代化土耳其的精神，他为什么不爱惜这些"国粹"呢？正因为这些"国粹"是土耳其走向近代化的障碍物。

我何以说"五四"的若干含义在今天仍有教训性呢？大凡时代的进展，总不免一正一反，一往一复。最近十五年，东西的若干强国——今日全是我们的敌人——各自闹其特殊的国粹运动，我们也有我们的国粹运动，我们的国粹运动自与他们的不同，这因为我们的"国粹"与他们的"国粹"不同。我们的国粹运动所以生于近来是很可了解的，在颇小限度内，有他的用处，然若无节制的发挥起来，只是妨碍我们国家民族的近代化，其流弊无穷。随便举青年一事作例说罢，不是大家都说今日的青年总是犯了消沉、逐利、走险三条路吗？要想纠正这些，决不是用老药方所能济事的，无论这药方是汉学的威仪齐庄，或是宋学的明心见性，这个都打不动他的心坎，你说你的，他做他的，要想打动他的心坎，只有以行动启发其爱心，启发其祈求社会公道心，为这些事，舍生取义是容易的事。总而言之，建设近代国家无取乎中世纪主义。日本在维新之初，除去积极的走向近代化以外，又弄一套"祭政一致"，"国体明征"的神秘法门，日本之强，是他近代化之效，而把日本造成一个神道狂，因而把日本卷入这个自杀的战争中，便是这神秘法门的效用。难道这是可以效法的吗？所以中世纪主义也许可为某甲某乙以忽不勒汗的过程成其为呼图克图，而于全国家，全民族，是全无意义的。

"五四"的积极口号是"民主"与"科学"。在这口号中，检讨二十五年的成绩，真正可叹得很。"民主"在今天，已是世界大势所必趋，这篇短文中无法畅谈，只谈谈"科学"。注意科学不是"五四"的新发明，今天的自然科学家，很多立志就学远在"五四"以前的。不过，科学成了青年的一般口号，自"五四"始，这口号很发生了他的作用，集体的自觉总比个人的嗜好力量大。所以若干研究组织之成立，若干青年科学家之成就，不能不说受这个口号的刺激。在抗战的前夕，若干自然科学在中国已经站稳了脚，例如地质、物理、生理、生物化学，而人文社会科学之客观研究，也有很速的进展。若不是倭鬼来扰，则以抗战前五年的速度论，中国今天可以有几个科学中心，可以有几种科学很像个样子了。即是说，科学的一般基础算有了。恰恰暴雨狂风正来在开花的前一夕。受战事的打击，到了今天，工作室中徒有四壁，而人亦奄奄一息，这全是应该的，无可免的，无可怨的。一旦复原，要加倍努力赶上去。不过，今天的中国科学确有一个极大的危险，这就是，用与科学极其相反的精神以为提倡科学之动力是也。今日提倡科学之口号高唱入云，而为自然科学的建设不知在哪里，其结果只是些杂志宣传，而这些杂志中的文字，每每充满反科学性。大致说来，有狭隘的功利主义，这是使自然科学不能发达的，然若自然科学不能发达，应用科学又焉得立其根本？又有狂言之徒，一往夸大，他却不知科学的第一义是不扯谎的。全部科学史告诉我们，若没有所谓学院自由（Academic Freedom），科学的进步是不可能的。全部科学史告诉我们，近代科学是从教条、学院哲学（Scholasticism）、推测哲学（Speculative philosophy）、社会成见中解放出来的，不是反过来向这些东西倒上去的。全部科学史又告诉我们，大科学家自然也有好人，有坏人，原来好坏本自难分，有好近名的，有好小利的，原来这也情有可原，但决没有乱说谎话的。作夸大狂的，强不知以为知的。大科学家自有一种共同性，这可在盖理律（今译伽利略）、牛顿、达尔文、巴斯德诸人传记中寻得之，这些人与徇禄的经生绝无任何质量的相同处，所以今日提倡科学的方法极简单，建设几个真正可以作工作的所在,就是说,有适宜设备的所在,而容纳真正可以作科学工作的若干人于其中就够了。此外,便只是科学家自己的事了。此外,更无任何妙法。工作的环境可以培植科学家,宣传与运动是制造不出科学家来的。

我要提出一个"五四"的旧口号,这个口号是,"为科学而研究科学",读者以为我这话迂阔么?只有这才是科学的清净法门!

原载1944年5月4日重庆《大公报》星期论文

罗斯福与新自由主义

罗斯福总统突然谢世，引起全世上爱自由的人民的悲痛，不分种族，不分阶级，不分政见，不分主义，普遍的衷心痛悼。这固然由于世界缩小了，可以发生国际仰瞻的人物，也正因为罗斯福之伟大风格，有超越于不同的种族、阶级、政见、主义者。我们痛定思念，他这一生对美国，对远东，对世界，对人类前途的贡献，皆曾划一时代。他就任美国大总统时，正值空前的商业不景气，他推行"新政"——其中实在含有温和而有效的社会主义成分——安定了民生，更继续不断的创造些有利大众的制法，同时先天下人看到世界大祸之将临，搏斗孤立派，推行"大海军"，终于领导世界走到今天进步的战胜逆行的形势。假如这个世界上没有他这样一个伟大人物，理智与情感调和，现实政治与崇高理想兼备，我很难想象今天的世界是怎样？他虽然在世界运行的最紧要关键中忽然谢世，他已经成就了人类有史以来最伟大的人格之一，他这一生必是后来史家一个大题目。现在若问，在他的伟大贡献中最伟大的是什么？各人的重点不同，答案必不一致，我的答案是，他给自由主义一个新动向，新生命，并且以事实指证明白，这个改造的、积极的新自由主义有领导世界和平与人类进步的资格。

这话待我从远处说起。自由主义是美国独立、法兰西革命的产品，领导这两大事件的思想，在十八世纪中不止一家，前此的宗教革命也是一个远源，但最有效力的激动者还要算卢骚（今译卢梭）的政治哲学、教育哲学。诚然，我们现在检讨卢骚的思想，可以证明他的政治哲学并无历史的根据，他的教育哲学并无心理的根据。但，哲学的时代正确性，是要看他能不能与时代的现实配合发生作用，不像几何物理一样，超于时间的。卢骚的哲学恰恰激动了新兴第三阶级，即所谓市民阶级的心坎，于是对封建宗教的势力之统治者发生革命，以自由为号召，以解放为归宿。法兰西革命虽震荡了全欧洲，却并未曾安定下去，终被个人主义者之拿破仑挟着走了岔路，在革命中也并未曾演化出一个切实具体的教条和方案来，虽有"平等、自由、友爱"的原则，这仍是空洞洞的。再看美国，政治虽然安定，自由虽然确立，若以现在的眼光看去，他那宝贵的《人权宣言》十条，仍多偏于政治的消极方面。十九世纪自由人道主义在英国之演进虽无赫赫的段落，却有不少零星而合于实际的进步。整个看来，在美国独立、法国革命之后的十九世纪，自由主义却因与资本主义配合而变质了！自由主义因反抗封建而产生，资本主义因工业革命而发展，这两件事原来毫不相干，前者是不愿受役于人，后者是因机器而役人，心情上更全是相反的。1848年的欧洲革命，确是法兰西革命的尾声，这中间何尝有资本主义？那些初在英国及他地推广工业革命，夺民田，役幼童，乃至跑到海外冒险去的"工业诸侯"，虽然建设了他的"财产自由"以外，又何尝有人道性的自由主义在呢？历史上常常有两件事原不相干，因同时发生而纠缠不清的，这就是一个例。诚然，这中间也不无联系之处，因为这两件事都是凭借十七八世纪第三阶级之渐渐生长而出来的，但是在心术上，在政治意义上，终于是两件不相干的事。从十九世纪之初，纯正的自由主义，尤其是偏于人道主义者，几乎全被赶入好事者的沙龙，作家的论撰，学校的课堂里去了。在一般的社会上，力量实在不大，白瞪着眼看着资本主义挟走的自由主义在社会上大发达，一切为着资本主义的利益！资本主义这样的利用自由主义，诚然得了很大的便宜，击破封建势力，建设"财产自由"。可惜的是，法兰西革命的人道主义色彩完全遮盖了。不过，沙龙、课堂与著作，也还不是不生产的田园，于是纯正自由主义也还有在理论上发达的趋势。不特激进的自由主义者演化出各种不同的社会主义，即纯正的自由主义者，如边沁、穆勒父子等，也认明机会均等在自由主义中之重要，所以忽略经济方面之自由主义者，我们可以说，不是真有见解的自由主义者，不是人道传统的自由主义者。

自从"第四阶级"出头，资本阶级及其挟带的变态自由主义，成了目下受击之对象，于是很有转而结合旧势力恶势力者。又自上次世界大战以后，不公正的和平，及其经济影响，引起欧洲的各种反动力量，对于亚洲之不变的殖民地概念，培养了日本的实力，于是两大战之间成了民主政治自由主义之没落期，其结果便是这次的世界大战。在此次世界大战之前夕，许多人怀疑自由主义之实用性，加以一切的攻击——"无能""虚伪""作恶""坏事"等等。

不过，在这四面受敌状况中的自由主义者，也有一部分人不甘居败北而检讨现实，回想百余年的进展，以为自由主义确有若干修正之必要，而不应该根本加以推翻。这一类的修正派大约限于文人及教授，他们的原则大致可分为两项：

一、继续法兰西革命的传统，即人道的自由主义，而解脱自由主义与资本主义及其相衍的帝国主义之不解缘，乃至反对资本主义。

二、取用社会主义的目的——这本不与法兰西革命时代的自由主义违反的——而不取一派的社会主义者之阶级斗争哲学。

自由主义本是一种人道主义，只缘与资本主义结合而失其灵魂，今若恢复灵魂，只有反对发达的资本主义。然若一面恢复原来的人道主义，一方又接受阶级斗争之理论，仍是把政治动力放在人之相恨上，仍是与人道主义相反的。人类的文明，总应该有继续性，有继续性然后便于发扬光大。试看欧洲的文明，在古代本以地中海为中心，北岸之欧洲，南岸之非洲，有同等重要，只缘非洲经过多次的彻底推翻，成了今天的落伍；北岸的欧洲文化，层层的建设上去，遂有近代文明的光辉。今天求人类的进步，总不该先推翻一切，从"青铜时代"重新做起，希特勒便是一个这样打算自原人从新做起者。所以新自由主义者应该不违反人道主义之传统，而考核现实，修正道路的错误。

这样的新自由主义者，在这次战前虽不乏其人，终无多大政治力量，总被右派呼为幻想者，被左翼呼为"乌托邦"！总为世人所忽略！

谁知罗斯福总统，不凭借学究的理论，不从事教条的排演，以世事洞明，人情练达之故，竟把一种的新自由主义，在新大陆表证其成功，并指示此一主义可以领导世界和平，人类进步。

何以称他为一种新自由主义呢？美国的政治传统，本是自由主义，不待说，但传统的自由主义到今天太多保守性，例如"财产自由"，竟是其他一切自由的障碍。罗斯福总统在第一、第二任总统时推行的一切社会立法,即所谓"新政"者,虽不揭社会主义之名,也并不是强烈性的社会主义,却是一个运用常识适合国情的对资本主义现状之严重修正案,其中实在包含着不少温和的社会主义成分。这无怪乎保守的最高法院宣布他的最大制法为"不合宪法",此中所谓"不合宪法",即不合"财产自由"之意。更无怪乎"大买卖人"始终反对他。不过民众是支持他的,时代是支持他的,所以他四任当选。1932年,他第一次竞选总统,发表了一个《新民约》演说,他说:

> 人人皆有生存之权利,同时也应有安居乐业之权利。他也许因为懒惰和罪恶,放弃这天赋之权,可是他有自新的机会去行使他的。……老、弱、孩童,当受人爱护,不得加以摧残。我们一定要限制投机家、操纵者,甚至于金融家的活动。……总之,我们必须保障个人的自由和权利。(原译)

这个名号,这个立点,完全说明他是一位新自由主义者。而他在第一第二任之立法与建设(如TVA,田纳西建设工程),完全证明他这主义是成功者。

到他第三任时,他看到世界大战之不可免,进步分子必与退步分子搏斗,于是把备战作为他的最大新政,有这最大新政,其他社会立法转可缓办了(战时是最易于推行社会政策的时候,在英美的老牌资本主义国家尚如此,只有我们反其道而行之)。他看到世界上不能一国独自繁荣,又看到新自由主义之不能孤立,所以自第二任起,便运用国际的形势,反抗恶势力,发挥新力量。在 1941 年 1 月 6 日，他向国会宣布其未来世界观念，即是那个驰名的"四大自由"论，他说：

……在我们祈求的未来日子，我们望见一个建设在四种基本人类自由的世界。

第一是，言论及表示的自由——世界的一切地方。

第二是，每人各如其式崇拜其上帝之自由——世界的一切地方。

第三是，免于匮乏（的自由）——把这话说到世界上，就等于说，每个民族间，为他的人民获得一个健康的太平生活，需要相互的经济了解——世界的一切地方。

第四是，免于恐惧（的自由）——把这话说到世界上，就等于说，全世界的解除武装，到一种程度，使每一国均无力对其邻人施行侵略——世界的任何地方。

这不是一个千年的远景，这是可以在我们这一世造成的世界之基础。这个世界，恰是与独裁者所欲造成的暴力的新秩序完全相反的。（新译）

后两项之称作自由，本是英文里舞弄字面，在中文里原是多事，即此可知他的自由论含有一半是新成分，以此新成分补充旧有者，而自由主义之整个立场为之改变，消极的变为积极的，面子的变为充实的，散漫的变为计划的，国际竞争的变为国际合作的。原来的自由主义与资本主义结合，实有助长帝国主义之咎，他的第三原则——免于匮乏——不特净化原来者，且正反其道而行之。他这两项新原则,实在得自上次大战后之教训,也正是他的"新政"之扩大,因为用心取术全是一贯的,我们不妨称他这四原则为"世界的新政"!只可惜这"世界的新政"方开始奋斗时,即旧金山将开会时,他便去世了。

人类的要求是自由与平等,而促成这两事者是物质的和精神的进步。百多年来,自由主义虽为人们造成了法律的平等,却帮助资本主义更形成了经济的不平等,这是极可恨的。没有经济的平等,其他的平等是假的,自由也每不是真的。但是,如果只问平等,不管自由,那种平等久而久之也要演出新型的不平等来,而且没有自由的生活是值不得生活的,因为没有自由便没有进步了,所以自由与平等不可偏废,不可偏重,不可以一时的方便取一舍一。利用物质的进步(即科学与经济)和精神的进步(即人之相爱心而非相恨心),以促成人类之自由平等,这是新自由主义的使命。

原载1945年4月29日重庆《大公报》

这个样子的宋子文非走开不可

古今中外有一个公例，凡是一个朝代，一个政权，要垮台，并不由于革命的势力，而由于他自己的崩溃！有时是自身的矛盾、分裂，有时是有些人专心致力，加速自蚀运动，惟恐其不乱，如秦朝"指鹿为马"的赵高，明朝的魏忠贤，真好比一个人身体中的寄生虫，加紧繁殖，使这个人的身体迅速死掉。

国民政府自从广东打出来以后，曾办了二件大事：一、打倒军阀（这也是就大体说）；二、抗战胜利。至于说到政治，如果不承认失败，是谁也不相信的。政治的失败不止一事，而用这样的行政院长，前有孔祥熙，后有宋子文，真是不可救药的事。现在社会上若干人士，对于政府的忍耐，实在没有一个人可以忍耐现状，而是由于看到远景，怕更大的混乱，再死上几千万人，彻底的毁产，交通断绝，农业解体，分崩离析，弄出一个五胡十六国的局面，国家更不能有自由独立的希望。然而一般的人总是看现状不看远景的，看当前的政治，不看过去的功劳的，所以美英法政府，今天都不是他们抗战时代的组织。即是能看远景的少数人，久而久之，完全失望，彻底觉得在"魔鬼和大海之间"，也只有等死而已。《书》曰，"'为政不于常'，道善则得之，不善则失之矣。"

所以今天能决定中国将来之运命者，必须会悟今天政治的严重性不在党派，不在国际，而在自己。要做的事多极了，而第一件便是请走宋子文，并且要彻底肃清孔宋二家侵蚀国家的势力。否则政府必然垮台，而希望政府不垮台，以免于更大的混乱者，也要坐以待毙，所谓"火炎昆冈，玉石俱焚"，今天良善的人谁无"人间何世"之感？

宋子文第一次总持财政经济，本也看不出他有甚么政治家的风度，而为人所知的毛病实在不少。然而当时总还有人寄望于他。第一，他虽然也有钱的不得了，当时人的心中，还总以为他是用的政治地位，以"资本主义社会共同允许之方式"得来，仿佛像法国官僚，从穷小子到大富翁一样，还不会直接作了扒手，在他手中财政政策改变时，没有先加上一阵混乱，如孔祥熙在改法币时上海金融市场的怪象，弄得中外腾丑。第二，那时候国内企业在自然进步中，上海银行业在发展中，他越借钱（就是公债票等），银行越要借给他（这是资本主义走上坡路时必有之事），挟着政府力量扩大的凭借，一切满意称心。第三，那时候他虽然做到了财政经济的独裁者，如德国的沙赫特（这是说他的权力，不是说他的能耐），还并未作行政院长，"总率百揆"（孔祥熙作寿的话），他的深浅，世人未尽知。

接着，他走了，孔祥熙"十年生聚佐中兴"（这是一个什么人送孔的寿联），几乎把抗战的事业弄垮，而财政界的恶风遂为几百年来所未有（清末奕劻有贪污之名，然比起孔来，真正"寒素"得很，袁世凯时代所用的财政人员，如周自齐、周学熙皆谨慎的官僚，并没有大富），上行下效，谁为祸首罪魁？于是宋氏名声顿起，"饥者易为食，渴者易为饮"，与其说是宋的人望，毋宁说是对孔的憎恨。试想当时宋未上台前两年中重庆的街谈巷议，真正有今昔之感。又看他初次出席参政会，会场中的人，挤得风雨不通，连窗子外门外都挤上千把人，都城人士的心理，对他是怎么样热望的？稍有常识，稍知检点，稍通人情，何至于弄到今天，弄到国人"欲得而食之不厌"，而国家受他这样的摧残，不自爱的人，实在没有过于他的了。他在美国时，国人苦于孔祥熙，所以寄望于他，当时国内的一般人，总认为他对美国有办法，对经济有办法，而当时自美回来的人，颇说他在美国弄得一团糟，对经济不会有好办法，当时的人因为希望太渴了，还多不信，现在久已百分之万的证明了，还不止于此呢！

说他这几年走下坡路的行事（以前也未必走上坡路，只是大家不知道而已），国家人民也随着他走下坡路的损失，真是写不尽，我也不屑写，只把他最荒谬之点分解一下：

一、看他的黄金政策。他上台最初一件事，是给以前买金子者一个六折，这中间，有小公务员，小资本家，也有大商人，官僚资本家。当时《大公报》还是有条件的赞成，我也一样，写了一文，载《大公报》，强调政府在战时可以征用私人的资本，但须用累进的办法，尤其是再想法子找大户。前者的原则是，国家为战争筹款，必须有钱者出钱；后者的原则是，担负不能在穷人身上。现在想起来，真正做到"君子可欺以其方"了。累进办法，在参政会并且屡次提出过，我们强调他更改，财政当局说，大户买时化小户，无法子分，争执不得结果。假如照那时他的说话，已买者尚可收回，未买者如何可以不加管制？近来，有一天抛五吨，经常是每天几千条或几百条，真正做到他的"自由贸易"的原则，然而试问，如果今日如此"自由"，当年何必"充公"？金价的波动，寻常百姓是吃不消的，虽然各处集到上海的游资许多不易查考,然而一买几千条的大户是谁?岂皆不能查出?报载最近风波之掀起是山西帮,传说是孔宋斗法,二公本无好感,何不可查,自己的人是不是也在中间?是不是因为自己的人,一家同姓,一派下属,一大组合(如美国报所说:"Soong Combine""Kung Combine")而无从下手?如其不然,中央银行卖金子的铁幕何不可以为立法院、监察院、参议会驻会委员会揭开?我们国家是不是一个金子国,取之不尽的?如其不然,是不是还有别的方法吸收游资?是不是能和整个经济政策配合?一旦用得差不多了之后,何以善其后?如果今日之"自由"是,则前年之"充公"非。如果前年之"充公"是,则今日之"自由"非。所以纵然"不是"黑暗重重,也是无办法,无见识,无原则。子子孙孙要还的黄金债,他这样子玩,玩得领导物价,不特不足平抑物价,反而刺激物价,紊乱物价,至少说来,他是彻底失败了。

二、看他的工业政策。抗战胜利,他宣言曰,后方工业,无法保持,这是事实,但总要仔细检点一下,哪些确有设备,哪些只是玩枪花,分别情形,捡好的收买其设备,所以答其赞助抗战自沪迁川之热诚,这也不是太难的事,正所谓"栽者培之,倾者覆之"。然而他一笔抹杀,不问青红皂白。所有收复区敌伪的工业,全部眼光看在变钱上,有利可图者收归"国有",无利可图者"拍卖",于是工厂一片停止声。去年一年,上海小工业,停顿者百分之七十五以上,今年上半年恐怕要全部解决,他为政府筹款,办中纺公司之类,只要办得好,是可以的,那些闹的,也是要分赃的,不出代价,又借流动金。然而一般工业在水准上者总须加以维持,不好,改良他,不能坐视其死,更不好,不管他，不能连好带坏一律不问，政府是有责任的。这是失业的问题，即最严重的政治问题。他毫无根本办法，听说新任经济部长，本有一个"收购成品"的计画，如生产局。他置之不理，仅仅贷小款，这是把钱投入大海的；比投大海还糟，他们拿去；好的屯积，坏的又是黄金美钞，捣政府的乱。省小钱于前，花大钱于后，忽开头于前，无所措手于后，治病的办法不做，添紊乱的办法做去。年前年后，一切一跃一倍，最近一跃几倍，还不是更要多发钞票？听说他在做了行政院长后，第一次出席院会，说：计画不必行者，即不付钱，减了还是费钱；计画可行者，不必减他钱。这是神智开朗的话，何以行起来并不如此？为少用法币，抓得紧，是对的，然而要有经济政策，使人不失业，无经济政策之财政政策，是玩不转的，发大票子，专选年关，出口加补助，不看美英法律，前者毫无常识，后者毫无知识，再由他这样下去，三个月后，景象可想，也不忍想，他把他的政府伺候得这样子的，人民不必说了，他心中反正没有人民的。

三、看他的对外信用。美国人有许多话也是乱说的，但严重的话，出于有地位之人，不能不弄个明白，为国家留体面，麦帅的经济顾问，说他如何如何，他愤然"更正"，那个人又说，宋如不承认，我举出事实来，所谓"Soong Combine"如何如何。他便不响了。又如美国纽约《下午报》，说他把联总送中国医院的调节温度器几架搬到自己家里，这几件东西究竟在哪里，他也不弄明白。诸如此类，我实在不忍多说下去。大凡一个上轨道的国家，原来经商的人一经从政，须摆脱商业，英国制度，不特阁员如此，即一个下院议员（上院是无作用的"辩论会"，故无此限）如其公司与政府签买卖合同，其议员资格自然无效。偏偏孔宋二公行为如此，公私难分。"大凡物不得其平则鸣"，而"以直道使人，虽劳不怨"。国家困难，上海经济难维持，假如自己有清风，仍旧可以有办法的，办人也可以取谅于人的，自己无 vested interest 可以制人的，如自己（包括其一群人）又是当局，又是"人民"，他人不得到意外便宜的，皆要反抗的。我向社会广泛提议，如立法院，如参政会，以及一切人民，都该彻底调查，上海及他地以及国外，所有豪门权族之"企业"是些什么内幕。他们的营业范围如何？他们的外汇得自何处。

四、看看他的办事。他在行政院，把各部长都变成奴隶，或路人。一个主管部的事，他办了，部长不知，看报方知之，真正偏劳得很，各部长建议，置之不理是最客气，碰钉子更寻常。这是他有兴趣的部。如无兴趣的部，则路人相待，反正要钱无钱，说话不理。他可以说，行政院不是由他组织的，这也是事实，然而如由他组织，不知是哪些小鬼呢。他平常办事，总是三几个秘书，在上海，总是三几个亲信，还有他的三几个"智囊团"，行政大事尽于其中矣，国家命运如此决定矣。我看，他心中是把天下人分做两类，其一类为敌人，即现行的敌人和潜伏的敌人（Potential Enemies），其一类为奴隶，中间并无其他，所以他管到哪个机关，哪个机关的长官便是他的奴隶，至于一切其他人，他都不愿见，见亦无可谈，开会不到，立法院参政会请他不来，至于人民请愿，更不待说，见人傲慢而无话，似乎奴隶之外全是他的敌人。这样行政，岂特民国"民主"不容有此，即帝国专制又何尝可以，只有中国是他的私产，他才可以如此做的。

五、当政的人，总要有三分文化，他的中国文化，请化学家把他分解到一公忽，也不见踪影的，至于他的外国文化，尽管英国话流畅，交些个美国人（有美国人说，看他交接的是些什么美国人，便知道他是什么人）是决不登大雅之堂的。至于他的态度，举两件一轻一重的事为例：他大可不请客，既请客，偏无话可说，最客气的待遇，是向你面前夹菜，此之谓喂客，非请客也。胜利后第一次到北平，时常在某家，一日，大宴会，演戏，文武百僚地方绅士毕集，他迟迟而来，来的带着某家之某人，全座骇然，此为胜利后北平人士轻视中央之始，因为当时接收笑话，尚未传遍，这事我只可说到此为止。在高位者，这些是要检点的。

说他不聪明罢，他洋话说得不错，还写一笔不坏的中国字（我只看到报载他的签名），说他聪明罢，他做这些事；难道说神经有毛病吗？

我真愤慨极了，一如当年我在参政会要与孔祥熙在法院见面一样，国家吃不消他了，人民吃不消他了，他真该走了，不走，一切垮了。当然有人欢迎他或孔祥熙在位，以便政府快垮。"我们是救火的人，不是趁火打劫的人"，我们要求他快走。

各报载，今日之黄金潮是孔帮与他捣乱，他如退休在上海的"林泉"，焉知他的帮不与后任捣乱？后任未必行，即行，四行在几种势力下如何办事，何况另有他法捣乱？所以孔帮宋帮走得远，也许还有办法，因为假如整顿财政经济，必须向这几个最大的"既得利益"进攻的，如其不然，不堪再摘，"流共工于幽州，放骥兜于崇山"，是最客气的办法，"摒诸四夷不与同中国"，才是最小可能有效的办法。我虔诚希望有此事，不然，一切完了！国人不忍见此罢？便要不再见宋氏盘踞着！

原载 1947 年 2 月 15 日《世纪评论》第一卷第七期

第三辑　文史讲义

史料论略

我们在上章讨论中国及欧洲历史学观念演进的时候,已经归纳到下列的几个结论:

一、史的观念之进步,在于由主观的哲学及伦理价值论变做客观的史料学。

二、著史的事业之进步,在于由人文的手段,变做如生物学、地质学等一般的事业。

三、史学的对象是史料,不是文词,不是伦理,不是神学,并且不是社会学。史学的工作是整理史料,不是作艺术的建设,不是做疏通的事业,不是去扶持或推倒这个运动,或那个主义。

假如有人问我们整理史料的方法,我们要回答说:第一是比较不同的史料,第二是比较不同的史料,第三还是比较不同的史料。假如一件事只有一个记载,而这个记载和天地间一切其他记载(此处所谓记载,不专指文字,犹史料之不以文字为限)不相干,则对这件事只好姑信姑疑,我们没有法子去对他做任何史学的工夫。假如天地间事都是这样,则没有一切科学了,史学也是其一。不过天地间事并不如此。物理、化学的事件重复无数,故可以试验,地质、生物的记载每有相互的关系,故有归纳的结论。历史的事件虽然一件事只有一次,但一个事件既不尽止有一个记载,所以这个事件在或种情形下,可以比较而得其近真;好几件的事情又每每有相关联的地方，更可以比较而得其头绪。

在中国详述比较史料的最早一部书，是《通鉴考异》。这是司马君实领导着刘攽、刘恕、范祖禹诸人做的。这里边可以看出史学方法的成熟和整理史料的标准。在西洋则这方法的成熟后了好几百年，到十七八世纪，这方法才算有自觉的完成了。

史学便是史料学：这话是我们讲这一课的中央题目。史料学便是比较方法之应用：这话是我们讨论这一篇的主旨。但史料是不同的，有来源的不同，有先后的不同，有价值的不同，有一切花样的不同。比较方法之使用，每每是"因时制宜"的。处理每一历史的事件，每每取用一种特别的手段，这手段在宗旨上诚然不过是比较，在迎合事体上却是甲不能转到乙，乙不能转到丙，丙不能转到丁……徒然高揭"史学的方法是以科学的比较为手段，去处理不同的记载"一个口号，仍不过是"托诸空言"；何如"见诸实事之深切著明"呢？所以我们把这一篇讨论分做几节，为每节举一个或若干个的实例，以见整理史料在实施上的意义。

选自傅斯年《史学方法导论》

《中国古代文学史讲义》叙语

诸君研习文学,第一要避免的,是太着重了后来人的述说、批评、整理的著作,以及叙录的通书,而不着重原书。诸君假如仅仅细心的读完了一部书,如《诗经》,或《左传》,或《史记》,或一大家的诗,都比读完一切近年来文学史的著作好;又如把楚词的章句故训详细校读一遍,自己会有一种见解,便也用不着别人的教科书。所以文学史之用,断不是以此代替读专书,恰恰反面,乃是刺激人们去分读专书的。不过,我们虽知道专书的研究是根本工夫,而但能分读专书不知联络的人,也常常免不了"鄙陋",把这个名词翻成近代话,"乡下人气"。所见不广,不知道文学因时因地的变迁和联络,就要"坐井观天"了。讲文学史一科之意就是这样。

我们写文学史时,最简单的办法,是把诸史文苑传及其他文人传集起来,加上些别的材料,整理成一部郑夹漈所谓《通志》中之一志,这样子的一个"点鬼簿",不是不可以做的,也可以做得很精细的。或者把各时代的文学评论集起,依时排列,也可成一部很好的记载。不过,我们觉得文学之任务当不止于这样编辑的工夫,我们现在的要求是以讲说引人作学问,不是修书。一时想到,作文学史应该注意下列三项工作。

第一,因为文学史是史,他和史之别的部分之分别,乃因材料不同类而分开题目去作工：要求只是一般史学的要求，方法只是一般史料的方法。考定一书的时代，一书的作者，一个事件之实在，一种议论的根据，虽是文学史中的问题，也正是通史中的事业。若是我们把时代弄错，作者弄错，一件事之原委弄错，无限的误谬观念可以凭借发生，便把文学史最根本的职务遗弃了。近代中国的语言学和历史学，开创于赵宋（说详后），近三百年来成绩很大，最近二十年中，尤有若干新观点，供我们这一项的考定知识之开拓。这一类的工夫是最根本的工夫，即是我们谈文学史的第一个要求，若这一条任务举不起来，其他的工作没有附丽的所在。

第二，我们看，若干文体的生命仿佛像是有机体。所谓有机体的生命，乃是由生而少，而壮，而老，而死。以四言诗论，为什么只限于春秋之末，汉朝以来的四言诗做不好，只有一个陶潜以天才做成一个绝无对偶的例外？为什么五言起于东汉的民间，曹氏父子三人才把他促成文学上的大体制，独霸了六朝的诗体，唐朝以后竟退居后列，只能翻个小花样呢？为什么七言造胎于八代，只是不显，到了李杜才成大章法，宋朝以后，大的流变，又穷了呢？为什么词成于唐，五季北宋那样天真，南宋初年那样开展，吴梦窗以后只剩了雕虫小技呢？为什么元曲俗而真，粗而有力，盛明以来的剧，精工上远比前人高，而竟"文饰化"的过了度，成了尾大不掉的大传奇，满洲朝康熙以后又大衰，以至于死呢？为什么屈宋词赋变到成了汉朝的大篇章之赋遂没有了精神呢？就是这些大文体，也都不像有千年以上的真寿命，都是开头来自田间，文人借用了，遂上台面，更有些文人继续的修整扩张，弄得范围极大，技术极精，而原有之动荡力遂衰，以至于但剩了一个躯壳，为后人抄了又抄，失去了扩张的力气：只剩了文字上的生命，没有了语言上的生命。韵文这样，散文也一般，详细的疏证，待"文体"一章说。这诚是文学史中的大问题，这层道理明白了，文学史或者可和生物史有同样的大节目可观。"把发生学引进文学史来！"是我们工作中的口号。

第三，文学不是一件独立的东西，而是时代中的政治、思想、艺术、生活等等一切物事之印迹。世上有限于一时代之文学，假如他里面的质料和感觉是只属于这一时的；有超于一时代之文学，假如他里面的质料和感觉是超于这一时代的；但断断没有脱离了时代的文学还能站得住。古文有脱离时代的要求，古文便没有生命。所以文学不能离其他事物，独立研究；文学史上的事件，不能离其他事件，单独推想而得。"灵魂在一切事物中，一切事物之全即是灵魂。"文辞中的情感，仿佛像大海上层的波花，无论他平如镜子时，或者高涛巨浪时，都有下层的深海在流动，上面的风云又造成这些色相，我们必须超过于文学之外，才可以认识到文学之中，例如屈宋文辞，出产于楚国的世代，汉朝词赋只是吴梁武帝诸朝廷的产品，齐梁间的文华形成俪体，北地的壮风振作唐代的文学。唐诗宋诗题目不同，唐诗的题目到北宋中期后进到词里面，而所谓宋诗者，另是一套题目；正因为唐代文人多是中朝闲散之人，或是持节大夫之客，所以除杜韩若干大家自己为自己作诗以外，多是寄托于卿相的华贵生活中之装饰艺术家。宋代文人的生活独立些，于是题目因生活而不同，感觉之界，因题目之不同而又不同了。又若很小的事，如读一首小诗，每觉映射世代之远大，即如唐人绝句，"黄河远上白云间，一片孤城万仞山。羌笛何须怨杨柳，春风不渡玉门关"。在唐时安西万里，征戍者有此情感，这诗自是最真的诗；设若在现在人作来，便全无意义了。又如初唐律诗，"卢家少妇郁金香，海燕双栖玳瑁梁。九月寒砧催木叶，十年征戍忆辽阳。白狼河北音书断，丹凤城南秋夜长。谁谓含愁独不见，更教明月照流黄"。这诗正基于隋唐东征的事实，府兵家庭的情景，俨然画出初唐人的情感，题曰"古意"，实是今文。诸如此类，文情流变，与时代推移，是我们了解文学与欣赏文学中之要事。这是我们的第三要求。

现在不是著一部文学史，乃是把一部文学史事之卮言写下来，作我们后来回想的资料。中国古代文学史所包含的时代恰恰有无限的困难问题，非我们现在的能力所能解决，且现在我们所及见的材料正也不够供我们解决这一切问题的。我的"卮言日出"，非供诸君以结论，乃赠诸君以问题，有时或觉说的话仿佛徘徊歧路，毫无定见样的，这正因为我们不便"今日适越而昔至"。且把一切可能的设定存在心中，随时推端引绪，证实证虚。假如这些问题刺激得诸君心上不安宁，而愿工作，以求解决，便达到这讲义的目的了。"奇文共欣赏，疑义相与析，"愿同勉之。

十七年十月

选自傅斯年《中国古代文学史讲义》

思想和语言——一个文学界说

从来治哲学而谈心理的人，每每把思想当作内体，把语言当做外用，以为思想是质，语言是具，语言是所以表思想者，思想却不即是语言。我们在很多地方早已为这一说所化了，所以时时感觉着文辞之用是先想着，后说出，虽然有些平常事实已经和这个"成见"反背，例如我们"冲口而出"的话，还不是我们先说出来后来再想到呢？我们想时还不是等于不说出口，自言自语呢？然而决然断然以思想为语言之收缩，不以语言为思想之表达者，初不曾听到，直到一些人扩充生理学的方法于心理学之界域，才有一个人直以思想为语言之内敛习惯。（看 J.B.Watson：*Psychology from the Standpoint of the Behaviorist* 及其 *Behaviourism*）这本是心理学中一个实验问题，解决和发展应是实验室中的事，不消我们去谈论；但有一点却和我们做文学的定义时相涉，这一点如下。假如语言是思想之向外者，则思想是大名，或前名；语言是小名，或后名。文学纵是以语言为质料，却实在以思想为体。假如思想是语言之向内者，则语言是大名，或前名；思想是小名，或后名。文学纵不免时时牵联到思想的特殊范域，却自始至终，一往以语言为体。由前一说，文学与语言之"一而二二而一"之作用不显，也许竟把文学界说做"即是思想之著于竹帛者"。如是，则动感情的文辞与算学又何以异？而一切文学中之艺术的作用，原是附丽于语言者，由此说不免一齐抹杀。由后一说，则文学与语言之"一而二二而一"之作用甚显，文学所据，直据语言。语言向内的发展，成所谓内敛习惯，固然也是文学时常牵涉到的，但究竟不是直接的关系。"文言"之艺术是由自然语言而出之一种的特殊发展，算学亦是由语言而出的一种特殊发展，然而文言究竟还是语言：故仍是文学中的事件，而算学是直由思想之中写于纸上者，已经辗转的出去了一切与语言之直接的关系，故断然不是文学中的事件，至与一切关涉逻辑的文词，或曰论，或曰义理之文，虽亦是语言之一种特殊发展，且与内敛习惯关涉尤多，然究竟可以直自口出，故仍不失其在文学的界域中，且正凭其去自然语言之远近定其文学的质素之浅深。总而言之，文学是根据语言的，不是根据思想的，至多是牵涉及于思想的。不管语言与思想在心理学中如何解决其关系，我们在此地且用这一个假定的解说。

文辞是艺术，文辞之学是一种艺术之学。一种艺术因其所凭之材料（或曰"介物"Medium），而和别一种艺术不同。例如音乐所凭是"金石丝竹匏土革木"等等，以及喉腔所出之声音；造像所凭是金属、石、石膏、胶泥等等所能表示出来的形体；绘画所凭是两积空间上光和色所能衬出之三积的乃至四积的（如云飞动即是四积）境界；建筑所凭乃是土木金石堆积起来所能表示的体式。文词所凭当是语言所可表示的一切艺术性。我们现在界说文学之业（或曰文辞之业）为语言的艺术，而文学即是艺术的语言。以语言为凭借，为介物，而发挥一切的艺术作用，即是文学的发展。把语言纯粹当作了工具的，即出于文学范围。例如，一切自然科学未尝不是语言，然而全是工具，遂不是文学；若当做工具时，依然还据有若干艺术性者，仍不失为文学，例如说理之文，叙事之书，因其艺术之多寡定其与文学关系之深浅。这个假定的界说，似乎可以包括文学所应包括的，而不添上些不相干的。

各种艺术因其所凭借之介物不同，故不能同样的发展，又因其同是艺术，故有类似的发展。文辞之中，有形体，这是和造像同的；有章法，这是和建筑及长篇音乐同的；有声调，这是近于音乐的；有境界，这是同于绘画的；有细密而发展不尽的技术（Technique），这是和一切艺术同的；有排荡力，为所感者哀乐动于中，"不知手之舞之足之蹈之也"，这是和一切大艺术之作用同的。著文等于谱乐，只是所用的单位不同，著文者用语言之词，谱乐者用音韵之节。著文等于绘画，意境为先，有时诗与画可作丽比，正由诗境画境同者实多。著文等于建筑，建筑时"意匠惨淡经营"，成就一段"天似穹庐"之体。文辞中之结构，俗学者谈得只是八股，然雅颂汉赋以来之韵文，及子家史传以来散文，无不有构造，以成形体之力量。文辞中有"态"，"态"是与造像绘画同的，文辞中有"势"，"势"是与建筑同的。一切艺术都是以材料为具，人性为宰，人之性灵运用在一切材料之赋给和限制上，所以各种艺术，因人之性灵而有沟通，因材料之赋给和限制而有独立，述说一切艺术之集合，未尝不可为"成均"之论也。必以文学为艺术，然后文词之品德和作用有可见其大体者。

有通达的文学，有鄙陋的文学，有大文学，有小文学；正和音乐中有通达的音乐，有鄙陋的音乐，有大音乐，有小音乐一样；正和其他大艺术有这些品类分别一样。疏通致远者为达，局促于遗训或成体或习俗而无由自拔者为鄙，能以自己之精灵为力量以运用材料者为通，为材料所用者为陋，能自造千寻华表者为大，从固有之成就更复一腔一面堆积者小。八股不能成大文学，因为大文学之品质在这一体中无所附丽；连珠箴铭不能成大文体，因为这些体裁里只有微末的小技可以施展。一种文学之高下即等于在此文学中艺术作用之大小而已。

写文学史应当无异于写音乐史或绘画史者。所要写的题目是艺术，艺术不是一件可以略去感情的东西，而写一种的史，总应该有一个客观的设施做根基。所用的材料可靠，所谈到的人和物有个客观的真实，然后可得真知识，把感情寄托在真知识之上，然后是有着落的感情。不过所谈者仅是一切考核比例，也不算完全尽职的，必有感觉，才有生命。宋人谈古代，每每于事实未彰之先，即动感情，这是不可以的；若十足的汉学家，把事实排比一下就算了事，也不是对付文学的手段，因为文学毕竟是艺术。必先寻事实之详，然后成立说者与所说物事相化之情感，如此方能寡尤，方能遂性。我在这里本不是著文学史，只是作些文学史题之卮言，但也希望诸君能发乎考证，止乎欣感，以语学（大陆上谓之 Philologie）始，以"波涛动荡（Sturm und Drang）"终。

十七年十月

选自傅斯年《中国古代文学史讲义》

语言和文字——所谓文言

把语言和文字混做一件事,在近代欧洲是不会有的,而在中国则历来混得很利害。例如,中国和朝鲜和安南和日本是同文,不是同语,英德以及各拉丁民族是同文,即是同用拉丁文书,不是同语。西洋有国语而无国文,文书都是在一个时期向文化较久的别个民族借来的,而中国却有一个自己国人为自己语言用的文书,虽说这种文书后来也为外国人用了,如朝鲜、安南、日本,不过这些外国人是把汉语汉化一齐搬去的,所以他们实在是以文化的原故借汉语,只是读音有些变迁,到很后才有把汉字表他们语言的,如日本文中的训读。汉字既专为汉语用,而汉语也向来不用第二种工具来表他,只到近代耶稣教士才以罗马字母作拼音字,以翻译旧新约书,中国人自己也有了各种的注音字母,所以汉字汉语大体上是"一对一"的关系,历史上的事实如此。其实汉字和汉语并没有什么生理上的关系,我们固然可以汉字写英语(假如为英语中每一音设一对当之汉字),也可以拉丁乃至俄罗斯字母写汉语,这里只有一个方便不方便的较量,没有不可能性。古来人尚知文语两件事的分别,譬如说,"老子著作五千言",这是和五千文不同的,五千言是指读起来有五千个音,五千文是指写下来有五千个字。这个分别汉后才忽略,正因汉后古文的趋向益盛,以写在书上的古人语代流露口中的今人语,于是这层分别渐渐模糊，文即是言言即是文了。

把文字语言混为一谈，实在是一个大误谬。例如所谓"文字学"分为形体、声音、训诂三类，这三类中只有形体是文字学，其余都是语言学。又如只有《说文解字》是字书，后来的如《干禄字书》等乃是纯粹字书。《广韵》《释名》《玉篇》等等在大体上说都是语书，而后人都当做字典看。我们现在所习的外国语是英语、法语、德语等，并不是英文、法文、德文等，而误称做"文"。这一层误谬引起甚多的不便，语言学的观念不和文字学分清楚，语言学永远不能进步；且语、文两事合为一谈，很足以阻止纯语的文学之发展，这层发展是中国将来文学之生命上极重要的。

先谈中国的语言。世界上的语言不是各自独立的，而是若干语言合起来成一语族，另有若干语言合起来成另一语族等等。现在的世界上有多少语族，我们不能说，因为世界上大多数的语言是没有详细研究过的。也许后来找出完全孤立的语言来，但这样情形我们只可去想，他的亲属灭亡，仿佛世界上有若干甚孤立的物种样的。能认识语言的亲属关系，是一件很近代的知识，古来没有的。譬如汉语和西藏语的关系之切，有些地方很可惊人的，但自唐太宗时代中国和吐蕃文化上大交通，没有人提到这一层。又如希腊、罗马语言之关系密切，现在更不消详说，而罗马文法家天天在转译希腊语学，却不认识他们是兄弟。又如罗马使者塔西吐斯到了日耳曼境，不特不认识他这一个兄弟语，反而以为这些北欧蛮族的话不像人声。近来所谓"比较言语学"者，就是这一个认识语言亲属之学问，到了十八十九世纪之交，因梵语学之入欧洲才引生。德意志、丹麦两地的几个学者，经数十年的努力，又因印度、希腊、拉丁三种语学以前各有很好的成绩，可以借资，而欧洲又很富于各种方言的，于是所谓"印度日耳曼语学"（或曰印度欧洲因东起印度西括欧洲）成为一种很光荣的学问。到现在欧洲各国的大学多有这一科的讲座，各国大家辈出，而这一族的语言中之亲属关系紧，大致明白了。比较言语学在性质上本像动物或植物分类学，以音素及语法之系统的变迁，认识在一族中，不同的语言之联络。印度日耳曼语族以外，尚有赛米提系比较语言学也还发达（包括古埃及、亚西里亚、希伯来、叙利亚，以及中世以来阿拉伯各方言，厄提欧波各方言等等），芬兰、匈牙利系语学也有成绩。此外之作比较言语学者，虽在黑人的话也有些动手的，不过现在都在很初步的状态，远不如上述几族的比较语言学之发达。中国语所属的一族，现在通常叫做印度支那族，因为西至印度之中心，东括中国全境之大部。在这一带中的语言差不多全属这一族。这一族里比较有迹可寻的，有两大支，一西藏缅甸支，这一支中保存印度支那系之古语性质稍多；二中国暹罗支，中国语的各方言和泰语（暹罗语所自出）的各方言，成这一枝的两叶。这是以语法音素名词等为标准去分类的；这样分法已经是成立事实。但其中若干事件，现在的知识正在茫无头绪中，且有好几支的语言，如孟大（在印度中东部）、孟、克摩（克摩在交趾西、柬埔寨北及暹罗南境。孟散在缅甸境中）、安南（合以上通称东亚洲滨支）虽知道是和这一族有些关系，或在内，或在外，但目前的知识还太稀薄，不够下稳固断语的。这印度支那语系之特质，即以汉语为例而论，第一是单音：这层情形，在各语各方言中也颇不同。中国东南各方及语音尚富，故单音词尚多，至于北方的"官话"，语音的原素甚少了，古来不同音现在变为同音的字很多，因而有用双音词之要求。这个"单音"的性质，未必是印度支那语系的原始性质，藏缅语支中尚保存些词前节（Prefix），有人说，这些词前节在七世纪以来虽已只剩了声，没有了韵，而不成一独立音，但古来是成独立音的，至于各种泰语中有些甚复杂的不独立音的词前节，只有汉语才把词前节从甚早的时代落得干净。第二是：无语尾变化，而以"虚字"代印欧语中流变作用（Inflexion）。但西藏语之动词有类似流变者。汉语在春秋战国时，代名词亦偶有"吾我""尔汝"之别（"吾""尔"主位，"我""汝"受位，《论语》《庄子》各书中例甚多，此系胡适之先生及珂罗倔伦先生不谋而合之发见），西藏语之语尾追加词亦有很不像是虚字追加者。第三是韵色：韵色在齐梁时始有四声之标明，现在中国北部有四，中部有五，广东有九（或云尚多，此须细研究后方可论定者），西藏语在始著文字时尚没有这个，而现在的方言中有，但用以别古来本不同音，而现在变做同音之词，大约这个性质之发展，正是因为音素趋少而生的。就以上三事看去，我们已经可以约略看出汉语是在这一族中进步最剧烈的，固有的若干文法质素现在尚可在西藏等语中找到者，在汉语均早消灭了痕迹。现在的汉语几乎全以虚字及"语序"为文法作用，恰若近代英语在印欧语中一样，改变得几不是印欧语旧面目了。中国语言的位置大致这样。

中国文字完全另是一回事。古来研究中国文字学者，常常好谈造字之本，这是非常越分的举动。文字的发明和其进化成一个复杂而适用的系统，是世界文化史上顶大的事件之一，虽以印加斯（南美文化最高之国，美洲发现后灭亡）文化之高，有很多地方和旧大陆相埒，竟没有文字。离他不远在中美洲的墨西哥故国虽有文字，而甚朴质。至于旧大陆上文字之起源，目下的知识全在暗中，我们现在所能找到的最早的埃及古文、美索不达米亚古文（苏末古文）虽然现在人以自己的观点看去是些朴质的文字，其实这些古文已经是进化上许多世代之产物了。西方文字的起源虽无材料可考（此指埃及美索二地论，如希腊多岛海及西班牙各地遗留原始文字，应另论），然我们知道历史上及现在世界上的一切字母，除甚少例外如日本等，皆出于一源，白赛米提族出来的一源。虽现在各系字母如此不同，然学者业经证明印度各字母以及从他分出的西藏南亚洲各字母皆出自南赛米提，畏兀儿、蒙古、满洲皆是叙利亚文教东来带来的，而希腊、伊大利各字母之出于腓尼基等人民之殖民，更不消说。独自凭空创造文字，发明字母，历史上竟无成例，可见文字创造之艰难。至于中国文字是否也在这个世界的系统中，或者是一个独立的创作，我们现在全没有材料证实证虚。如保尔（C. S. Ball）之论，以文字及语音证汉字与苏末在远古的关系，其中虽有几个颇可使人惊异的例，不过此君的亚叙里亚学未必属第一流，而又不识中国古音，且用了些可笑的所谓中国古文，故弄得此书上不了台场。但这层关系并不能断其必然，且近年安得生君在北方发现新石器时代物中，许多式和西方亚细亚近中出现者绝同，是史前时代中国与西方亚细亚有一层文化接触的关系，或民族移动的事实，非常的可能，因此而有一种文字系统流入，迁就了当地语言，成一种自己的文字，也不是不许有的，不过这层悬想只是悬想，目下还没有供我们入手解决这个问题的材料。中国文字最早看到的是殷朝的甲骨刻文，近年在安阳县出土者，这里边的系统已是很进步的了，所谓"物象之本"之文，及"孳乳寖多"之字，都有了。果真这系统不是借自他地，而是自己创的，这真要经过数百年乃至千余年了。从这么进步的一个系统中求文字之始，和从秦文中求文字之始，差不多是"以五十步笑百步"，因为殷文、秦文中之距离还要比殷文和文字原始之距离近得多着呢。

中国文字本有进步成一种字母之可能，盖形声假借都是可由以引出字母之原动力（即以欧洲字母第一个论，A〔∀〕形则牛头，读则阿勒弗，赛米提语"牛"之义。这个像形的字后来为人借来标一切的"阿"音，以下字母均仿此。又如楔形文字用以记亚叙里亚波斯古语者，每每一面记声，一面附以类标，颇似中国之形声）。或者当时没有这层需要，又因这个非字母的文字发达到甚完备的地步，且适宜于笼罩各方的读音，所以虽然梵文入了中国便有反切，却不生字母（三十六字母实非字母，乃声类而已）。这个非标音的文字（只就大体言其非标音）最初自然也是用来记言，但以非标音之故，可以只记言辞之整简而不记音素之曲者。更因这个原故，容易把一句话中的词只拣出几个重要的来记下，而略去其他，形成一种"电报语法"。又或者古来文书之耗费甚大，骨既不见得是一件很贱的东西，刻骨的镞石或铜刀尤不能是一件甚贱的器具。不记语音之一件特质，加上些物质的限制，可以使得文书之作用但等于符信，而不等于记言。中国最早文书之可见者，是殷代甲骨文，文法甚简。我们断不能从这里做结论，以为当时的语言不复杂，因为甚多的文法助词及文法变化可因这种记载法省略了去。又假如殷商之际是一个民族的变化，殷周非同一的民族。不说一种的语言，周人固可把殷人的文字拿来写自己的话，只要向殷人借用了若干文化名词，如日本语中之音读字，便可把这层文同语异的痕迹在千年后研究书缺简脱者之心中泯灭了。这个可能的设定，固是研究中国最早语言的一大难题，且这样文字的记言，大可影响到后来著述文中之公式及文法。譬如《春秋》一书，那样的记事法，只是把一件事标出了一个目，又如《论语》一书，那样的记言法，只是把一片议论标出了一个断语，岂是古人于事的观念但如《春秋》之无节无绪，古人于言的观念但如《论语》之无头无尾，实在因为当时文书之用很受物质的限制，于言于事但标其目，以备遗忘，其中端委，仍然凭托口传以行。所以事迹经久远之后，完全泯灭，而有公羊之各种推测；话言经流传之后，不能了解，而有"丧欲速贫死欲速朽"之直接解释，成了"非君子之言"，须待有若为之说明原委（此节出《檀弓》，然与《论语》"礼与其奢也宁俭丧与其易也宁戚"应有关系）。这正因《春秋》之著于竹帛，作用等于殷人之刻事于骨片之上，《论语》之记录方法，等于子张之书所闻于绅，绅上是写不出长篇大论的。若我们因为看到《论语》甚简，以为当时话言便如此简，是错误的：第一、语言本不能如此简，简到无头无尾，不知所指。第二、孟子生去孔子时不及二百年，孟子的话已经有那样的鱼龙曼衍，二百年中，并无民族的变化，语言决不会有这样大的剧烈变化。所以战国的文书之繁，当是由于文书工具必有新开展，竹帛刀漆之用比以前贱得多，所以可以把话语充分的写下。若春秋时，除去王公典诰之外，是不能享受这种利益的。最初的文书因受物质的限制而从简，这种文书为后人诵习之故，使得后人的文言中竟模仿这一种的简法，于是早年物质的限制，及非标音之性质，竟成了影响后人文法的大力量。试看《尚书》中比较可信的几篇，语法甚复杂，战国时专记语言的子家，语言也很漫长（如《庄子》中数篇及《孟子》等），只有从荀卿子起，才以诵习诗书经传成文章，汉儒更甚，荀卿汉儒的文章在语法上是单简得多了。这岂不是古来因受各种限制而成的文书上之简词，影响到后人，变为制作的模范呢？虽直接所影响的本来不过是文言，然文言散入一般语言内之一种趋势，随时都有，于是这个影响以这样的间接作用而更散入一般语言中，成为一种使语成简之力量。汉字虽和汉语是两事，然汉字之作用影响到汉语，有如这样子的（如《论语》"君君、臣臣、父父、子子"上一词是动词，下一词是名词。又如《荀子》"信信信也"，第一字是动词，第二字是名词，第三字是形容词而为"指言"（Predicate）之用，如果当时人说话便把这三个字读成一样，恐怕没有人懂。然书写上既无分别，后来至少在文言中见其合同的影响）。

如上所说的，我们已经可以看到，中国文学和中国文字的关系甚少，虽有不过是间接的，而和中国语言竟可说是一事。虽有时觉得文自文而言自言，但这究竟是蒙在上层的现象。文学的生命即是语言的生命，若文学脱离语言而求生命，所得尽多是一个生存而已。我们既推到这一层，则语言中有几种要分别的事件，为作文学定义之前提，应先叙说一下：一、方言；二、阶级语；三、标准语；四、文言；五、古文。

语言永远在变动之中，儿女学父母到底学不全像，而口和喉又有甚多个细密而极复杂连贯着的筋肉，可以助成一套一套层出不穷的"物质习惯"。又因环境的不同，及人类处理环境之手段有进步，各族的语言都有趋于表面简易，内涵充丰之形势，而这形势所由表示者却不同路，所以百年之内，千里之间，一个语言可以流成好些方语。语言永远是分化的，只靠交通、政治、教育来抵抗这个自然趋势罢了。语言自己先不能成刻板样的，再加上古往今来，各民族离而合，合而离。亲属隔远了，弄到彼此不了解，至于两个民族的接触或混合尤其容易使语言作深远的改变。若不有这几层事实，世上那有若许多语言？在一族中，今之所谓不同之语，在本来也仅是方言之差别而已。方言之别与语言之别本没有严整的界限，我们现在解释方言如此：一种语言循地理的分配表示差别者，而这样差别使人感觉到语言或名词系统上颇不相同，各为一体，然并非独立太甚者，则这些不同的一体皆是方言。这不是一个新观念，扬子云之所谓方言大略亦只如此。语言之变不仅因地，亦且因人，从人类有政治的历史以来，直到现在，把苏俄算在内，永远是阶级的社会，虽然东风压倒西风，或者西风压倒东风，古今中外颇不是一个公式，不过永远有在上层者，有在下层者。现在寻常指摘人的话没道理，便说：那是"下等人的话"，其意若曰，上等人的话自另一样。又如"乡下人的话""买卖话""洋泾浜话""流氓话"，乃至那个又像郑重又觉好笑的"官话"一个名词，都显然表示语言因人之阶级而不同，我们自己说的话断然和我们不同职业的邻人不同。譬如我们和一个人谈上一刻钟，差不多要知道他的职业之类别了，这都是显然指示语言因阶级而生差别的。有个西洋人说，男人的话和女人的话家家不同，这固是象征主义的说法，然男子的话朴直些，女子的话感情的成分多些，是颇显明的（看 Jespersen 所著 *Language*）。又就文学史的史实说，何以词的话和诗的话不同？挪诗中话做词，或挪词中话做诗，何以均不算合规则？欧阳永叔、苏子瞻等在诗里和在词里何以不说一种话？这正因为诗里的话，是诗人奉之于先，持之于己的话，词在原始是当年歌妓的话。欧阳永叔、苏东坡做起诗来，是自己，做起词来，每每免不了学歌妓的话，或者是对歌妓说的话。语言既因人之阶级而不同，则不同阶级的人聚在一块儿说话，何以折衷呢？于是自然有一种标准语的要求。这种标准语也许即是一种纯粹的方言，并是一个阶级中话，如所谓"京话"，即是北京的方言，又差不多是北京的中上流社会所说者。也许并不是纯粹的方言，又不是一个特殊阶级的话，而是一种就某某方言混合起来，就某某阶级打通起来的话，如德国现在所谓"受过教育的德意志话"，既非维也纳，又非柏林，更不能是撒克森、西南方等，只是以文学与教育的力量，造成的一种标准语：舞台的话，教书匠的话，朝廷的话，拿来以为凭借而生者。虽然，这种标准语也自高地德意志方言出，当年且"不下庶人"，不过现在已经看不出他的方言性，并且不甚看得出他的阶级性了。制造标准语之原动力，第一是政治，朝廷的话永易成为标准话。不过若一个国中统治者与被统治者异族，而统治者之族文化低，人数又少，则统治者难免以被征服者之话为朝廷话，所以中国的"官话"，虽是满清皇帝也用这话，究竟是明朝北方的汉话，不是满洲话，只有太平洪天王才以"启示"知道满州人造了"官话"（见他的诏书）。或者一个朝廷太不和人民接近，则造朝廷的话也不能成为标准话，清后叶赫那拉氏和李莲英的话何尝有影响在宫外呢？但是，虽有上几项之限制，统治者阶级的话，总是易成标准话之根据的，所以今之普通话，在当年叫做官话。第二是宗教，如罗马教于拉丁语，喇嘛教于吐蕃语，竟把他们的标准语加到异族身上。第三是教育，教育匠的话容易成为标准话者，正因为这。例如中国各地的语音，均有话音和读音的不同，在西南各方言中，话音甚和官话不同者，读音每每较近。正因为话音是在一个方言中之直接传受，读音乃是受多数教书匠出产地的方音之影响的（如我家乡〔山东西部〕读无字，如 wu，读未字如 wei，在说话里如 mu，未如 mie，犹未随明、微二母之分，于古尚为接近。在比较纯正的"官话"区域中尚如此，其他可知）。近年来南洋的中国学校儿童能说普通话，正是此层的例证。第四是文章，漂亮的社会中所说的话，时髦的人们所说的话，容易引起人的摹仿，尤其在年少的人中，所以戏剧的话，在法、德、英等国均有重大的影响，吴语中上海、苏州两个方言所有之名词，也能四布，从清朝末年，吴语即有势力了。标准语之创造者，不仅是社会的力量，也每每是个体文人之功绩。人们通常知道摩李耶对近代法国语言如何重大贡献，十八世纪晚年几个德国大作者如何形成次一世纪的德国话，斯盆沙、莎士比亚等如何完成艺术的英国语。大诗人、大剧家、大著作者，不把语言化得不成了语言，而把语言化得既富且美，既有细度，又有大力，当时人和后人免不了把这些华表作为典型。于是个人的话，成为标准话了。

标准话还纯然是口中流露的话，再进一层，成为一种加了些人工的话（即是已经不是自然话），乃有所谓文言者。此处所谓文言即如德国人所谓 Kunstsprache, Kunstprosa（然此处所论自当不以无韵文为限）即是文饰之言，亦即和《易翼》中所谓"文言"一个名词的意思差不多，并非古文，这是要预先声明的。一个民族有了两三百年的文学发生，总有文言发生，一面是文饰之言，一面又是著作之文，如谭摩斯登诺斯之希腊语演说，而塞路之拉丁语演说，并不是雅典和罗马的普通话，或标准语，而是他们造作的文言。这些都是拿来说的，所以文言还是言，然而不是纯粹的言，自然的言，而是有组织的言了。又若罗马大将军恺撒东征凯旋入罗马，告元老及众人说"Veni, Vedi, Veci（我往矣，我见之，我克之）"，三言既属双声，又是叠韵，这和齐梁间有人嫌床小，说"官家恨狭，更广八分"，连用叠韵，有甚么分别？自然流露的话不会这样子的！大凡标准语之趋为文言，由于三项要求：一、音声之和谐，所以散文里有了韵文的规律，韵文里更极端用声调的布置。《诗经》的词语本不是甚修整的，然日照丁以此发见其中很多细密双声叠韵及他样音声的和谐，诗歌本有这个自然要求的。又若沈修文对于诗要求的四声八病，并非古文的要求，乃是文言的要求。二、形式之整齐。字的数目要多少相当，不能长短差别太支离了，又不能完全一般长以成单调，而又要有些对仗，以为层层叠叠的作用，若有音乐然。三、词句之有选择。文言不是肯把一切话语都拿来用的，而要选择着以合于作者自己的"雅正"。这当选择不必是用成语，虽然在中国因为诵书为文之故，有这个要求，而在欧洲之文言中，每每恰和这个要求相反，把成语和俚语一体洗刷的。第四、文辞的铺张和文饰。在自然语言中所不能下的这些工夫，在这里边因为艺术化之重，可得发展，使人们觉得文自是文，话自是话者正因为这层。这个文和话分别的感觉，在西洋近代各大国都有的，他们和中国所差者，只缘中国文中的铺张和文饰是承汉赋骈文的统绪，范围甚狭，而又把这个狭的范围做到极度罢了。统括以上所说的四层，我们可以说：由标准语进为文言，浅的地方只是整齐化，较深的地方便有同于诗歌化者，诗歌正是从一般话语中最早出来最先成就的一种艺术，一种文言。

语言变到文言还不止，还有古文一层。古文和文言的分别如下：文言虽文，到底还是言，所以人们可以拿文言作讲话的资料。西塞路、恺撒、齐梁间人（如上举例）、李密对窦建德的话（窦建德对李云"与论相杀事，奈何作书语耶？"）、近代萨笼中的善知识、善男人、善女子、好把话语中说成格调语（Epigrams）者，一切等等。然而古文的生命只在文书及金石刻上，虽有时也有以古文讲话的，如罗马加特力教的神父以拉丁语讲话，但这样的话实在不是和一般话语同作用的话，所以这事并不能破这例。西洋的古文每是别国古代的语言，经不少的流变而成者，亚西里亚的古文是苏末语，拉丁文自嘉洛林朝而后渐渐成所谓"腐败拉丁"，这样拉丁恰是中世纪以来学者公用之古文，若把西塞路恺撒唤活来，不懂得这是什么话。又如蒙古的古文是吐蕃经典语，而这语又是造作来翻译梵经的一种文言。因为中国语言的寿命极长，在所谓禹迹九州之内，三千年中，并没有语言的代换，所以中国古文在来源上仍是先代的文言，并非异国的殊语。然而自扬子云以来，依经典一线下来之文章变化，已经离了文言的地步而入古文了。

以上泛说这五个重要名词的分别，以下单说中国语言文学中这五件不同的事。方言和阶级语是不用举例的，方言和阶级语可以为文学的工具，并且已经屡屡为文学的工具，也是不待说的。至于标准语进而为文言，文言的流变枯竭了而成古文，要循时代的次叙去说明白。中国语最早写成文字，现在尚可得而见者，有殷刻文，金刻文，有《尚书》。殷刻文至多举一事之目，不能据以推到丰长的话言。《尚书》中之殷盘尚有问题，若《周诰》则多数可信，《周诰》最难懂，不是因为他格外的文，恰恰反面，《周诰》中或者含有甚高之白话成分。又不必一定因为他是格外的古,《周颂》有一部分比《周诰》后不了很多,竟比较容易懂些了,乃是因为春秋战国以来演进成的文言,一直经秦汉传下来的,不大和《尚书》接气,故后人自少诵习春秋战国以来书者,感觉这个前段之在外。《周诰》既是当时的话言之较有文饰者,也应是当时宗周上级社会的标准语,照理《诗经》中的《雅》《颂》,应当和他没有大分别,然而颇不然者,固然也许西周的诗流传到东周时字句有通俗化的变迁,不过《周诰》《周诗》看来大约不在一个方言系统中,《周诰》或者仍是周人初叶的话言,《周诗》之中已用成周列国的通话(宗周成周有别,宗周谓周室旧都,成周谓新营之洛邑,此分别春秋战国时尚清楚)。为这些问题,现在只可虚设这个假定,论定应待详细研究之后。"诗三百篇"最早者大约是在康昭之世(《周颂》之一部分和《大雅》之一部分),最迟者到春秋中世,虽《诗经》的语法,大体上自成一系(其中方言差异当然不免),并不和后来的《论语》《国语》等全同,但《诗经》和《论语》《国语》间似乎不有大界限。《论语》中引语称《诗》很多,举《书》颇少,虽说诗书皆是言,究竟有些差别。《诗》在儒家教育中之分量,自孔子时已比《书》大得多了,这也许是使《书》的词语更和春秋战国的标准话言相违的。春秋末战国初,始见私人著述,现在可得见之最早者,有《论语》,有《国语》。(《左传》在内,其分出是在西汉末的事,此问题大体可从"今文"说。详论《国语》节中)。《论语》称曾参曰曾子,大约成书在孔子死后数十年。《国语》称毕万之后必大(今已割入所谓《左传》中),记事下至智伯之灭,又于晋国特详,大约是魏文侯时人,集诸国之语而成之一书,故曰《国语》(说详后)。这两部书的语言,我们对之竟不佶屈聱牙了。虽然《论语》里还许保存些古式，或方语式的语法，如吾我尔汝之别（《庄子》亦有此别），但大体上究无异于战国的著述中语言。虽然《国语》中（合《左传》言）也保存了些参差和孤立语质，但《国语》既与战国末著作无大不相通之处，且又已经是很发达的文言了。继这两部书而后者，如《庄子》中若干可信之篇，如《孟子》，凡是记言之篇，略去小差别不论，大体是一种话。这时节出来的书策，无论是书简中语，如乐毅报燕惠王书，鲁仲连遗燕将书，或是简策上著录的口说，如苏秦、张仪、范雎等人的话言，也和《国语》《论语》及记言的子家，是一系。战国晚年，有了不记言而著作的子家，文言的趋势因不记言而抽象的著作之故，更盛了，但究竟还和战国初年著作在言语上是一绪的。这样看来，在春秋战国时，中国黄河流域的语言，西括三晋，东包鲁卫，南乃影响到楚北鄙，中间招着周、郑、陈、宋，已成一个大同，必有一种标准语，为当时朝廷大夫、士所通用，列国行人所共守，而著于书策上的恰不免是这一种标准语，于是文言凭借这标准语而发达。《国语》《老子》固是文语发达之甚者，一切子家也都带些文语的气息，可于他们的文辞之整齐、修饰、铺张上看出。中国的经传多属这个时代，所以这时代著文时所用之语言竟成了后代当作仪型的传统语，是不能见怪的。现在把这段意思分为下列几个设定（Hypothesis），盼诸君读书时留意其证据或反证：

一、《周诰》中所用的话，在春秋战国著书中语言所承之系统之外。

二、"诗三百"篇中的话言，如《国风》，大体上自应是当时的俗话；如《小雅》，大体上自应是当时的官话；如《鲁颂》《商颂》及《大雅》的大部分，自应是当时的制作中标准点，已渐有文语之趋势。把这些略去支节而论，并无大别于战国初年以来著书者。

三、春秋战国时，各国都有方言，但列国间却有标准语，这个标准语中那国的方言占成分多，现在无可考了。儒是鲁国人的职业，孔子弟子及七十子后学者散在四方设教，或者因这层关系鲁国的方言加入这个里面者不少，也未可知。

四、《国语》是很修饰了的文言，《论语》不至这样，但语法之整齐处也不免是做过一层工夫的。至于战国子家以及《战国策》所著录的书辞和说辞，都是据标准语而成之文言。其中文言的工夫也有浅深的不同，如《孟子》整齐铺张，犹甚近于言，《战国策》比较文些了，《荀子》更文，这都不能是纯粹的口语，因为在他的文辞中看出曼衍雕琢来。

五、为什么战国时的著述都是艺术语（Knnstprosa）而不是纯粹的口语呢？这因为古来的文书，除去政府语诰只是记话言，书写之作用只是做一种传达及遗留的"介物"外，凡涉及文书者，不论国家的辞令或个人的述作，都有"言之而文"的要求，所以在述作开端之时，即带进了艺术化，"文言"正可解作"话言的艺术化"。

六、且不止此，春秋时大夫的口语调及国际间的词令，也有"文"的倾向。如《论语》，"诵'诗三百'……使于四方，不能专对，虽多，亦奚以为"，"不学诗无以言"。《左传》僖二十三，"子犯曰：吾不如衰之文也，请使衰从。……公子赋《河水》，公赋《六月》"。这些地方，都可看出当时在口辞也要文饰的，至于写下的必更甚。《论语》"为命，裨谌草创之，世叔讨论之，行人子羽修饰之，东里子产润色之"，这竟成了佳话。而屈原以娴于辞令之故，议号令，对诸侯。所以在《左传》《战国策》上所载各种的应对之辞，书使之章，有那样的"文"气，虽不免是后来编书者整齐之，然当时话言固已"文"甚。然则在这风气中，诸子百家开始著作，所写者必是一种艺术化了的语言，又何可怪？

七、汉初年的词令仍是《战国策》中调头，上书者和李斯没有什么分别，作赋者和楚词齐讽不能不算一气。且西汉方言之分配仍可略以战国时国名为标（见《方言》），而西汉风土仍以战国为分（见《汉书·地理志》）。邹阳之本为战国人者，可不待说。即如贾谊、枚乘，战国气之重，非常明显；虽至司马长卿，文辞仍是楚词之扩张体；至司马子长，著作还不是《战国策》《楚汉春秋》一线下来的么？这些仍然都是文言，都不是古文，因为他们在文词上的扩张，仍是自己把语言为艺术化的扩张而已，并不是以学为文，以古人之言为言。即如司马长卿的赋，排比言词，列举物实，真不算少了。然多是当代的名物，引经据典处真正太少了。这样的文词，并不曾失去口语中的生命，虽然已不能说是白话（汉赋中双声叠韵联绵词皆是语的作用，不是文的作用，又长卿用屈宋语已多，但屈宋去长卿时仅及百年，不为用古）。

八、自昭宣后，王子渊、刘子政、谷子云的文章，无论所美在笔札，所创作在颂箴，都是以用典为风采，引书为富赡。依陈言以开新辞，遵典型而成己体。从此话言和文辞断然的分为两途，言自言，文自文。从这时期以下的著作我们标做"古文"，古文没有白话的生命。此说详见第三篇《扬雄》章中。

以上所说恐头绪较多，未能使读者一目了然，现在更作一图如下：（图缺）

附：论语言之变迁与文学之变迁

假如语言起了重大的变化，会不会文学随着起重大的变化呢？

自然会的。且就目前的形势而论，近年来白话文学之要求，或曰国语文学之要求，实在因为近数百年北方话中起了重大的变化，音素剧烈的减少，把些原来绝不同音的字变做同音了，于是乎语言中不得不以复词代单词了，而汉语之为单音语之地位也就根本动摇了。这么一来，近代语已不能保存古代语法之简净（Elegance）而由传统以来之文言，遂若超乎语言之外，则白话的文学不得不代文言的文学以兴，无非是响应语言的改变。若语言不变化到这么大，恐怕人们以爱简净（Elegance）和爱承受的富有之心，决不会舍了传统所用既简净又丰富的工具。文学与语言之距离，既要越近越好，即是不如此要求，也免不了时时接近，偏偏语言变化得如此，对于遗物遂有不得不割爱之势。若不是语言有这么大的变化，恐怕现在的白话文学也不过是唐宋人词的样子，词单而质素丰富的话，读出来能懂，又为什么不用他呢？说所谓官话的人，感觉国语文的要求最大，因为官话和中世纪话太远了，粤语之变并不如此远，或者说粤语的人感觉这种需要也不如北方人之甚。"若是大家可以拿着《广韵》的音说话，文言即是白话，用不着更有国语的文学"（赵元任先生谈）。

假如文学起了变化，会不会影响到语言？文学变影响语言只是一种"文化的影响"，这个影响是较浅的。文学凭借语言，不是语言凭借文学，所以语言大变，文学免不了大变，文学大变，语言不必大变。

选自傅斯年《中国古代文学史讲义》

成文的文学和不成文的文学

假如我们只看中国的文学史，免不了去想文学自然是文明的出产品，民族有了文字以后才有了文学的要求，愈演愈富，皆是借文明的进步供给他资料、感觉、方式和主率力的。又假如我们去看埃及、巴比伦一带地方早年文学的发生，也免不了觉得文学之生出于有了文字以后，先凭文字为工具、为记载、为符信，而后渐渐有艺术的文辞从官家文章、巫师文章中出来。那么，我们或者要作一个结论，去说，文学是文明的出产品了。然而假如我们把范围推广些看，看几个印度、日耳曼民族的早年文学，这样子就全两样了。印度最早的文辞是维代诗歌。那时节白印度人尚在迁徙游牧时代，未曾有文字。这些东西虽然宗教性很大，却已是成熟而有动荡力的文学。希腊见存文学开始于荷马的两篇歌诗，都是有文字以前的口中作品，写下来是后来的事，这两篇诗永远是欧洲文学的一个至大宝藏，每一次的好翻译总发生一段影响。又看北欧民族在中世纪的样子，他们带着好些从东北，从伊斯兰岛，从极北的芬兰，从中欧洲的树林，乃至从莱茵河两岸出来的无限神话和故事拼合起来的长诗，野蛮供给他们这些文学，文明在当年即是基督教，却只供给他一部经，而摧灭这些文学。又看中世纪的欧洲文明尚不曾感化了野蛮人时，各地的新来人寇的北狄和本地人合起来出好些侠歌，南至伊大利（今译意大利)、西班牙、法兰西,一律作这些义侠情爱的诗篇,基督教在当年即是文明的代名词,并管不了他们什么。甚至后到十七八世纪所出产的《风歌》(*Ballad*)还不都是早年野气的遗留吗?史诗固因文明演进早已下世,这些《风歌》也随科学商业共和民主国而亡了!且这现象不仅限于诗歌,即如小说,像当西侯特那样题目,近代当然也没了。再下一世论,十八九世纪之交出来一个所谓浪漫运动,这个运动至少在德国可以清清楚楚看出来是要求返于文明以前的感觉的。甚至到了十九世纪之中年,中世野诗《矮子歌》(*Nibelungenlied*)仍给黑伯儿(Friedrich Hebbel)、易卜生(Henrik Ibsen)、瓦歌纳(Richard Wagner)一个新动荡。这样看来,岂不是大文学反是野蛮时代感觉的出产品,随文明而消失他的大力吗?上面两个相反的现象,实在靠着一个民族自己发明文字与否而差别。自己发明文字的民族最初只用那文字当实用的工具,不曾用他当做书写文学的材料,到了文字之用可以被波及记录文学时,早年"野蛮"时代的真文学已经亡了。而印度、希腊、北欧民族是向先进民族借来文字的,待借来的文字用到记录这些先于文字的文学时,这些文学还不曾全散失。《周书》《周颂》之前,中国总应有些神话故事歌词,后来随文明而湮灭,这是自己发明文字者之吃亏处。

这样看来,文字之施用不是文学发生的一个必要条件,前乎文字固有大文学,当有文字的期间一切民歌故事也都在民间为不成文的文学。

且不止此。文字发明以后,反而给大力量的文学一种打击,使得他离去人们对于文学最自然的要求,而给文学若干的桎梏,使他作畸形发展。诚然,若没有文字的发明,把口中的文学变做纸上的文学，若干文体是不可能的，若干文体虽可能而也不能充分发展的，文学的技术不能有我们现在所见的那样细密的，文学的各种作用不若有我们现在所得的那样周到的，但也不至于失去语言之自然，性情之要求，精灵之动荡，一切人们之所共觉，而徇于这些小小精巧，那些小小把戏。文字固曾给文学一个富足，然也曾向文学取去些实质，算起账来，是得是失尚不易作为定论。那么我们若说文字发明是世间文学史上一个不幸事，虽像矛盾，或者过度，也或还成一调罢！

那些前于文字的"野蛮"文学究竟有些什么好处？这本是些主观的事，各人的欣赏原不同，但在这里也不妨说我的几句主观话。文化只增社会的复杂，不多增加社会的质实。一个民族蕴积他的潜力每在享受高等的物质文化之先，因为一个民族在不曾享受高等的物质文化时，单简的社会的组织，即是保留他的自然和精力的，既一旦享受文化之赐，看来像是上天，实在是用他早岁储蓄下的本钱而已。中国的四邻和中国接触无不享受文化，结果无不吃亏，只有日本人不曾吃了不救的亏，或者因为日本人到底未曾为中国化入骨髓。日耳曼人和罗马人接触，便吃了一个大亏，突厥人和东罗马人接触，更吃了一个大亏。一个新民族，一旦震于文化之威，每每一蹶不振。若文化只能化了他的外表，而他的骨肉还能保存了他早年的"野蛮"，然后这个民族必光大。凡事皆然，文学其一。在不文时的文学中，力胜于智，重胜于巧，直胜于曲，质胜于表，斗力者人道之厚，斗智者世道之薄，重而直者可为刚大，巧而曲者难有后世。人情不以文不文分，则不文时之文学固犹是这个人情，粗细却以文不文分，则既文时之文学固然以细而失其直，以妙而失其壮，职业的文人造作上些不自然的物事,乃以微妙(此语系译英语之 Subtleties)布置之,完成之,而说这是深远,这是精练。这样至多可以为《哈母烈》(Hamlet,今译《哈姆雷特》),固可以为《佛斯特》(Faust,今译《浮士德》),而不可以为荷马的两大歌诗和北欧各族的史诗。这些初年文学中,人情本真,而有话直说,铺排若夸,而大力排荡,以神话为灵,以不文之人性为质,以若不自然者为自然,人生之起伏扬落固已备,世间之波荡离合固已显,若要说道理,说本义,便直说出来,如早年基督教画图。这已是大文学,又何取乎清谈客室(译"沙龙"一词)中之妙语,精妙小小的舞台上之巧技,以成其全?犹之乎建筑金字塔者,不取乎塔影以成建筑术之美,制和乐者,不模仿一切物之声以成音乐家之备。若在文学成统,文人成业,文章成法,"文心"成巧之后,所增加者总多是些诡情曲意,细工妙技。刻工细者,每失一物之轮廓,绘画细者,每遗一像之神采,其能在后来繁杂精工的技术大海中摆脱了不相干,依旧振作不文前之意气,不拘束于后来之樊笼者,即是天才,即是大作家。然则不特不文前之文学是真文学,即文后之文学还不免时时返于故地,以为精神,其能在文了的文学中保持不失不文时的意气者,乃有最大排荡力。文学进化不是等于建筑上天之台,一往的后来居上,乃是时时要从平地盖新屋,这平地还须最好是天然的土田,如果在一片瓦砾古迹之上,是没有法子打地基的。

　　那些在已"文明"了的社会中之不成文的文学有些什么好处?这又是个主观的事,各人的欣赏原不同,但我也就此说几句主观的话。小儿在母亲和奶妈手中,最欢喜听神话鬼话,稍大些,最欢喜父母长者讲故事。更长则自己探奇闻去了。教育他的，强以例如陆士衡文、李义山诗一流的东西给他欣赏，恐怕大多数人在这样情景之下是永远格格不入的，很少的"可儿"渐渐上了这一套，所谓雅正的欣赏乃开始了，其实这真是戕贼杞柳以为杯棬，他们在先的好听神话故事奇闻乃是真的文学要求，无名的诗人和艺术家，十口相传，供给这个要求，以存于一切古文、今文的压迫之下。文学不离众人，则文学不失众人之伦，文学用于赤子，则文学不失其赤子之心。原来欧洲的文学界也不留意这些东西的，及前世纪之中，哥里母兄弟（今译格林兄弟）始集德国一带的家庭和小儿故事，从此各国效仿，在俄东所得的尤多且可宝，丹麦人安得生（今译安徒生）又自造些小儿故事，继之者不止一方面。如果文人要卖弄聪明的话，何不择这样的地域去制作？

中国古代必不少绝好的神话故事，但现在多半只可凭《天问》《山海经》知道些人名地名和题目而已，其中的内容久已不见，如鲧禹故事，"地平天成"，正是中国的创世纪，今则有录无书，多么可惜！

至于民间故事童话，尚有很多可搜集者。搜集固是大业，若能就故题目作新创作，也是佳事。现在的文风每是描写中国人的劣根性，或是摹仿西洋人的恶习气，有能付给那些固有的神话故事题目一个新生命，付给那些尚在民间的童话俗语一个新运动者吗？我醒着睡着都找他！

十七年十一月

选自傅斯年《中国古代文学史讲义》

文人的职业

有歌曲必有歌者，有绘画必有画师，有文学必有文人，歌者、画者、文人，以及一切的艺术家，虽他自己要表达客观的境界，要说"实在"的话，但总是他自己的境界，他自己的话，这都是一个无量数方面的。物理学者虽然只有一个境界，而诗人和艺术家则因自身和环境互相反应之错综，有无量数之境界。惟一的然后是客观，多方面的必定由主观。所以谈一种文学，便等于谈该一种文人，拿《文苑传》当做文学史看，未尝不是。只是历来的文苑传都是依最形式的方法写的，正不能借此看出这些文人的实在罢了。

一个文人的成分是无限东西凑合的，以前的祖祖宗宗好些零碎，同时的东西南北又好些零碎。姑且约略来说，第一，他是个人；第二，他是个当时的人；第三，他是个在职业中的人。第一，文可不必谈，因为太普泛了。但我们还要提醒一句，因为文人是人，所以文学中最大的动荡力是情爱和虚荣心了；第二，我们在下一节中商量；第三，正是我们在这一节中说的。

文人的职业是因地有些不同的。譬如中国历代的文人大多数是官吏，西洋近代的文人，好些个不过是个国王或贵族的清客相公，而大多竟是优倡或江湖客而已。他们的职业成就他们的文学。十七八世纪的文学是贵族养他，近百年中是社会养他，所以十七八世纪的书籍，每每致于贵族，最近的书每每致于他的妻和友。又如唐诗和宋诗，真正不是一样的风格，也不是一样的题目。中晚唐的诗人，除韩、白几个人以外，都是枢臣节使的掾史或清客，所以所做的诗无论是藻饰的或抒情的，自咏的或赠给人的，每每带着些书记翩翩的样子，现出些华贵的环境，露一点逢场俯仰的情绪。在这个情景中，我们显然看出当时的文人不是贵族社会的自身，而是在贵族式的社会中作客。风气先已如此了，便是真的贵族，做起文辞来，便也不免是这个样子了。所以唐诗在大体上说去是说客人的话，为别人作诗的话（杜少陵大体不这样，然李太白却不免）。到宋朝便没有诸侯式的方镇了，每没有食客做了，文人多要去做皇帝的官了，做官比做客在当时实在独立得多，自由得多，所以用不着说话给府主听，只由着自己的性儿，说自己的话好了。文人自成一个社会，在这社会里文人是主人。所以像山谷、后山那类的诗，那类文人社会中的诗，绝难出现于中晚唐时府主的社会中，所以宋诗在大体上说是说主人的话，作自己的诗。举这一个例，以概括其他无数的例。

在中国，古往今来文人的职业大略有四种：一、史掾；二、清客；三、退隐；四、江湖客。

中国文学的开头是官的。这句话仿佛像答晋惠帝的傻问，但，文学确有官的、有私的。中国的典册高文，例如箴、铭、颂、赞、符、命、碑、志等，是官的，西洋的荷马等是私的，近代的文学尤其是私的。官文不必即是当官者之言，只是一经沿袭一个官文的来源，便成一个官文的质实，所以历来所谓大手笔者，所做多是些官文，这些人有的也不过是布衣的。官文的来源起于史掾，这个名词本不很好，但一时想不出更好的来。经典时代所谓史之一职,与八代所谓掾之一职,合起来以概后世,故用这个名词。经典时代中所谓史,八代所谓掾,皆是给人做书记的。史掾的文辞,在原始上不过是工具的文辞。不能说是艺术的文辞。但公文有时也很有艺术性,特别在中国文学史中这个情形尤其显著。不特六朝的大文多是官文或半官文,即开中国文学史的《尚书》《雅》《颂》又都是官文。史掾的职业是执笔的臣仆,这个情形在最早的记载上已经看得很清楚,周代金文刻辞中常有下列一个公式:"王立中庭,呼史某册命某为某官。王若曰……"所以史掾说的话是别人的话,他的作用不过是修饰润色而已。因为这样的职业是如此,所以这样的文章在最好时不过是"如黄祖之腹中,在本初之弦上"(汪中《吊马守贞文》)。这个职业在汉武帝以后尤大发达,枚乘、司马相如的时代,文人的职业还只是清客,不是史掾(司马长卿曾为郎官使蜀,然还是清客的浪漫把戏,到王褒乃是个有秩位的官),到王褒、谷永,文学改宗古典一派,而职业已不是客而是官;赋(此处但就京都一类之赋言)、诔、碑(私文而官气者)、论(此处但就符命一类之论言之,如《剧秦美新》《王命》等)、颂、赞、箴、铭等等体裁,都是在这个时候始发达官的文学,扬子云正是古典文学的大成就,同时也是官气文章的十足发达,《剧秦美新》之论,《十二牧》之箴,可以为例。东汉一代的文学,除诗乐府(民间文学)及史书(工具文学)以外,几乎皆是这一类的文,而文人也是在上则为列大夫,在下则举孝廉、辟郎官,直到蔡邕便是这一线的最高点。魏晋六朝大手笔固然多是些国家的典制,即到了排除八代以归秦汉之韩文公手中,如《平淮西碑》之"点窜《尧典》《舜典》字,涂改《清庙》《生民》诗"者,看看这个大文中之衣冠礼乐气象思路，又何尝不是官样文辞呢？不过散文谈官话究竟没有骈文谈官话之便当，坏事说成好事，寻常事说得有风度，所以诏令制诰永远是以骈文行之。直到了骈文的创造性早已消失之后，骈文中官文之一部尚能有花样可翻，如宋之四六，正是好例。而宋代的散文，得有骈文包办了官文去，自身还可免说官话，较自由些，故差有新生命了（其实宋代散文之进展依科举者甚大，这虽然也是一种官文，而与做史掾之官文不同）。

　　文人的第二种职业是清客。清客也是在王庭或诸侯卿相乃至富家士族之家中供奉的。但史掾与清客有个大不同处，史掾是用自己的本领做别人的工具，清客是把自己的艺术供别人之欣赏，所以同样是个做奴才，史掾表达的是别人，清客表达的还是自己，史掾是僚属，清客仍不失其为客人，史掾是些官，清客还不失其为艺术或方术之士。

　　战国时，梁朝稷下的那些先生们，大约都是些清客，其中固有专以方术见长的，也有特别以文辞见长的，例如邹衍、淳于髡。到汉朝则梁朝与淮南朝的清客最多，果然楚词的好尚就在这个环境中成就，歌辞的体制就在这个环境中演进。司马长卿、东方曼倩在汉武朝中也只是清客，不能算做官，虽然不免于"主上所戏弄，优倡所畜"，但究竟比执笔说官说的人可以多多自显性灵些。中国文学的好多缺陷，每每由于文学大多不自清客或江湖客来，这是比起近代欧洲来相形见绌的。本来清客只靠诸侯及世家贵族来蓄养，专制帝王的朝廷是比较难容较有自由的艺术家的，即使容许，一个朝廷也养不了许许多，且一个朝廷更难得有两样的风气，而艺术风气统一了，每每即是艺术的死症。

　　文人的第三种营生是退隐，退隐虽不是"职"，却在甚多文人身上已经成了一种"业",这一业与业官实在是一件事情的两面,进则为官,退则归隐,归隐仍是士大夫的身份。自然,隐居的人们也不全是一类,虽大多是退到林泉的,然也有退到林泉竟真归农的,也有是一生布衣未出过茅庐的。中国文学中甚发达的山林文学自然是这些人们成就的,这些山林文学的意境有的很是宁静的,有的很是激昂的,真隐士多是真激昂的,因为真的隐遁,非"带性负气"不可,这是朱文公说对了陶渊明的话,假的隐遁也可以认识些山林中的性灵,例如杜子美误认做高人的王摩诘之在辋川。

在中国,山林文学之发达和帝政很有关系,因为有这样的帝政,然后官多,然后退位的官多,然后官家子弟之在林下田间,可以凭借基业以欣赏文学者多,然后对于世务起了反感而深藏遗世者多,一统的帝政时代,清客之少,隐逸之多,当是一个原因;封建制度之下,正是相反的。

文人的第四种生活是做江湖客。江湖上的诗人文人,自古以来是很多的,只是因他们的文辞多上不了统治阶级之台面,所以我们不感觉着这些人的存在。虽时时代代多有这样的作者,而世过代迁每每留不下多少踪迹。敦煌石室卷子中给我们好些李陵、苏武的故事和诗歌,而不告诉我们以他们的作者;又给我们好多唐代的小说,汉土的佛曲,都不知作者。宋人的平话杂剧,亦不知作者;元明以来的长篇小说很多不知作者,我们所见近代的一切民间文学亦不知作者。这些东西中,自然也有些是好事的官们,清闲的绅士们作的,然大多总当是在江湖上吃闲、卖艺、说书、唱故事的人们所作的。这些众人中真有艺术家,因为只有他们乃是和倡优——这都是艺术家——同列的,乃不是士大夫,他们曾经以众人的力量创造了好些大文体，如楚辞、五言、七言、词、曲、杂剧、传奇、弹词、章回小说（详论在本书《文体之演化》一章中）。又出产了好些有力量的文辞，例如"古诗十九首"，所谓苏李诗、东汉乐府、唐人无名氏的词，以及直到近代一切通俗文学中的佳作。

其实上述四类也都互有出入，我们不能指每一文人单独的属于某一类。这样四种生活的交错，有个对称的样子，做官和做隐士原来只是一件事的两面，都是士大夫阶级，分别只在一进一退而已。做清客和做江湖客也只是一种营生的高低，都是方技的职业，分别只在一有府主而在上，一无府主而在下而已。做官和做清客又有相同处，便是他们都在上层。做隐士和做江湖客也有相同处，便是他们都在民间。这很像一个四角形的关系。

我并不想把这一部讲义写成一个唯物史观的文学史，且我反对这样无聊的时髦办法，但在讨论许多文学史的问题时，若忘他的物质方面的凭借，是不能辟入的。

因文人的职业之不同，故文人的作品有的为人，有的为己；有的为多，有的为少。职业是在客位者为人，在主位者为己；在上层社会者为少，在下层社会者为多。文人和其他人一样。焉能自脱于他在社会中所处的地位呢？

文学因时代的不同，每每即是文人的地位因时代的不同。在了解很多文学史题上，这个观点很重要，现在姑举一个例，即上文已经提出过的唐诗、宋诗不同之一事。

自从五言诗成诗体正宗的时候——建安——算起，文人的地位多数是在朝做侍从供奉，在外作一薄宦或靠府主为生的。他们虽不全是这样，然多数是这样。这个情形，到了唐朝更甚，唐代的社会是贵族的社会，唐代的政治是在门阀手中的。中唐以来，地方割据的势力分了中朝的政权，各节度使又每成一个小朝廷，能养清客。这时候的书生，自是书生，不像宋朝人可以随便以天下事自任。这时候的书生正多出身清门的，然而与统治阶级每不是一事。他们所处的社会是华贵的社会，而他们正多是在这样的华贵社会中做客。譬如李白、杜甫的时代，主人自是杨家兄弟姊妹，及其环境中人乃外至严武等等，李白只是中朝的客，杜甫只是节度使的客。中晚唐诗人的客人生活尤其表显这情形，直经五代不会改，因此之故，唐代诗人除杜、韩几个大家而外，都是为这件事实所范围的。经五代之乱，世族社会扫地以尽，到了北宋以后，文人每以射策登朝，致身将相，所以文风从此一变，直陈其事，求以理胜者多，诗风从此一变，以做散文的手段做诗，而直说自己的话。这个转移，庆历间已显然，至元祐而大成就。以前读书人和统治者并非一事，现在差不多是一类了，以前的诗人寄居在别人的社会中，现在可以过自己的生活了。以前诗人说话要投别人的兴趣，现在可以直说自己的话了，总而言之，以前的诗多是文饰其外，现在的诗可以发挥其中了。以前是客，现在是主了。社会组织之变迁影响及于文人的生活，文人的生活影响及于文章之风气。诚然，最大家每每有超越时代的形迹，如韩昌黎的诗，在他当时是独立的，反而下与宋诗成一线，又如陆放翁的诗，在他当时是能高举的，反而与唐诗联一气，然而大大多数诗人总是完全受时代之支配，依环境以创作者，即此第一等之最大诗人，一经深者，仍不脱离其时代，不过占得最在前耳。世人每以为庆历以降之变唐风，由于范欧诸公之提倡，王苏诸人之继作，然若北宋中世文人的生活依旧如唐时，这提倡正未必能成立，即成立也不得发展绵长，自然不至于依旧局促于西昆诸体，然仍当是凭唐人之遗绪，在个外范中一层一层翻些花样而已，大前提是变动不了的，数百年之绪是不能一下子转的，如欧阳公之《明妃曲》者是做不出来的。下边对举温飞卿、黄鲁直诗各一首，以为这一节所说的意思之形容，我们不说这两首诗可以分别代表晚唐、盛宋，然把这两首诗对着看一下，看看他们的身世之不同主或客，出词之不同内或外，境界之不同文或质，意态之不同清或醇，则时代之异，环境之别，再显然不过。

温飞卿《过陈琳墓》：

曾于青史见遗文，今日飘蓬过此坟。
词客有灵应识我，霸才无主始怜君。
石麟埋没藏春草，铜雀荒凉对暮云。
莫怪临风倍惆怅，欲将书剑学从军。

黄鲁直《池口风雨留三日》：

孤城三日风吹雨，小市人家只菜蔬。
水远川长双属玉，身闲心苦一春锄。
翁从旁舍来收网，我适临渊不羡鱼。
俯仰之间已陈迹，暮窗归了读残书。

宋朝庆历以来诗虽不接唐人，而宋朝的词反接唐人，唐人诗中的体质、情感、言语，到了北宋盛时不传入诗，反而转入词，这件事实我们几乎可以在一切北宋大家中看出的。这为什么？这因为宋诗人做词时的环境转与唐人做诗时的环境偶似,这便是说,在华贵的社会中作客。北宋的诗人作词还多是替歌妓做的,试着学说歌妓的话。南宋的词人做词便渐渐替自己做了,称心去说自己的话。唐诗人的环境同于倡,宋诗人的地位近于儒。北宋人制辞多是临时的解放,因而最富风趣,不说自己的职业话,而去代歌者表她自己的世界。即如欧阳公,在诗中是大发议论的老儒,在辞中香艳得温、李比不上,岂不以欧阳公当时在词在诗之社会的身份各不同,所以诗和词不像一个人的话吗?

选自傅斯年《中国古代文学史讲义》

《诗》之影响

"诗三百"在儒家的文献中，虽然有这么大的势力，而在后来文学的影响上，并不见得很多。仿佛《诗经》之体，同《诗经》之文，俱断于春秋之世。后来虽有四言诗，却已不是"诗三百"之四言诗了。所以这样者，一、春秋战国间流行的音乐改变了，和旧音乐在一起的诗体遂不通行。魏文侯闻今乐则乐，闻古乐则倦，当时今乐古乐之分已甚断然了。二、汉代音乐乃继楚声者，稍加上些北方之音，故不绍《雅》《颂》《郑》《卫》的系统。三、雅乃随宗周之文物而亡的，更不消说。春秋战国间，中国一切物事都大变，文辞音乐也不免随着。还有一个理由："诗三百"到底是初年的诗体，并未发达到曹子建的五言诗，或李、杜的七言诗之地步。突然遇到春秋战国间之大变，遂不能保持着统绪下去。

况且一切诗体都不是能以绍述成生命的，所以历代诗之变比文之变快得多。文究竟多含理智上的东西，以后承前，还可积累上去。若诗，则人之感情虽说古今无异，不外是些悲欢离合，爱好愤恨，而人之感觉却无处不映照时代，时代变则感觉随着变。例如唐人最好的诗，现在读来，或者不觉得亲切，因为时代不同，我们不能感觉唐人所感觉之故。自然单个诗中每有不朽者，若但以一种体制一种倾向而论，总是有生有死，有壮有老者。

于是乎"诗三百"在后来之影响，不在诗中，而在假古董中。自汉武重儒术，而三王封策作《尚书》语，扬子云箴作《诗经》语。以后如韦、孟的诗（此非西汉诗），历代享祀的诗，每学《诗经》。然而"点窜《尧典》《舜典》字，涂改《清庙》《生民》诗"者，何尝是有生命的文学？不过是些学究的雕虫之技而已。汉魏六朝四言之体犹盛，然除少数的经学诗外，未尝和"诗三百"有系统的关联。

选自傅斯年《〈诗经〉讲义稿》

论所谓"讽"

"诗三百"之后世虽小,然以风为名之辞在后来却变成一种新文体,至汉而成枚马之赋,现在分别叙这一件事之流行。

一、"风""讽"乃一字。此类加偏旁的字每是汉儒做的,本是一件通例,而"风""讽"原通尤可证。

《诗序》:"所以风。"《经典释文》:"如字:徐,福凤反;今不用。"按:福凤反,即讽(去声)之音。又,"风,风也"。《释文》:"并如字。徐上如字,下福凤反。崔灵恩集注本,下即作讽字。刘氏云,动物曰风,托音曰讽。崔云,用风感物则谓之讽。"

《左氏》昭五年注:"以此讽。"《释文》:"本亦作风。"

风读若讽者,《汉书》集注例甚多(从《经籍籑诂》所集):《食货志下》集注,《艺文志》集注,《燕王怪传》集注,《齐悼惠王肥传》集注,《灌婴传》集注,《娄敬传》集注,《梁孝王武传》集注,《卫青传》集注,《霍去病传》注,《司马相如传》集注三见,《卜式传》集注,《严助传》集注,《王褒传》集注,《贾捐之传》集注,《朱云传》集注,《常惠传》集注,《鲍宣传》集注,《韦元成传》集注,《赵广汉传》集注三见,《冯野王传》集注,《孔光传》集注,《朱博传》集注,《何武传》集注,《扬雄传上》集注二见,《扬雄传下》集注三见,《董贤传》集注,《匈奴传上》集注三见,《匈奴传下》集注二见,《西南夷传》集注二见,《南粤王传》集注,

《西域传上》集注，《元后传》集注二见，《王莽传上》集注二见，《王莽传下》集注，《叙传上》集注，《叙传下》集注二见，又《后汉·崔琦传》注。按，由此而观，风为名词，讽（福凤反）为动词，其义则一。

二、风乃诗歌之泛名（前已论之）。

《诗·大雅》："吉甫作诵，其风肆好。"（此《雅》之称风者）

又《小雅》："或湛乐饮酒，或惨惨畏咎。或出入风议，或靡事不为。"郑笺以为"风犹放也"，未安；当谓出入歌诵，然后上与湛乐饮酒相配，下与靡事不为相反。

《春秋繁露》："'文王受命，有此武功。既伐于崇，作邑于丰'，乐之风也。"（《文王受命》，在《雅》）

《论衡》："'风乎雩'，风歌也。"按此解实通。《论语》何注，风，凉也；无谓。

故《诗》之辞为风，诵之则曰讽（动词）；泛指诗歌，非但谓十五国。又以风名诗歌，西洋亦有成例，如 Arig 伊大利文谓风，今在德 Arie 在法 Air 皆用为歌曲之名。

三、战国时一种之诡词承风之名。

《史记·滑稽列传》：威王大说，置酒后宫，召髡，赐之酒。问曰："先生能饮几何而醉？"对曰："臣饮一斗亦醉，一石亦醉。"威王曰："先生饮一斗而醉，恶能饮一石哉？其说可得闻乎？"髡曰："赐酒大王之前，执法在傍，御史在后，髡恐惧俯伏而饮，不过一斗径醉矣。若亲有严客，髡帣韝鞠膝，侍酒于前，时赐余沥，奉觞上寿，数起，饮不过二斗，径醉矣。若朋友交游，久不相见，卒然相睹，欢然道故，私情相语，饮可五六斗，径醉矣。若乃州闾之会，男女杂坐，行酒稽留，六博投壶，相引为曹，握手无罚，目眙不禁，前有堕珥，后有遗簪，髡窃乐此，饮可八斗，而醉二参。日暮酒阑，合尊促坐，男女同席，履舄交错，杯盘狼藉，堂上烛灭，主人留髡而送客。罗襦襟解，微闻芗泽，当此之时，髡心最欢，能饮一石。故曰，'酒极则乱，乐极则悲，万事尽然。'言不可极，极之而衰。以讽谏焉。"（此虽史公节录，非复全文，然尽是整语，又含韵词，其自诗体来，断然可见也。）

此处之讽乃名词，照前例应为风字。"以风谏焉"，犹云以诗（一种之诡词）谏焉，此可为战国时一种诡辞承风之名之确证。至于求知这样的诡词之风是甚么，还有些材料在《史记》《战国策》中：

《战国策》八　邹忌修八尺有余，身体昳丽。朝服衣冠，窥镜，谓其妻曰："我孰与城北徐公美？"曰："君美甚，徐公何能及公也？"城北徐公，齐国之美丽者也，忌不自信，而复问其妾曰："吾孰与徐公美？"妾曰："徐公何能及君也？"旦日，客从外来，与坐谈，问之客曰："吾与徐公孰美？"客曰；"徐公不若君之美也。"明日，徐公来，孰视之，自以为不如；窥镜而自视，又弗如远甚。暮寝而思之曰："吾妻之美我者，私我也；妾之美我者，畏我也；客之美我者，欲有求于我也。"于是入朝见威王曰："臣诚知不如徐公美，臣之妻私臣，臣之妾畏臣，臣之客欲有求于臣，皆以美于徐公。今齐地方千里，百二十城，官妇左右，莫不私王，朝廷之臣莫不畏王，四境之内，莫不有求于王。由此观之，王之蔽甚矣。"王曰："善。"乃下令："群臣吏民，能面刺寡人之过者，受上赏；上书谏寡人者，受中赏；能谤议于朝市，闻寡人之耳者，受下赏。"令初下，群臣进谏，门庭如市；数月之后，时时而间进；期年之后，虽欲言，无可进者。燕赵韩魏闻之，皆朝于齐。此所谓战胜于朝廷。

《史记》七十四　淳于髡，齐人也。博闻强记，学无所主（例如与孟子所辩男女授受不亲诸辞），其陈说慕晏婴之为人也；然而承意观色为务。客有见髡于梁惠王，惠王屏左右，独坐而见之，终无言也。惠王怪之，以让客曰："子之称淳于先生管晏不及，及见寡人，寡人未有得也，岂寡人不足为言耶？何故哉？"客以谓髡。髡曰："固也，吾前见王，王志在驱逐；后复见王，王志在音声。吾是以默然。"客具以报王。王大骇曰："嗟乎！淳于先生诚圣人也！前淳于先生之来，有献善马者，寡人未及视，会先生至。后先生之来，有献讴者，未及试，会先生来。寡人虽屏心，然私心在彼。有之。"后淳于髡见，一语连三日三夜无倦。惠王欲以卿相位待之，髡因谢去。于是送以安车驾驷，束帛加璧，黄金百镒，终身不仕。

《史记》四十六　驺忌子以鼓琴见威王，威王悦而舍之右室。须臾，王鼓琴，驺忌子推户入曰："善哉鼓琴！"王勃然不悦。去琴按剑曰："夫子见容未察，何以知其善也？"驺忌子曰："夫大弦浊以春温者，君也；小弦廉折以清者，相也；攫之深醉之愉者，政令也；钧谐以鸣，大小相益，回邪而不相害者，四时也。吾是以知其善也。"王曰："善语音。"驺忌子曰："何独语音？夫治国家而弭人民，皆在其中。"王又勃然不说，曰："若夫语五音之纪，信未有如夫子者也。若夫治国家而弭人民，又何为乎丝桐之间？"驺忌子曰："夫大弦浊以春温者，君也；小弦廉折以清者，相也；攫之深而舍之愉者，政令也；钩谐以鸣，大小相益，回邪而不相害者，四时也。夫复而不乱者，所以治昌也；连而径者，所以存亡也。故曰：琴音调而天下治。夫治国家而弭人民者，无若乎五音者。"王曰："善。"驺忌子见三月而受相印，淳于髡见之，曰："善说哉！髡有愚志，愿陈诸前。"驺忌子曰："谨受教。"淳于髡曰："得全全昌，失全全亡。"驺忌子曰："谨受令，请谨毋离前。"淳于髡曰："狶膏棘轴，所以为滑也，然而不能运方穿。"驺忌子曰："谨受令，请谨事左右。"淳于髡曰："弓胶昔干所以为合也，然而不能傅合疏罅。"驺忌子曰："谨受令，请谨自附于万民。"淳于髡曰："狐裘虽弊，不可补以黄狗之皮。"驺忌子曰："谨受令，请谨择君子，毋杂小人其间。"淳于髡曰："大车不较，不能载其常任；琴瑟不较，不能成其五音。"驺忌子曰："谨受令，请谨修法律而督奸吏。"淳于髡说毕，趋出至门，而面其仆曰："是人者，吾语之微言五，其应我若响之应声，是人必封不久矣。"居期年，封以下邳，号曰成侯。

邹忌、淳于髡便是这样人，他们的话便是这样的话，而这样的话便是风。到这时，风已不是一种狭义的诗体，而是一种广义的诡辞了。《荀子·成相》诡诗尚存全章，此等风词只剩了《战国策》《史记》所约省的，已经把铺陈的话变做仿佛记事的话了。但与枚马赋体一比，其文体显然可见。

四、因此种诡词每以当谏诤之用，战国汉初儒者见到这样的"风"，更把刺诗的观念在解诗中大发达之，例如《关雎》为刺康王宴起之诗等等，于是"诗三百"真成谏书了。瞽献曲，史献言，一种的辞令，每含一种的寓意（欧洲所谓Moral），由来必远。然周汉之间，"诗三百"之解释至那样子者，恐是由于那时候的诡词既以风名，且又实是寓意之辞，以今度古，以为《诗经》之作本如诡诗，遂成孟子至三家之《诗》学。

五、由这看来，讽字并无后人所谓"含讥带讽"之义，此义是引申而附加者。

六、我疑"论""议"等最初皆是一种诡诗之体，其后乃变成散文。

《庄子·齐物论》："六合之外，圣人存而不论；六合之内，圣人论而不议；春秋经世，先王之志，圣人议而不辨。"

此处之论，谓理；议，谓谊；辨，谓比。犹云六合外事，圣人存而不疏通之；六合内事，圣人疏通而不是非之；春秋有是非矣，而不党其词，以成偏言。这些都不是指文体之名而言。然此处虽非指文体，此若干名之源也许是诡诗变为韵文者。《九辩》之文还存在，而以辩名之文，尚有存名者。至于论之称，在战国中期，田骈作《十二论》，今其《齐物》一篇犹在《庄子》（考后详）。在战国晚年，荀卿、吕不韦皆著论（见《史记》）。然此是后起之义，《论语》以论名，皆语之提要钩玄处。又《晋书·

束晳传》："太康二年……盗发魏……安釐王冢，得竹书数十车。……《论语》。《师春》一篇，书《左传》诸卜筮。师春，似是造书者姓名也。"《左传》诸卜筮本是流行于晋之周易，师为官，春为名，当即传书之人。《左传》卜筮皆韵文诡诗，或者这是论之最早用处吗？议一字见于《诗经》者，"或出入风议"，应是谓出入歌咏，如此方对下文靡事不为。又《郑语》："姜，伯夷之后也。嬴，伯翳之后也。伯夷能礼于神，以佐尧者也。伯翳能议百物，以佐舜者也。"韦昭解："百物草木鸟兽，议使各得其宜。"此真不通之解。上举伯夷能礼，下句当谓伯翳能乐，作诡诗以形容百物。而陈义理，如今见《荀子·赋》篇等。约上文言，春秋时诡诗之名，入战国而成散文之体。我现在假设如此，材料尚不足，妄写下待后考之。

七、枚马赋体之由来。 汉初年，赋绝非一类。《汉志》分为四家，恐犹未足尽其辨别。此等赋体渊源有自，战国时各种杂诗之体，今存名者尚不少，待后详论之（《文学史讲义》第二篇第十二章）。现在只论枚乘、司马相如赋体之由来。枚赋今存者，只《七发》为长篇，而司马之赋以《子虚》为盛（《上林》实在《子虚》中，为人割裂）。此等赋之体制可分为下列数事。

（一）铺张侈辞。

（二）并非诗体，只是散文，其中每有协韵之句而已。

（三）总有一个寓意（Moral），无论陈设得如何侈靡，总要最后归于正道，与淳于髡饮酒，邹忌不如徐公美之辞全然一样。

我们若是拿这样赋体和楚词校，全然不是一类；和《宋玉赋》校，词多同者，而体绝不同；若和齐人讽词校，则直接之统续立见。枚马之赋，固全是战国风气，取词由宋玉赋之一线，定体由讽词之一线,与屈赋毫不相干者也。淳于髡诸驺子之风,必有些很有趣者,惜乎现在只能见两篇的大概。

贾谊《惜誓》云:"涉丹水而驰骋兮,右大夏之遗风。"遗风二字难解。及观《淮南·原道训》云:

"目观《掉羽》《武象》之乐,耳听滔朗奇丽激捴之音。扬郑卫之浩乐,结激楚之遗风。"知所谓遗风,正是歌诗,可为此说益一证也。

选自傅斯年《〈诗经〉讲义稿》

论止有儒墨为有组织之宗派

诸子百家中，墨之组织为最严整，有巨子以传道统，如加特力法皇达喇嘛然。又制为一切墨者之法而自奉之，且有死刑。（《吕氏春秋·去私篇》腹䵍为墨者巨子，居秦，其子杀人。秦惠王曰："先生之年长矣，非有他子也。寡人已令吏弗诛矣，先生之以此听寡人也。"腹䵍对曰："墨者之法，杀人者死，伤人者刑，此所以禁杀伤人也。"云云）此断非以个人为单位之思想家，实是一种宗教的组织自成一种民间的建置，如所谓"早年基督教"者是。所以墨家的宗旨，一条一条固定的，是一个系统的宗教思想（尚贤、尚同、兼爱、非攻、节用、节葬、天志、明鬼、非乐）。又建设一个模范的神道（三过家门而不入之禹），作为一切墨家的制度。虽然后来的墨者分为三（或不止三），而南方之墨者相谓别墨，到底不至于如儒墨以外之方术家，人人自成一家。孟子谓杨墨之言盈天下，墨为有组织之宗教，杨乃一个人的思想家，此言应云，如杨朱一流人者盈天下，而墨翟之徒亦盈天下。盖天下之自私自利者极多，而为人者少，故杨朱不必作宣传，而天下滔滔皆杨朱；墨宗则非宣传不可。所以墨子之为显学，历称于孟、庄、荀、卫、吕、刘、司马父子，《七略》《汉志》，而杨朱则只孟子攻之，《天下篇》所不记，《非十二子》所不及，《五蠹》显学所不括，《吕览》《淮南》所不称，六家、九流所不列。这正因为"纵情性、安恣睢、禽兽行"之它嚣魏牟固杨朱也。庄子之人生观,亦杨朱也。所以儒墨俱为传统之学,而杨朱虽号为言盈天下,其人犹在若有若无之间。至于其他儒墨以外各家,大别可分为四类。

一、独行之士　此固人自为说,不成有组织的社会者,如陈仲、史䲡等。

二、个体的思想家　此如太史儋之著五千言,并非有组织的学派(但黄老之学至汉初年变为有组织之学派)。

三、各地治"治术"一种科学者　此如出于齐之管仲晏子书,出于三晋之李悝书,出于秦之商子书,出于韩之申子书及自己著书之韩公子非。这都是当年谈论政治的"科学"。

四、诸侯朝廷之"清客"论　所谓一切辩士,有些辩了并不要实行的,有些所辩并与行事毫不相干的(如"白马非马"),有些全是文士。这都是供诸侯王之精神上之娱乐者。梁孝王朝武帝朝犹保存这个战国风气。

选自傅斯年《战国子家叙论》

论春秋战国之际为什么诸家并兴

在回答这个问题之前，我们先要问诸子并兴是不是起于春秋战国之际？近代经学家对于中国古代文化的观念大别有两类：一类以为孔子有绝大的创作力，以前朴陋得很。江永、孔广森和好些今文学家都颇这样讲；而极端例是康有为，几乎以为孔子以前的东西都是孔子想象的话，诸子之说，皆创于晚周。一类以为至少西周的文化已经极高，孔子不过述而不作，周公原是大圣，诸子之说皆有很长的渊源，戴震等乾嘉间大师每如此想，而在后来代表这一说之极端者为章炳麟。假如我们不是在那里争今古文的门户，理当感觉到事情不能如此简单。九流出于王官，晚周文明只等于周公制作之散失之一说，虽绝对不可通，然若西周春秋时代文化不高，孔老战国诸子更无从凭借以生其思想。我们现在关于西周的事知道的太不多了，直接的材料只有若干金文，间接的材料只有《诗》《书》两部和些不相干的零碎，所以若想断定西周时的文化有几多高，在物质的方面还可盼望后来的考古学有大成功，在社会人文方面恐怕竟要绝望于天地之间了。但西周晚年以及春秋全世，若不是有很高的人文，很细的社会组织，很奢侈的朝廷，很繁丰的训典，则直接春秋时代而生之诸子学说，如《论语》中之"人情"，《老子》中之"世故"，墨子之向衰败的文化奋抗，庄子之把人间世看做无可奈何，皆都若无所附丽。在春秋战国间书中，无论是述说朝士典言的《国语》(《左传》在内)，或是记载个人思想的《论语》，或是把深刻的观察合着沉郁的感情的《老子》五千言，都只能生在一个长久发达的文化之后，周密繁丰的人文之中。且以希腊为喻，希腊固是一个新民族，在他的盛时一切思想家并起，仿佛像是前无古人者。然近代东方学发达之后，希腊人文承受于东方及埃及之事件愈现愈多，其非无因而光大，在现在已全无可疑。东周时中国之四邻无可向之借文化者，则其先必有长期的背景，以酝酿这个东周的人文，更不能否认。只是我们现在所见的材料，不够供给我们知道这个背景的详细的就是了。然而以不知为不有，是谈史学者极大的罪恶。

《论语》有"述而不作"的话，《庄子》称述各家皆冠以"古之道术有在于是者"。这些话虽不可固信，然西周春秋总有些能为善言嘉训，如史佚、周任，历为后人所称道者。

既把前一题疏答了，我们试猜春秋战国间何以诸子并起之原因。既已书缺简脱，则一切想象，无非求其为合理之设定而已。

一、春秋战国间书写的工具大有进步。在春秋时，只政府有力作文书者，到战国初年，民间学者也可著书了。西周至东周初年文籍现在可见者，皆是官书。《周书》《雅》《颂》不必说，即如《国风》及《小雅》若干篇，性质全是民间者，其著于简篇当在春秋之世。《国语》乃由各国材料拼合而成于魏文侯朝，仍是官家培植之著作，私人无此力量。《论语》虽全是私家记录，但所记不过一事之细，一论之目，稍经展转，即不可明了。礼之宁俭，丧宁戚，或至以为非君子之言，必当时著书还甚受物质的限制，否则著书不应简括到专生误会的地步。然而一到战国中期，一切丰长的文辞都出来了,孟子的长篇大论,邹衍的终始五德,庄子的危言日出,惠施的方术五车,若不是当时学者的富力变大,即是当时的书具变廉,或者兼之。这一层是战国子家记言著书之必要的物质凭借。

二、封建时代的统一固然不能统一得像郡县时代的统一,然若王朝能成文化的中心,礼俗不失其支配的势力,总能有一个正统的支配力,总不至于异说纷纭。周之本土既丧于戎,周之南国又亡于楚,一入春秋,周室只是亡国。所谓"尊天子"者,只是诸侯并争不得其解决之遁词,外族交逼不得不团结之口号。宋以亡国之余,在齐桓晋文间竟恢复其民族主义(见《商颂》);若《鲁颂》之鲁,也是俨然以正统自居的。二等的国家已这样,若在齐楚之富,秦晋之强,其"内其国而外诸夏",更不消说。政治无主,传统不能支配,加上世变之纷繁,其必至于磨擦出好些思想来,本是自然的。思想本是由于精神的不安定而生。"天下恶乎定?曰,定于一";思想恶乎生?曰,生于不一。

三、春秋之世,保持传统文化的中原国家大乱特乱,四边几个得势的国家却能大启土宇。齐尽东海,晋灭诸狄,燕有辽东,以鲁之不强也还在那里开淮泗;至于秦楚吴越之本是外国,不过受了中国文化,更不必说了。这个大开拓、大兼并的结果,第一,增加了全民的富力,蕃殖了全民的生产。第二,社会中的情形无论在经济上或文化上都出来了好些新方面,更使得各国自新其新,各人自是其是。第三,春秋时代部落之独立,经过这样大的扩充及大兼并不能保持了,渐由一切互谓蛮夷互谓戎狄的,混合成一个难得分别"此疆尔界"的文化,绝富于前代者。这自然是出产各种思想的肥土田。

四、因上一项所叙之扩充而国家社会的组织有变迁。部落式的封建国家进而为军戎大国，则刑名之论当然产生。国家益大，诸侯益侈，好文好辩之侯王，如枚乘《七发》中对越之太子，自可"开第康庄，修大夫之列"，以养那些食饱饭没事干、专御人以口给的。于是惠施、公孙龙一派人可得养身而托命。且社会既大变，因社会之大变而生之深刻观察可得丰衍，如《老子》。随社会之大变而造之系统伦理，乃得流行，如墨家。大变大紊乱时，出产大思想大创作，因为平时看得不远，乱时剌得真深。

综括上四项：第一，著书之物质的凭借增高了，古来文书仕官，学不下庶人，到战国不然了；第二，传统的宗主丧失了；第三，因扩充及混合，使得社会文化的方面多了；第四，因社会组织的改变，新思想的要求乃不可止了。历传的文献只足为资，不能复为师，社会的文化既可以为用，复可以为戒。纷纭扰乱，而生摩擦之力；方面复繁，而促深澈之观。方土之初交通，民族之初混合，人民经济之初向另一面拓张，国家社会根本组织之初变动，皆形成一种新的压力，这压力便是逼出战国诸子来的。

选自傅斯年《战国子家叙论》

论战国诸子之地方性

凡一个文明国家统一久了以后，要渐渐的变成只剩了一个最高的文化中心点，不管这个国家多么大。若是一个大国家中最高的文化中心点不止一个时，便要有一个特别的原因，也许是由于政治的中心点和经济的中心点不在一处，例如明清两代之吴会；也许是由于原旧国家的关系，例如罗马帝国之有亚历山大城，胡元帝国之有杭州。但就通例说，统一的大国只应有一个最高的文化中心点的。所以虽以西汉关东之富，吴梁灭后，竟不复闻类于吴苑梁朝者。虽以唐代长江流域之文华，隋炀一度之后，不闻风流文物更炽于汉皋吴会。统一大国虽有极多便宜，然也有这个大不便宜。五季十国之乱，真是中国历史上最不幸的一个时期了，不过也只有在五季十国那个局面中，南唐西蜀乃至闽地之微，都要和僭乱的中朝争文明的正统。这还就单元的国家说，若在民族的成分颇不相同的一个广漠文明区域之内，长期的统一之后，每至消磨了各地方的特性，而减少了全部文明之富度，限制了各地各从其性之特殊发展。若当将混而未融之时，已通而犹有大别之间，应该特别发挥出些异样的文华来。近代欧洲正是这么一个例，或者春秋战国中也是这样子具体而微罢？

战国诸子之有地方性，《论语》《孟子》《庄子》均给我们一点半点的记载，若《淮南·要略》所论乃独详。近人有以南北混分诸子者，其说极不可通。盖春秋时所谓"南"者，在文化史的意义上与楚全不相同（详拙论《南国》），而中原诸国与其以南北分，毋宁以东西分；虽不中，犹差近。在永嘉丧乱之前，中国固只有东西之争，无南北之争（晋楚之争而不决为一例外）。所以现在论到诸子之地方性，但以国别为限不以南北西东等泛词为别。

齐_{燕附} 战国时人一个成见，或者这个成见正是很对，即是谈到荒诞不经之人，每说他是齐人。《孟子》："此齐东野人之语也。"《庄子》："齐谐者，志怪者也。"《史记》所记邹衍等，皆其例。春秋战国时，齐在诸侯中以地之大小比起来，算最富的（至两汉尚如此），临淄一邑的情景，假如苏秦的话不虚，竟是一个近代大都会的样子。地方又近海，或以海道交通而接触些异人异地；并且从早年便成了一个大国，不像邹鲁那样的寒酸。姜田两代颇出些礼贤下士的侯王。且所谓东夷者，很多是些有长久传说的古国，或者济河岱宗以东，竟是一个很大的文明区域。又是民族迁徙自西向东最后一个层次（以上各节均详别论）。那么，齐国自能发达他的特殊文化，而成到了太史公时尚为人所明白见到的"泱泱乎大国风"，正是一个很合理的事情。齐国所贡献于晚周初汉的文化大约有五类（物质的文化除外）。

甲、宗教 试看《史记·秦始皇本纪》封禅书，则知秦皇、汉武所好之方士，实原自齐，燕亦附庸在内。方士的作祸是一时的。齐国宗教系统之普及于中国是永久的。中国历来相传的宗教是道教，但后来的道教造形于葛洪、寇谦之一流人，其现在所及见最早一层的根据，只是齐国的神祠和方士。八祠之祀，在南朝几乎成国教；而神仙之论，竟成最普及最绵长的民间信仰。

乙、五行论　五行阴阳论之来源已不可考，《甘誓》《洪范》显系战国末人书（我疑《洪范》出自齐，伏生所采以入廿八篇者），现在可见之语及五行者，以《荀子·非十二子篇》为最多。荀子訾孟子、子思以造五行论，然今本《孟子》《中庸》中全无五行说，《史记·孟子荀卿列传》中却有一段，记驺衍之五德终始论最详：

齐有三驺子。其前邹忌，以鼓琴干威王，因及国政，封为成侯，而受相印，先孟子。其次邹衍，后孟子。邹衍睹有国者益淫侈，不能尚德，若《大雅》整之于身施及黎庶矣，乃深观阴阳消息，而作怪迂之变，《终始》《大圣》之篇十余万言。其语闳大不经，必先验小物，推而大之，至于无垠。先序今以上至黄帝，学者所共术，大并世盛衰，因载其禨祥度制，推而远之，至天地未生，窈冥不可考而原也。先列中国名山、大川、通谷、禽兽，水土所殖，物类所珍，因而推之及海外，人之所不能睹。称引天地剖判以来，五德转移，治各有宜，而符应若兹。以为儒者所谓中国者，于天下乃八十一分居其一分耳。中国名曰赤县神州，赤县神州内自有九州，禹之序九州是也，不得为州数。中国外如赤县神州者九，乃所谓九州也，于是有裨海环之。人民禽兽莫能相通者，如一区中者，乃为一州。如此者九，乃有大瀛海环其外，天地之际焉。其术皆此类也。然要其归必止乎仁义节俭，君臣上下六亲之施，始也滥耳。王公大人初见其术，惧然顾化，其后不能行之。是以驺子重于齐。适梁，梁惠王郊迎，执宾主之礼。适赵，平原君侧行撇席。如燕，昭王拥篲先驱，请列弟子之座而受业，筑碣石宫，身亲往师之，作《主运》。

邹子出于齐，而最得人主景仰于燕，燕齐风气，驺子一身或者是一个表象。邹子本不是儒家，必战国晚年他的后学者托附于当时的显学儒家以自重，于是谓五行之学创自子思、孟轲。荀子习而不察，遽以之归罪子思、孟轲，遂有《非十二子》中之言。照这看来，这个五行论在战国末很盛行的，诸子、《史记》不少证据。且这五行论在战国晚年不特托于儒者大师，又竟和儒者分不开了。《史记·秦始皇本纪》：

> 卢生说始皇曰："臣等求芝奇药仙者常弗遇，类物有害之者。方中，人主时为微行，以辟恶鬼，恶鬼辟，真人至。至人主所居，而人臣知之，则害于神。真人者，入水不濡，入火不蒸，陵云气，与天地久长。今上治天下，未能恬倓。愿上所居宫毋令人知，然后不死之药殆可得也。"于是始皇曰："吾慕真人，自谓真人，不称朕。"乃令咸阳之旁二百里内，宫观二百七十，复道甬道相连，帷帐钟鼓美人充之，各案署，不移徙。行所幸，有言其处者，罪死。始皇帝幸梁山宫，从山上见丞相车骑众，弗善也。中人或告丞相，丞相后损车骑。始皇怒曰："此中人泄吾语。"案问，莫服。当是时，诏捕诸时在旁者，皆杀之。自是后莫知行之所在。听事，群

臣受决事，悉于咸阳宫。侯生、卢生相与谋曰："始皇为人，天性刚戾自用，起诸侯，并天下，意得欲从，以为自古莫及己。专任狱吏，狱吏得亲幸。博士虽七十人，特备员弗用。丞相诸大臣皆受成事，倚辨于上。上乐以刑杀为威，天下畏罪，持禄莫敢尽忠。上不闻过而日骄，下慑伏谩欺以取容。秦法，不得兼方，不验，辄死。然候星气者至三百人，皆良士，畏忌讳谀，不敢端言其过。天下之事无小大皆决于上，上至以衡石量书，日夜有呈，不中呈，不得休息。贪于权势至如此，未可为求仙药。"于是乃亡去。始皇闻亡，乃大怒曰："吾前收天下书不中用者尽去之。悉召文学方术士甚众，欲以兴太平，方士欲练以求奇药。今闻韩众去不报，徐市等费以巨万计，终不得药，徒奸利相告日闻。卢生等吾尊赐之甚厚，今乃诽谤我，以重吾不德也。诸生在咸阳者，吾使人廉问，或为妖言以乱黔首。"于是使御史悉案问诸生，诸生传相告引，乃自除犯禁者四百六十余人，皆坑之咸阳，使天下知之，以惩后。益发谪徙边，始皇长子扶苏谏曰："天下初定，远方黔首未集，诸生皆诵法孔子，今上皆重法绳之，臣恐天下不安。惟上察之。"始皇怒，使扶苏北监蒙恬于上郡。

这真是最有趣的一段史料，分析之如下：
一、卢生等只是方士，决非邹鲁之所谓儒；
二、秦始皇坑的是这些方士；
三、这些方士竟"皆诵法孔子"，而坑方士变做了坑儒。

则佁谈神仙之方士,为五行论之诸生,在战国末年竟儒服儒号,已无可疑了。这一套的五德终始阴阳消息论,到了汉朝,更养成了最有势力的学派,流行之普遍,竟在儒老之上。有时附儒,如儒之齐学,《礼记》中《月令》及他篇中羼入之阴阳论皆是其出产品;有时混道,如《淮南鸿烈》书中不少此例,《管子》书中也一样。他虽然不能公然的争孔老之席,而暗中在汉武时,已把儒家换羽移宫,如董仲舒、刘向、刘歆、王莽等,都是以阴阳学为骨干者。五行阴阳本是一种神道学(Theology),或曰玄学(Metaphysics),见诸行事则成迷信。五行论在中国造毒极大,一切信仰及方技都受他影响。但我们现在也不用笑他了,十九世纪总不是一个顶迷信的时代罢?德儒海格尔以其心学之言盈天下,三四十年前,几乎统一了欧美大学之哲学讲席。但这位大玄学家发轫的一篇著作是用各种的理性证据——就是五德终始一流的——去断定太阳系行星只能有七,不能有六,不能有八。然他这本大著出版未一年,海王星之发现宣布了!至于辨氏Dialektik(辩证法),还不是近代的阴阳论吗?至若我们只瞧不起我们二千年前的同国人,未免太宽于数十年前的德国哲学家了。

丙、托于管晏的政论　管晏政论在我们现在及见的战国书中并无记之者(《吕览》只有引管子言行处,没有可以证明其为引今见《管子》书处),但《淮南》《史记》均详记之。我对于《管子》书试作的设定是:《管子》书是由战国晚年汉初年的齐人杂着拼合起来的。《晏子》书也不是晏子时代的东西,也是战国末汉初的齐人著作。此义在下文殊方之治术一篇及下一章《战国子家书成分分析》中论之。

丁、齐儒学　这本是一个汉代学术史的题目,不在战国时期之内。但若此地不提明此事,将不能认清齐国对战国所酝酿、汉代所造成之文化的贡献,故略说几句。儒者的正统在战国初汉均在鲁国,但齐国自有他的儒学,骨子里只是阴阳五行,又合着一些放言侈论。这个齐学在汉初的势力很大,武帝时竟夺鲁国之席而为儒学之最盛者。政治上最得意的公孙弘,思想上最开风气的董仲舒,都属于齐学一派。公羊氏《春秋》,齐《诗》,田氏《易》,伏氏《书》,都是太常博士中最显之学。鲁学小言詹詹,齐学大言炎炎了。现在我们在西汉之残文遗籍中,还可以看出这个分别。

戊、齐文辞　战国文辞,齐楚最盛,各有其地方色彩。此事待后一篇中论之(《论战国杂诗体》一章中)。

鲁　鲁是西周初年周在东方文明故域中开辟一个殖民地。西周之故域既亡于戎,南国又亡于楚,而"周礼尽在鲁矣"。鲁国人揖让之礼甚讲究,而行事甚乖戾(太史公语),于是拿诗书礼乐做法宝的儒家出自鲁国,是再自然没有的事情。盖人文既高,仪节尤备,文书所存独多,又是个二等的国家,虽想好功矜伐而不能。故齐楚之富,秦晋之强,有时很足为师,儒之学发展之阻力,若鲁则恰成发展这一行的最好环境。"儒是鲁学"这句话,大约没有疑问罢?且儒学一由鲁国散到别处便马上变样子。孔门弟子中最特别的是"堂堂乎张"和不仕而侠之漆雕开,这两个人后来皆成显学。然上两个人是陈人,下两个人是蔡人。孔门中又有个子游,他的后学颇有接近老学的嫌疑,又不是鲁人(吴人)。宰我不知何许人,子贡是卫人,本然都不是鲁国愿儒的样子,也就物以类聚跑到齐国,一个得意,一个被杀了。这都是我们清清楚楚的认识出地方环境之限制人。墨子鲁人(孙诒让等均如此考定），习孔子之书，业儒者之业（《淮南·要略》），然他的个性及主张，绝对不是适应于鲁国环境的，他自己虽然应当是鲁国及儒者之环境逼出来的一个造反者，但他总要到外方去行道，所以他自己的行迹，便也在以愚著闻的宋人国中多了。

宋　宋也是一个文化极高的国家，且历史的绵远没有一个可以同他比；前边有几百年的殷代，后来又和八百年之周差不多同长久。当桓襄之盛，大有殷商中兴之势，直到亡国还要称霸一回。齐人之夸，鲁人之拘，宋人之愚，在战国都极著名。诸子谈到愚人每每是宋人，如《庄子》"宋人资章甫而适诸越，越人断发文身，无所用之"；《孟子》"宋人有闵其苗之不长而揠之者"；《韩非子》宋人守株待兔。此等例不胜其举，而《韩非子》尤其谈到愚人便说是宋人。大约宋人富于宗教性，心术质直，文化既古且高，民俗却还淳朴，所以学者辈出，思想疏通致远，而不流于浮华。墨家以宋为重镇，自是很自然的事情。

三晋及周郑　晋国在原来本不是一个重文贵儒提倡学术的国家，"晋所以伯，师武臣之力也"。但晋国接近周郑，周郑在周既东之后，虽然国家衰弱，终是一个文化中心，所以晋国在文化上受周郑的影响多（《左传》中不少此例）。待晋分为三之后，并不保存早年单纯军国的样子了，赵之邯郸且与齐之临淄争奢侈。韩魏地当中原，尤其出来了很多学者，上继东周之绪，下开名法诸家之盛。这一带地方出来的学者，大略如下：

太史儋　著所谓《老子》五千言（考详后）。关尹不知何许人，然既为周秦界上之关尹，则亦此一带之人。

申不害、韩非　刑名学者。管、晏、申、韩各书皆谈治道者，而齐晋两派绝异。

惠施、邓析、公孙龙　皆以名理为卫之辩士。据《荀子》，惠施、邓析，一流人；据《汉志》，则今本《邓析子》乃申韩一派。

魏牟　放从论者。

慎到　稷下辩士。今存《慎子》不可考其由来，但《庄子》中《齐物论》一篇为慎到著十二论之一，说后详。

南国　"南国"和"楚"两个名辞断不混的。"南国"包陈、蔡、许、邓、息、申一带楚北夏南之地，其地在西周晚季文物殷盛（详说论《周颂》篇），在春秋时已经好多部分入楚，在战国时全入楚境之内了。现在论列战国事自然要把南国这个名词放宽些，以括楚吴新兴之人众。但我们终不要忘楚之人文是受自上文所举固有之南国的。胜国之人文，新族之朝气，混合起来，自然可出些异样的东西。现在我们所可见自春秋末年这一带地方思想的风气，大略有下列几个头绪：

厌世达观者　如孔子适陈、蔡一带所遇之接舆、长沮、桀溺、荷蓧丈人等。

独行之士　许行等。

这一带地方又是墨家的一个重镇，且这一带的墨学者在后来以偏于名辩著闻。

果下文所证所谓苦县之老子为老莱子，则此一闻人亦是此区域之人。

秦国　秦国若干风气似晋之初年，并无学术思想可言，不知《商君书》一件东西是秦国自生的政论，如管晏政论之为齐学一样？或者是六国人代拟的呢？

中国之由分立进为一统，在政治上固由秦国之战功，然在文化上则全是另一个局面，大约说来如下：

齐以宗教及玄学统一中国（汉武帝时始成就）。

鲁以伦理及礼制统一中国（汉武帝时始成就）。

三晋一带以官术统一中国（秦汉皆申韩者）。

战国之乱，激出些独行的思想家；战国之侈，培养了些作清谈的清客。但其中能在后世普及者，只有上列几项。

选自傅斯年《战国子家叙论》

论墨家之反儒学

在论战国墨家反儒学之先，要问战国儒家究竟是怎个样子。这题目是很难答的，因为现存的早年儒家书，如《荀子》《礼记》，很难分哪些是晚周，哪些是初汉，《史记》一部书中的儒家史材料也吃这个亏。只有《孟子》一部书纯粹，然孟子又是一个"辩士"，书中儒家史料真少。在这些情形之下，战国儒家之分合，韩非所谓八派之差异，竟是不能考的问题。但他家攻击儒者的话中，反要存些史料，虽然敌人之口不可靠，但攻击人者无的放矢，非特无补，反而自寻无趣；所以《墨子》《庄子》等书中非儒的话，总有着落，是很耐人寻思的。

关于战国儒者事，有三件事可以说几句：

一、儒者确曾制礼作乐，虽不全是一个宗教的组织，却也是自成组织，自有法守。三年之丧并非古制，实是儒者之制，而儒者私居演礼习乐，到太史公时还在鲁国历历见之。这样的组织，正是开墨子创教的先河，而是和战国时一切辩士之诸子全不同的。

二、儒者在鲁国根深蒂固，竟成通国的宗教。儒者一至他国，则因其地而变，在鲁却能保持较纯净的正统，至汉而多传经容礼之士。所以在鲁之儒始终为专名，一切散在列国之号为儒者，其中实无所不有，几乎使人疑儒乃一切子家之通名。

三、儒者之礼云乐云，弄到普及之后，只成了个样子主义（mannerism），全没有精神，有时竟像诈伪。荀卿在那里骂贱儒，骂自己的同类，也不免骂他们只讲样子，不管事作。《庄子·外物篇》中第一段形容得尤其好：

> 儒以《诗》《礼》发冢。（王先谦云："求《诗》《礼》发古冢。"此解非是。下文云，大儒胪传，小儒述《诗》，犹云以《诗》《礼》之态发冢。郭注云："《诗》《礼》者，先王之陈迹也。苟非其人，道不虚行。故夫儒者乃有用之为奸，则迹不足恃也。"此解亦谓以《诗》《礼》发冢，非谓求《诗》《礼》发冢）大儒胪传曰："东方作矣，事之若何？"小儒曰："未解裙襦，口中有珠。《诗》固有之曰：'青青之麦，生于陵陂。生不布施，死何含珠为。'"接其鬓，压其频，儒以金椎控其颐，徐别其颊，无伤口中珠！

这是极端刻画的形容，但礼云乐云而性无所忍，势至弄出这些怪样子来的。

墨子出于礼云乐云之儒者环境中，不安而革命，所以墨家所用之具全与儒同，墨家所标之义全与儒异。儒者称《诗》《书》，墨者亦称《诗》《书》；儒者道《春秋》，墨者亦道《春秋》（但非止鲁《春秋》）；儒者谈先王，谈尧舜，墨者亦谈先王谈尧舜；儒者以禹为大，墨者以禹为至；儒墨用具之相同远在战国诸子中任何两家之上。然墨者标义则全是向儒者痛下针砭，今作比较表如下：

墨者义	儒者义	附记
尚贤 《墨子》:"古者圣王甚尊尚贤而任使能,不党父兄,不偏贵富,不嬖颜色。"	亲亲 如《孟子》所举舜封弟象诸义,具见儒者将亲亲之义置于尚贤之前。	儒者以家为国,墨子以天下为国,故儒者治国以宗法之义,墨者则以一视同仁为本。
尚同 一切上同于上,"上同乎天子,而未尚同乎天者,则大灾将犹未止也"。	事有差等 儒者以为各阶级应各尽其道以事上,而不言同乎上,尤不言尚同乎天。	尚同实含平等义,儒者无之。
兼爱 例如"报怨以德"之说。《墨子》以为人类之无间"此疆尔界"。	爱有等差 例如《孟子》:"有人于此,越人关弓而射之,则己谈笑而道之,其兄关弓而射之,则己垂涕泣而道之。"《孟子》之性善论如此。	
非攻 非一切之攻战。	别义战与不义战	
节用	居俭侈之间	
节葬	厚葬	《韩非子》:"儒者倾家而葬,人主以为孝,墨者薄葬,人主以为俭。"此为儒墨行事最异争论最多之点。
天志 《墨子》明言天志,以为"天欲义而恶其不义"。	天命 儒者非谓天无志之自然论者,但不主明切言之。《论语》:"天何言哉?四时行焉,百物生焉。"又每以命为天,《孟子》:"吾之不遇鲁侯,天也。"	此两事实一体,儒者界于自然论及宗教家之中,而以甚矛盾之行事成其不可知之谊。
明鬼 确信鬼之有者。	敬鬼神而远之 《论语》:"祭如在,祭神如神在。"又"未能事人,焉能事鬼"。	
非乐	放郑声而隆雅乐	

墨者义	儒者义	附记
非命	有命 《论语》:"道之将行也与？命也！道之将废也与？命也！公伯寮其如命何？"《孟子》:"吾之不遇鲁侯，天也！臧氏之子，焉能使予不遇哉？"儒者平日并不言命，及失败时，遂强颜谈命以讳其失败。	

就上表看，墨者持义无不与儒歧别。其实逻辑说去，儒墨之别常是一个度的问题：例如儒者亦主张任贤使能者，但更有亲亲之义在上头；儒者亦非主张不爱人，如魏牟、杨朱者，但谓爱有差等；儒者亦非主战阵，如纵横家者，但还主张义战；儒者亦非无神无鬼论者，但也不主张有鬼。乐、葬两事是儒墨行事争论的最大焦点，但儒者亦放郑声，亦言"礼与其奢也宁俭，丧与其易也宁戚"。然而持中者与极端论者总是不能合的，两个绝相反的极端论者，精神上还有多少的同情；极端论与持中者既不同道，又不同情，故相争每每最烈。儒者以为凡事皆有差等，皆有分际，故无可无不可。在高贤尚不免于妥协之过，在下流则全成伪君子而已。这样的不绝对主张，正是儒者不能成宗教的主因；虽有些自造的礼法制度，但信仰无主，不吸收下层的众民，故只能随人君为抑扬，不有希世取荣之公孙弘，儒者安得那样快当的成正统啊！

选自傅斯年《战国子家叙论》

《老子》五千言之作者及宗旨

汪容甫《老子考异》一文所论精澈，兹全录之如下：

《史记·孔子世家》云："南宫敬叔与孔子俱适周问礼，盖见老子云。"《老庄申韩列传》云："孔子适周，问礼于老子。"按老子言行今见于《曾子问》者凡四，是孔子之所从学者可信也。夫助葬而遇日食，然且以见星为嫌，止柩以听变，其谨于礼也如是；至其书则曰："礼者忠信之薄，而乱之首也。"下殇之葬，称引周召史佚，其尊信前哲也如是；而其书则曰："圣人不死，大盗不止。"彼引乖违甚矣！故郑注谓古寿考者之称，黄东发《日抄》亦疑之，而皆无以辅其说。其疑一也。本传云："老子楚苦县厉乡曲仁里人也。"又云："周守藏室之史也。"按周室既东，辛有入晋（《左传》昭二十年），司马适秦（《太史公自序》），史角在鲁（《吕氏春秋·当染》篇），王官之符，或流播于四方，列国之产，惟晋悼尝仕于周，其他固无闻焉。况楚之于周，声教中阻，又非鲁郑之比。且古之典籍旧闻，惟在瞽史，其人并世官宿业，羁旅无所置其身。其疑二也。本传又云："老子，隐君子也。"身为王官，不可谓隐。其疑三也。

今按《列子·黄帝》《说符》二篇，凡三载列子与关尹子答问之语。(《庄子·达生》篇与《列子·黄帝》篇文同，《吕氏春秋·审己》篇与《列子·说符》篇同。) 而列子与郑子阳同时，见于本书。《六国表》："郑杀其相驷子阳。"在韩列侯二年，上距孔子之殁凡八十二年。关尹子之年世既可考而知，则为关尹著书之老子，其年亦从可知矣。《文子·精诚》篇引《老子》曰："秦楚燕魏之歌，异传而皆乐。"按，燕终春秋之世，不通盟会。《精诚》篇称燕自文侯之后始与冠带之国（燕世家有两文公，武公子文公，《索隐》引《世本》作闵公，其事迹不见于《左氏春秋》，不得谓始与冠带之国。桓公子亦称文公，司马迁称其予车马金帛以至赵，约六国为从，与文子所称时势正合）。文公元年上距孔子之殁凡百二十六年，《老子》以燕与秦楚魏并称，则《老子》已及见文公之始强矣。又魏之建国，上距孔子之殁凡七十五年，而《老子》以之与三国齿，则《老子》已及见其侯矣。《列子·黄帝》篇载老子教杨朱事。(《庄子·寓言》篇文同，惟以朱作子居，今江东读朱如居，张湛注《列子》云：朱字子居，非也。)《杨朱》篇禽子曰："以子之言问老聃、关尹则子言当矣，以吾言问大禹、墨翟，则吾言当矣。"然则朱固老子之弟子也。又云："端木叔者，子贡之世也。"又云："其死也，无瘗埋之资。"又云："禽滑厘曰：端木叔，狂人也，辱其祖矣。段干生曰：端木叔，达人也，德过其祖矣。"朱为老子之弟子，而及见子贡之孙之死；则朱所师之老子不得与孔子同时也。《说苑·政理》篇："杨朱见梁王，言治天下如运诸掌。"梁之称王自惠王始，惠王元年上距孔子之殁凡百十八年；杨朱已及见其王，则朱所师事之老子其年世可知矣。本传云："见周之衰，乃遂去，至关。"抱朴子以为散关，又以为函谷关。按，散关远在岐州，秦函谷关在灵宝县，正当周适秦之道，关尹又与郑之列子相接，则以函谷为是。函谷之置，旧无明文。当孔子之世，二崤犹在晋地，桃林之塞，詹瑕实守之。惟贾谊《新书·过秦》篇云："秦孝公据崤函之固。"则是旧有其地矣。秦自躁怀以后，数世中衰，至献公而始大，故《本纪》献公二十一年："与晋战于石门，斩首六万。"二十三年："与魏晋战少梁，虏其将公孙痤。"然则是关之置，在献公之世矣。由是言之，孔子所问礼者聃也，其人为周守藏室之史，言与行则曾子问所在者是也。周太史儋见秦献公，《本纪》在献公十一年，去魏文侯之殁十三年，而老子之子宗为魏将封于段干（《魏世家》，安釐王四年魏将段干子请予秦南阳以和。《国策》，华军之战，魏不胜秦，明年将使段干崇割地而讲。《六国表》，秦昭王二十四年，白起击魏华阳军。按，是时上距孔子之卒，凡二百一十年），则为儋之子无疑。而言道德之意五千余言者，儋也。其入秦见献公，即去周至关之事。本传云："或曰，儋即老子。"其言题矣。至孔子称老莱子，今见于《大傅礼·卫将军文子》篇，《史记·仲尼弟子列传》亦载其说，而所云贫而乐者，与隐君子之文正合。老莱之为楚人,又见《汉书·艺文志》,盖即苦县厉乡曲仁里也。而老聃之为楚人,则又因老莱子而误,故本传老子语孔子"去子之骄色与多欲,态心与淫志"。而《庄子·外物》篇则曰,老莱子谓孔子"去汝躬矜与汝容知"。《国策》载老莱子教孔子语,《孔丛子·抗志》篇以为老莱子语子思,而《说苑·敬慎》篇则以为常枞教老子。(《吕氏春秋·慎大》篇,表商容之闾。高诱注,商容,殷之贤人,老子师也。商常客枞音近而误。《淮南·主术训》,表商客之闾,注同。《缪称训》:老子学商容,见舌而知守柔矣。《吕氏春秋·离谓篇》,箕子商容以此穷。注,商容,纣时贤人,老子所从学也)。然则老莱子之称老子也旧矣。实则三人不相蒙也。若《庄子》载老聃之言,率原于道德之意,而《天道篇》载孔子西藏书于周室,尤误后人。"寓言十九",固已自揭之矣。

容甫将《老子列传》中之主人分为三人,而以著五千文者为史儋,孔子问礼者为老聃,家于苦县者为老莱子。此种分析诚未必尽是,然实是近代考证学最秀美之著作。若试决其当否,宜先审其推论所本之事实,出自何处。一、容甫不取《庄子》,以为"寓言十九,固自揭之"。按,今本《庄子》,实向秀、郭象所定之本(见《晋书·本传》),西晋前之《庄子》面目,今已不可得见,郭氏于此书之流行本,大为删刈。《经典释文》卷一引之曰:"故郭子云,一曲之才,妄窜奇说,若阏奕意修之首,危言游凫子胥之篇,凡诸巧杂十分有三。"子玄非考订家,其所删削,全凭自己之理会可知也。庄子之成分既杂,今本面目之成立又甚后,(说详下文释《庄子》节)则《庄子》一书本难引为史料。盖如是后人增益者,固不足据,如诚是自己所为,则"寓言十九,固自己揭之"也。《庄子》书中虽有与容甫说相反者,诚未足破之。二、容甫引用《列子》文,《列子》固较《庄子》为可信耶?《列子》八篇之今本,亦成于魏晋时,不可谓其全伪,以其中收容有若干旧材料也。不可谓其不伪,以其编制润色增益出自后人也。《列子》书中所记人事,每每偶一复核,顿见其谬者;今证老子时代,多取于此。诚未可以为定论。

然有一事足证汪说者,《史记》记老子七代孙假仕汉文朝,假定父子一世平均相差三十五年不为不多,老子犹不应上于周安王。安王元年,上距孔子之生犹百余年。且魏为诸侯在威烈王二十三年(西历前四〇三),上距孔子之卒(西历前四七九)七十六年,若老子长于孔子者,老子之子焉得如此之后?又《庄子·天下篇》(《天下篇》之非寓言,当无异论),关尹、老聃并举,关尹在前,老聃在后。关尹生年无可详考,然周故籍以及后人附会,无以之为在诸子中甚早者;关尹如此,老子可知。《史记》记老子只四事:一、为周守藏史;二、孔子问礼;三、至关见关尹;四、子宗仕魏。此四事除问礼一事外,无不与儋合(儋为周史,儋入关见秦献公,儋如有子,以时代论恰可仕于魏)。容甫所分析宜若不误也。五千言所谈者,大略两端:一、道术;二、权谋。此两端实亦一事,道术即是权谋之扩充,权谋亦即道术之实用。"知其雄,守其雌,为天下溪;知其荣,守其辱,为天下谷";"人皆取先,己独取后"云云者,固是道术之辞,亦即权谋之用。五千言之意,最洞澈世故人情,世当战国,人识古今,全无主观之论,皆成深刻之言。"将欲取之,必故与之";即荀息灭虢之策，阴谋之甚者也。"夫惟弗居，是以不去"，即所谓"精华既竭，蹇裳去之"者之廉也。故《韩非子》书中《解老》《喻老》两篇所释者，诚《老子》之本旨，谈道术乃其作用之背景，阴谋术数乃其处世之路也。"当其无有车之用"，实帝王之术。"国之利器，不可示人"，亦御下之方。至于柔弱胜刚强，无事取天下，则战国所托黄帝、殷甲、伊尹、太公皆如此旨。并竞之世，以此取敌；并事一朝，以此自得。其言若抽象，若怪谲，其实乃皆人事之归纳，处世之方策。《解老》以人间世释之，《喻老》以故事释之，皆最善释老者。王辅嗣敷衍旨要，固已不及；若后之侈为玄谈，曼衍以成长论，乃真无当于《老子》用世之学者矣。《史记》称汉文帝好黄老刑名，今观文帝行事，政持大体，令不扰民，节用节礼，除名除华，居平勃之上。以无用为用，介强藩之中，以柔弱克之，此非庸人多厚福，乃是帷幄有深谋也。洛阳贾生，虽为斯公再传弟子，习于刑名，然年少气盛，侈言高论，以正朔服色动文帝，文帝安用此扰为？窦太后问辕固生《老子》何如，辕云："此家人言耳。"可见汉人于《老子》以为处世之论而已，初与侈谈道体者大不同，尤与神仙不相涉也。又汉初为老学者曰黄老，黄者或云黄帝，或云黄生（例如夏曾佑说）。黄生汉人，不宜居老之上。而《汉志》列黄帝者四目，兵家举黄帝风后力牧者，又若与道家混。是黄老之黄，乃指黄帝，不必有异论。五千文中，固自言"以正治国，以奇用兵，以无事取天下"；则无为之论，权谋术数之方，在战国时代诚可合为一势者矣。

综上所说，约之如下：五千文非玄谈者，乃世事深刻归纳。在战国时代，全非显学。孔子孟子固未提及，即下至战国末，荀子非十二子，老氏关尹不与；韩非斥显学，绝五蠹，道家黄老不之及；仅仅《庄子·天下》篇一及之，然所举关尹之言乃若论道，所称老聃之言只是论事。《庄子·天下》篇之年代，盖差前乎荀卿，而入汉后或遭润色者（说别详）。是战国末、汉初之老学，应以《韩子·解》《喻》两篇者为正。文帝之治，为其用之效；合阴谋，括兵家，为其域之广。留侯黄石之传说，河上公之神话，皆就"守如处女，出如脱兔"之义敷衍之，进为人君治世之衡，退以其说为帝王师，斯乃汉初之黄老面目。史儋以其职业多识前言往行，处六百年之宗主国，丁世变之极殷（战国初年实中国之大变，顾亭林曾论之），其制五千言固为情理之甚可能者。今人所谓"老奸巨猾"者，自始即号老矣。申韩刑名之学，本与老氏无冲突处；一谈其节，一振其纲，固可以刑名为用，以黄老为体矣。此老氏学最初之面目也。

"老学既黄"（戏为此词），初无须大变老氏旨也。盖以阴谋运筹帷幄之中，以权略术数决胜千里之外，人主之取老氏者本以此，则既黄而兵家权略皆入之，亦固其所。然黄帝实战国末汉初一最大神道，儒道方士神仙兵家法家皆托焉，太史公足迹所至，皆闻其神话之迹焉（见《五帝本纪·赞》）。则既黄而杂亦自然之势矣。老学一变而杂神仙方士，神仙方士初与老氏绝不相涉也（白居易诗"玄元圣祖五千言，不言药，不言仙，不言白日升青天"），神仙方士起于燕齐海上，太史公记之如此，本与邹鲁之儒学无涉，周郑三晋之道论（老子），官术（申韩），不相干。然神仙方术之说来自海滨，无世可纪，不得不比附显学以自重于当时。战国末显学儒墨也（见《韩非子》），故秦始皇好神仙方士，乃东游，竟至邹峄山，聚诸生而议之。其后怒求神仙者之不成功，大坑术士，而扶苏谏曰："诸生皆诵法孔子，今上皆重法绳之，臣恐天下不安。"坑术士竟成坑儒，则当时术士自附于显学之儒可知。儒者在战国时，曾西流三晋，南行楚吴；入汉而微，仅齐鲁之故垒不失。文景时显学为黄老，于是神仙方士又附黄老，而修道养性长寿成丹各说皆与老子文成姻缘，《淮南》一书，示当时此种流势者不少。故神仙方士之入于道，时代为之，与本旨之自然演化无涉也。

武帝正儒者之统，行阴阳之教，老学遂微。汉初数十年之显学，虽式微于上，民间称号终不可息。且权柄刑名之论，深于世故者好取之，驭下者最便之，故宣帝犹贤黄老刑名，而薄儒术。后世治国者纵惯以儒术为号，实每每阴用黄老申韩焉。又百家废后，自在民间离合。阴阳五行既已磅礴当世，道与各家不免借之为体。试观《七略》《汉志》论次诸子，无家不成杂家，非命之墨犹须顺四时而行（阴阳家说），其他可知矣。在此种民间混合中，老子之号自居一位，至于汉末而有黄巾道士，斯诚与汉初老学全不相涉也。

东汉以来，儒术凝结，端异者又清澈之思，王充仲长统论言于前，王弼、钟会注书于后，于是老氏之论复兴。然魏晋之老乃庄老，与汉初黄老绝不同。治国者黄老之事，玄谈者庄老之事。老庄之别，《天下》篇自言之：老乃世事洞明，而以深刻之方术驭之者；庄乃人情练达，终于感其无何奈何，遂"糊里糊涂以不了了之"者。魏晋间人，大若看破世间红尘，与时俯仰，通其狂惑（如阮嗣宗），故亦卮言曼行，"以天下为沉浊不可与庄语"，此皆庄书所称。若老子则有积极要求，潜藏虽有之，却并非"不遣是非以与世俗处"者。干令升《晋纪·总论》云："学者以庄老为宗而绌六经"，不言老庄。太史公以庄释老，遂取庄书中不甚要各篇，当时儒道相绌之词，特标举之。甚不知庄生自有其旨。魏晋人又以老释庄，而五千言文用世之意，于以微焉。例如何平叔者，安知陈张萧曹之术乎？乃亦侈为清谈，超机神而自比于犹龙，志存吴蜀，忘却肘腋之患，适得子房之反，运筹千里之外，决败帷幄之中矣。此种清谈决非《老子》之效用也。

老学之流变既如上述，若晋人葛洪神仙之说，魏人寇嫌之符录之术，皆黄巾道士之支与裔，与老子绝无涉者。老莱子一人，《孔子弟子列传》既引之，大约汉世乃及战国所称孔子问礼之事每以老莱子当之；以老聃当之者，其别说也。孔子事迹后人附会极多，今惟折衷于《论语》，差为近情。《论语》未谈孔子问礼事，然记孔子适南时所受一切揶揄之言，如长沮、桀溺、荷蓧丈人、接舆等等，而风兮之叹流传尤多。孔子至楚乃后来传说。无可考证，若厄陈蔡则系史实。苦为陈邑，孔子卒时陈亡于楚，则老莱子固可为孔子适陈蔡时所遇之隐君子，苦邑人亦可因陈亡而为楚人厉，之与莱在声音上同纽，或亦方言之异也。老莱子责孔子以"去汝躬矜与汝容知"之说，容有论事，则老莱亦楚狂一流之人；不然，亦当是凭借此类故事而生之传说，初无涉乎问礼。及老聃（或史儋）之学浸浸与显学之儒角逐，孔老时代相差不甚远，从老氏以绌儒学者，乃依旧闻而造新说，遂有问礼之论，此固是后人作化胡经之故智。六朝人可将老聃、释迦合，战国末汉初人独不可将仲尼、老聃合乎？《论语》《孟子》《荀子》及《曲礼》《檀弓》诸篇，战国儒家史今存之材料也，其中固无一言及此，惟《曾子问》三言之。今观《曾子问》《檀弓》所记，皆礼之曲节，阴阳避忌之言，傅会掌故之语，诚不足当问礼之大事。

明堂《戴记》中，除《曲礼》数篇尚存若干战国材料外，几乎皆是汉博士著作或编辑，前人固已言其端矣。（太史公、班孟坚、卢植明指《王制》为汉文时博士作。甚显之《中庸》，亦载"今天下车同轨"及"载华岳而不重"之言。）

附记：韩文公已开始不信问礼事，《原道》云："老者曰，孔子吾师之弟子也，为孔子者习闻其说，乐其诞而自小也，亦曰吾师亦尝师之云尔。不惟举之于其口，而又笔之于其书。"然《史记》一书杂老学，非专为儒者。

儋、聃为一人，儋、聃亦为一语之方言变异。王船山曰："老聃亦曰太史儋。儋、聃音盖相近。"毕沅曰："古儋、儋字通。《说文解字》有聃，云：'耳曼也。'；又有瞻字，云：'垂耳也，南方瞻耳之国。'《大荒北经》《吕览》耳字并作儋。又《吕览》老聃字，《淮南王书》瞻耳字，皆作耽。《说文解字》有耽字，云：'耳大垂也。'盖三字声义相同，故并借用之。"此确论也。儋、聃既为一字之两书，孔子又安得于卒后百余年从在秦献公十一年入关之太史儋问礼乎？总而言之，果著五千文者有人可指当为史儋，果孔子适南又受揶揄，当为老莱子也。

上说或嫌头绪不甚清晰，兹更约述之。

一、《老子》五千言之作者为太史儋，儋即为老聃，后于孔子。此合汪、毕说。

二、儋、聃虽一人，而老莱则另一人，莱、厉或即一语之转。

三、孔子无问礼事，《曾子问》不可据。问礼说起于汉初年儒老之争。

四、始有孔子受老莱子揶揄之传说，后将老子代老莱。假定如此。

五、《老子》书在战国非显学，入汉然后风靡一世。

六、老、庄根本有别，《韩子》书中《解老》《喻老》两篇，乃得《老子》书早年面目者。

《庄子》书最杂，须先分析篇章然后可述说指归，待于下篇中详辨之。

选自傅斯年《战国子家叙论》

齐晋两派政论

一种政论之生不能离了他的地方人民性，是从古到今再显明没有的事情。例如放任经济论之起于英，十八世纪自由论之起于法，国家论及国家社会论起于德，所谓"拜金主义"者之极盛于美，都使我们觉得有那样土田，才生那样草木。中国在春秋战国间东西各部既通而未融，既混而未一，则各地政论之起，当因地域发生很不同的倾向，是自然的事。战国时风气最相反的莫如齐秦。一以富著，一以强称；一则宽博，一则褊狭；一则上下靡乐，一则人民勇于公战；一则天下贤士皆归之，一则自孝公以来即燔灭诗书（见《韩非子·和氏》篇）。齐则上下行商贾之利，秦则一个纯粹的军国家，齐之不能变为秦，犹秦之难于变为齐。秦能灭齐而不能变其俗，秦地到了汉朝，为天下之都，一切之奢侈皆移于关中，而近秦之巴蜀，山铁之富甲于世间，然后其俗少变，然关西犹以出将著闻。（时谚："关东多相，关西多将。"）在这样的差异之下，齐晋各有其不同的政治，亦即各有其政论是应该的。

但秦在缪公一度广大之后，连着几代不振作，即孝公令中所谓"厉躁简公出子之不宁"者。及献、孝两世，然后又有大志于中国，而关东贤士，因秦地自然之俗而利导之，如卫鞅。不有关东贤士，无以启秦地之质；不有秦地之质，亦无以成关东贤士之用。此样政治之施用在秦，而作此样政论者则由三晋。晋在初年亦全是一个军国家，和东方诸侯不同，和秦国历代姻戚，边疆密迩，同俗之处想必甚多。即如晋国最大之赵孟，本是秦之同宗，晋之大夫出奔，每至于秦。晋在后来既强大，且富庶，渐失其早年军国的实在。既分为三之后，只有赵国尚保持早年的武力；韩魏地富中国，无土可启（魏始有上郡，后割于秦，遂失边境），有中土之侈靡可学，遂为弱国。在不能开富不能启土范围之内，想把国家弄得强且固，于是造成一种官术论，即所谓中子之学；而最能实行这些官术论者，仍然是秦。

所以战国时的政治论，略去小者不言，大别有东西两派。齐为东派，书之存于后者有《管子》《晏子》。这个政论的重要题目，是：如何用富而使人民安乐，如何行权而由政府得利，如何以富庶致民之道德，如何以富庶戒士卒之勇敢，如何富而不侈，如何庶而不淫。《管子》书中论政全是以经济为政治论，《晏子》书论政全是以杜大国淫侈为政体论。返观韩魏官术之论及其行于秦国之迹，则全不是这些话，富国之术，只谈到使民务本事，而痛抑商贾之操纵，执法立信，信赏必罚，"罚九赏一"，"燔灭诗书"，重督责而绝五蠹（《商君书》作"六虱"）。盖既富之国，应用其富，而经济政策为先（齐）；既衰之国，应强其政，而刑名之用为大（韩魏）；新兴之国，应成一种力大而易使之民俗，以为兼并之资，而所谓商君之法者以兴。这便是《管子》《晏子》书对于《商君》《韩非》书绝然不同的原因。

《管》《晏》《商》《韩》四部书都很驳杂，须待下篇论诸子分析时详说，此处但举齐学晋论几个重要分素。

齐学　《管子》书没有一个字能是管子写的，最早不过是战国中年的著作，其中恐怕有好些是汉朝的东西。今姑以太史公所见几篇为例，《牧民》《山高》《乘马》《轻重》之旨要，太史公约之云：

> 管仲既任政相齐，以区区之齐在海滨，通货积财，富国强兵，与俗同好恶。故其称曰："仓廪实而知礼节，衣食足而知荣辱，上服度则六亲固，四维不张国乃灭亡。下令如流水之原，令顺民心。"故论卑而易行。俗之所欲，因而与之；俗之所否，因而去之。其为政也，善因祸而为福，转败而为功。贵轻重，慎权衡。桓公实怒少姬，南袭蔡，管仲因而伐楚，责包茅不入贡于周室。桓公实北征山戎，而管仲因而令燕修召公之政。于柯之会，桓公欲背曹沫之约，管仲因而信之。诸侯由是归齐。故曰：知"与之为取"，政之宝也。

轻重权衡《管子》书中言之极详，现在不举例。《管子》书中义，谲中有正，变中有常，言大而夸，极多绝不切实用者，如《轻重戊》一段，思将天下买得大乱，而齐取之；齐虽富，焉能这样？这固全是齐人的风气。然其要旨皆归于开富源以成民德，治民对邻，皆取一种适宜的经济政策。《晏子》书文采甚高，陈义除贬孔丘外，皆与儒家义无相左处。齐人好谏，好以讽辞为谏，晏子实淳于髡所慕而为其隐语讽辞者（见《史记》），齐人后来且以三百篇为谏书。

三晋论　齐虽那样富，"泱泱乎大国风"，但其人所见颇鄙，大有据菑莱而小天下之意。孟子每言齐人所见不广，妄以自己所有为天下先，如云："子诚齐人也，知管仲晏子而已矣！"若晋则以密迩东西周之故，可比齐人多知道天下之大，历史之长。又以历为百余年中国伯主，新旧献典，必更有些制作，故三晋政论当不如齐国之陋，然又未免于论术多而论政少，或竟以术为政。关于刑名之学之所起，《淮南·要略》说得很好：

> 申子者，韩昭侯之佐。韩，晋之别国也。地墽民险，而介于大国之间。晋国之故礼未灭，韩国之新法重出，先君之令未收，后君之令又下，新故相反，前后相缪，百官背乱，莫知所用：故刑名之书生焉。（此言亦见《韩子·定法》篇。《韩子》书不出一人手，不知此言是谁抄谁者。）

申子刑名之学用于秦晋，用于汉世，此种官术自其小者言之，不过是些行政之规，持柄之要。申子书今虽不可见，然司马子长以为"申子卑卑施之于名实"。大约还没有很多的政治通论。不过由综核名实发轫，自然可成一种溥广的政论。所以韩子之学，虽许多出于名实之外；然"引绳墨，切事情"，亦即名实之推广，不必因狭广分申韩为二，两人亦皆是韩地的地道出产。申子书今佚，然故书所传申子昭侯事，颇有可引以证其作用者。

> 申子尝请仕其从兄，昭侯不许，申子有怨色。昭侯曰："所为学于子者，欲以治国也。今将听子之谒，而废子之术乎？已其行子之术，而废子之请乎？子尝教寡人修功劳，视次第，今有所私求，我将奚听乎？"申子

乃辞舍请罪，曰："君真其人也！"

昭侯有敝袴，命藏之。侍者曰："君亦不仁者矣！不赐左右而藏之。"昭侯曰："吾闻明王爱一颦一笑，颦有为颦，笑有为笑。今袴岂特颦笑哉？吾必待有功者！"（上两事见《韩子》《说苑》等，文从《通鉴》所引。）

《韩非子》的杂篇章多是些申申子之意者，但韩非政论之最精要处在《五蠹》《显学》两篇，这是一个有本有末的政论，不可仅把他看做是主张放弃儒墨文学侠士者。《显学》已抄在前篇；《五蠹》文长，不录。

《商君书》纯是申韩一派中物，《靳令》篇言"六虱"，即《韩子》中"五蠹"之论。商君决不会著书，此书当是三晋人士，因商君之令而为之论。《韩非子》说家有其书，则托于商君之著书，战国末年已甚流行，《韩非子》议论从其出者不少。

我们现在可以申韩商君为一派，而以为其与齐学绝不同者，《韩非子》书中有显证。

（《定法》第四十三）问者曰："申不害、公孙鞅，此二家之言孰急于国？"应之曰："是不可程也。人不食十日则死，大寒之隆，不衣亦死，论之衣食孰急于人，则是不可一无也，皆养生之具也。今申不害言术，而公孙鞅为法。术者，因任而授官，循名而责实，操杀生之柄，课群臣之能者也，此人主之所执也。法者，宪令著于官府，赏罚必于民心，赏存乎慎法，而罚加乎奸令者也，此臣之师也。君无术则弊于上，臣无法则乱于下，此不可一无，皆帝王之具也。"

（同篇下文又云）二子之于法术，皆未尽善也。

（《难二》第三十七）景公过晏子，曰："子宫小，近市，请徙子家豫章之圃。"晏子再拜而辞曰："且婴家贫，待市食而朝暮趋之，不可以远。"景公笑曰："子家习市，识贵贱乎？"是时景公繁于刑。晏子对曰："踊贵而履贱。"景公曰："何故？"对曰："刑多也。"景公造然变色曰："寡人其暴乎？"于是损刑五。或曰："晏子之贵踊，非其诚也，欲便辞以止多刑也，此不察治之患也。夫刑当，无多；不当，无少。无以不当闻，而以太多说，无术之患也。败军之诛以千百数，犹且不止，即治乱之刑如恐不胜，而奸尚不尽。今晏子不察其当否，而以太多为说，不亦妄乎？夫惜草茅者耗禾穗，惠盗贼者伤良民，今缓刑罚，行宽惠，是利奸邪而害善人也。此非所以为治也。"

齐桓公饮酒，醉，遗其冠，耻之，三日不朝。管仲曰："此非有国之耻也。公胡不雪之以政？"公曰："善。"因发仓囷，赐贫穷，论囹圄，出薄罪。处三日而民歌之，曰："公乎，公乎！胡不复遗其冠乎？"

或曰："管仲雪桓公之耻于小人，而生桓公之耻于君子矣！使桓公发仓囷而赐贫穷，论囹圄而出薄罪，非义也，不可以雪耻；使之而义也，桓公宿义须遗冠而后行之，则是桓公行义非为遗冠也；是虽雪遗冠之耻于小人，而亦遗义之耻于君子矣。且夫发仓囷而赐贫穷者，是赏无功也；论囹圄而出薄罪者，是不诛过也。夫赏无功则民偷，幸而望于上；不诛过则民不惩，而易为非。此乱之本也，岂可以雪耻哉？"

按，上段必是当时流行《晏子》谏书中一节，下段必是当时流行《管子》书中一节，所谓"因祸以为福，转败以为功"者。为韩子学者皆不取此等齐人政论。

今本管、韩书中皆多引用《老子》文句处，《管子》在《汉志》中列入道家，而太史公以为申韩皆原于道德之义。按：此非战国末年事，此是汉初年编辑此类篇章者加入之采色，待下篇论诸子文籍分析时详说。

选自傅斯年《战国子家叙论》

梁朝与稷下

战国时五光十色的学风,要有培植的所在,犹之乎奇花异树要有他们的田园。欧洲十七八世纪的异文异说,靠诸侯朝廷及世族之家的培养;十九世纪的异文异说,靠社会富足能养些著文卖书的人。战国时诸子,自也有他们的生业,他们正是依诸侯大族为活的。而最能培植这些风气的地方,一是梁朝,一是稷下。这正同于路易王李失路丞柏下之巴黎,伏里迭利二世之柏林,加特林后之彼得斯堡。

梁朝之盛,在于文侯之世。

> (《史记·魏世家》)文侯之师田子方……文侯受子贡经艺,客段干木,过其间,未尝不轼也。秦尝欲伐魏,或曰,魏君贤人是礼,国人称仁,上下和合,未可图也。文侯由此得誉于诸侯。

《汉志·儒家》有《魏文侯》六篇,早已佚。然《乐记》《吕览》《说苑》《新序》引魏文侯事语甚多,盖文侯实是战国时最以礼贤下士重师崇儒著闻者。《汉志》儒家《魏文侯》六篇后又有《李克》七篇,班注云:"子夏弟子,为魏文侯相。"子夏说教西河，是儒学西行一大关键。禽滑厘相传即于此受业。文侯朝中又有吴起，亦儒者曾参弟子。文侯卒，武侯立。文侯武侯时魏甚强。武侯卒，公孙缓与惠侯争立，几乎亡国。惠王初年，魏尚强，陵厉韩赵，后乃削于齐楚，尤大困于秦，去安邑而徙大梁。《史记·魏世家》："惠王数败于军旅，卑礼厚币，以招贤者。邹衍、淳于髡、孟轲，皆至梁。"惠侯卒（惠王之称王乃追谥，见《史记》），襄王立，更削于秦。卒，哀王立。哀王卒，昭王立，魏尤削于秦。昭王卒，安釐王立。是时魏以"一万乘之国……西面而事秦，称东藩，受冠带，祠春秋"。然以信陵君之用，存邯郸，却秦军，又"率五国兵攻秦，败之河内，走蒙骜"。自秦献、孝东向以临诸侯之后，关东诸侯无此盛事。《韩非子·有度》篇以齐桓楚庄魏安釐之伯合称，魏安釐王必也是一个好文学者，不然他家中不会有许多书。

（《晋书·束晳传》）初，太康二年，汲郡人不准盗发魏襄王墓，或言安釐王冢，得竹书数十车。其《纪年》十三篇，记夏以来至周幽王为犬戎所灭，以晋接之，三家分，仍述魏事，至安釐王之二十年。盖魏国史书，大略与《春秋》皆多相应。其中经传大异，则云：夏年多殷，益干启位，启杀之；太甲杀伊尹；文丁杀季历；自周受命至穆王百年，非穆王寿百岁也；幽王既亡，有共伯和者摄行天子事，非二相共和也。其《易经》二篇与《周易·上下经》同，《易繇阴阳卦》二篇，与《周易》略同，《繇辞》则异。《卦下易经》一篇，似说卦而异。《公孙段》二篇，公孙段与邵陟论《易》。

《国语》三篇，言楚晋事。《名》三篇，似《礼记》，又似《尔雅》《论语》，《师春》一篇，书《左传》诸卜筮，师春似是造书者姓名也。《琐语》十一篇，诸国卜梦妖怪相书也。《梁丘藏》一篇，先叙魏之世数，次言丘藏金玉事。《缴书》二篇，论弋射法。《生封》一篇，帝王所封。《大历》二篇，邹子谈天类也。《穆天子传》五篇，言周穆王游行四海，见帝台西王母。《图诗》一篇，书赞之属也。又杂书十九篇，周食田法，周书，论楚事，周穆王美人盛姬死事。大凡七十五篇。七篇简书折坏，不识名题。冢中又得铜剑一枚，长二尺五寸。漆书皆科斗字。初发冢者烧策照取宝物，及官收之，多烬简断札。文既残缺，不复诠次。

烧策之余，尚有如许多书，恐怕当时诸侯不是人人这样好学罢？魏地入秦，大梁为墟（见《史记·魏世家·赞》），历经楚汉，王侯易主，而梁朝在汉之盛犹以多文学贤士闻，梁地风气所流者远矣。

齐以其富更可以致天下贤士，炫于诸侯。《史记·孟荀列传》：

> 自驺衍与齐之稷下先生，如淳于髡、慎到、环渊、接子、田骈、驺奭之徒，各著书，言治乱之事，以干世主，岂可胜道哉？……自如淳于髡以下，皆命曰列大夫，为开第康庄之衢，高门大屋，尊宠之，览天下诸侯宾客，言齐能致天下贤士也。……田骈之属皆已死，齐

> 襄王时，而荀卿最为老师。齐尚修列大夫之缺，而荀卿三为祭酒焉。

又《田完世家》：

> 宣王喜文学游说之士，自如驺衍、淳于髡、田骈、接子、慎到、环渊之徒，七十六人，皆赐列第，为上大夫，不治而议论。是以齐稷下复盛，且数百千人。（按，言复盛必其前曾盛，然《史记》无明文，不知是在威王时或在姜氏朝？）

战国中期方术文学之士闻名于后者，几乎皆是客游梁朝稷下之人（试以《汉志·诸子略》各家名称较之），可见这样朝廷与这样风气的关系。荀卿时，齐已一度亡于燕，尚修列大夫之缺，梁安釐王亦在四战之世，还都如此。

选自傅斯年《战国子家叙论》

论《太史公书》之卓越

《太史公书》之文辞，是绝大创作，当无异论。虽方望溪、姚姬传辈，以所谓桐城义法解之，但识碔砆，竟忘和璧，不免大煞风景，然而子长文辞究不能为此种陋说所掩。今不谈文学，但谈史学，子长之为奇才，有三端焉：一、整齐殊国纪年。此虽有《春秋》为之前驱，然彼仍是一国之史，若列国所记，则各于其党，"欲一观诸要难"（《十二诸侯表》中语）。年代学 Chronology 乃近代史学之大贡献，古代列国并立，纪年全不统一，子长独感其难，以为《十二诸侯》《六国》各表，此史学之绝大创作也。我国人习于纪年精详之史，不感觉此功之大，若一察希腊年代学未经近代人整理以前之状态，或目下印度史之年代问题，然后知是表之作，实史学思想之大成熟也。二、作为八书。八书今亡三篇，张晏已明言之，此外恐尚有亡佚者，即可信诸篇亦若未经杀青之功。然著史及于人事之外，至于文化之中礼、乐、兵、历、天官、封禅、河渠、平准，各为一书，斯真睹史学之全，人文之大体矣。且所记皆涉汉政（天官除外），并非承袭前人，亦非诵称书传，若班氏所为者，其在欧洲，至十九世纪始有如此规模之史学家也。凡上两事，皆使吾人感觉子长创作力之大，及其对于史学观念之真（重年代学括文化史），希腊罗马史家断然不到如此境界。皆缘子长并非守文之儒、章句之家，游踪遍九域，且是入世之人，又其职业在天官，故明习历谱，洞彻人文。子长不下帷而成玮著，孟坚（即班固）但诵书而流迂拘，材之高下固有别矣。三、"疑疑亦信"。能言夏礼，杞不足征，能言殷礼，宋不足征，文献不足，阙文尚焉，若能多见阙疑，慎言其余，斯为达也。子长于古代事每并举异说，不雅驯者不取，有不同者并存之，其在《老子传》云，"或曰，儋即老子，或曰非也，世莫知其然否，老子，隐君子也"，或疑其胸无伦类，其实不知宜为不知，后人据不充之材料，作逾分之断定，岂所论于史学乎？子长盖犹及史之阙文也，今亡矣夫！

选自傅斯年《〈史记〉研究》

春秋时代之矛盾性与孔子

春秋时代之为矛盾时代，是中国史中最明显之事实。盖前此之西周与后此之战国全为两个不同之世界，则介其间者二三百年之必为转变时期，虽无记载，亦可推想知之。况春秋时代记载之有涉政治社会者，较战国转为充富。《左传》一书，虽编定不出于当时，而取材实为春秋列国之语献，其书诚春秋时代之绝好证物也（《左传》今日所见之面目自有后人成分在内，然其内容之绝大部分必是战国初年所编，说别详）。春秋时代既为转变时代，自必为矛盾时代，凡转变时代皆矛盾时代也。

春秋时代之为矛盾，征之于《左传》《国语》者，无往不然，自政治以及社会，自宗教以及思想，弥漫皆是。其不与本文相涉者，不具述，述当时天人论中之矛盾。

春秋时代之天道观，在正统派自仍保持大量之神权性，又以其在《周诰》后数百年，自亦必有充分之人定论。试看《左氏》《国语》，几为鬼神灾祥占梦所充满，读者恍如置身殷商之际。彼自言"国之大事在祀与戎"，则正是殷商卜辞之内容也。此诚汪容甫所谓其失也巫矣。然亦偶记与此一般风气极端相反之说，其说固当时之新语，亦必为《左氏》《国语》作者所认为嘉话者也。举例如下：

季梁……对曰:"夫民,神之主也。"(桓六)

(宫之奇)对曰:……"如是,则非德民不和,神不享矣。神所凭依,将在德矣。"(僖五)

及惠公在秦,曰:"先君若从史苏之占,吾不及此夫!"韩简侍曰:"……先君之败德,其可数乎?史苏是占,勿从何益?"(僖十五)

(周内史叔兴父)对曰:"……是阴阳之事,非吉凶所生也。吉凶由人。"(僖十六)

邾文公卜迁于绎。史曰:"利于民而不利于君。"邾子曰:"苟利于民,孤之利也。天生民而树之以君,以利之也。民既利矣,孤必与焉。"左右曰:"命可长也,君何弗为?"邾子曰:"命在养民。死之短长,时也。民苟利矣,迁也,吉莫如之!"遂迁于绎。五月,邾文公卒。君子曰:"知命。"(文十三)

晋侯问于士弱曰:"吾闻之,宋灾,于是乎知有天道,何故?"对曰:"……商人阅其祸败之衅,必始于火,是以日知其有天道也。"公曰:"可必乎?"对曰:"在道,国乱无象,不可知也。"(襄九)

楚师伐郑……(晋)董叔曰:"天道多在西北,南师不时,必无功。"叔向曰:"在其君之德也。"(襄十九)

有星孛于大辰。……郑裨灶言于子产曰:"宋卫陈郑将同日火。若我用瓘斝玉瓒,郑必不火。"子产弗与。……戊寅,风甚。壬午,大甚。宋、卫、陈、郑皆火。……裨灶曰:"不用吾言,郑又将火。"郑人请用之,子产不可。子大叔曰："宝以保民也。若有火，国几亡。可以救亡，子何爱焉？"子产曰："天道远，人道迩，非所及也，何以知之？灶焉知天道？是亦多言矣，岂不或信？"遂不与，亦不复火。（昭十七年至十八）

此中所论固与周召之诰一线相承，然其断然抹杀占梦所示及当时之天道论，实比托词吉卜之《大诰》犹为更进一步。此等新说固与时人之一般行事不合，《左传》自身即足证明之矣。

春秋时代之人论，在一般人仍是依族类而生差别之说。左氏书既引史佚"非我族类其心必异"之语，又假郑小驷以喻之，以种言，则别夷狄华夏（富辰语，见僖二十四），以等言，则辨君子小人（阴饴甥语，见僖十五）。然"斯民同类"之意识，亦时时流露，既称晋文听舆人之诵，复美曹沫鄙肉食之言，对于庶民之观念已非如往昔之但以为"氓之蚩蚩"也。且其时族类间之界画已不甚严，"虽楚有才，晋实用之。"绛登狐氏，秦用由余。其于吴也，固贱其为断发之荆蛮，亦奉之为姬姓之长宗。其于秦也，犹未如魏邦既建田氏篡齐之时以夷狄遇之也。再就阶级言之。《周诰》之词，固已认人事胜天定，犹绝无君侯之设乃为庶民服务之说，然此说在《左传》则有之。师旷曰，"天之爱民甚矣，岂其使一人肆于民上？"宫之奇曰，"夫民，神之主也，是以圣王先成民而后致力于神。"邾文公曰，"命在养民。"由此前进一步，便是孟子民贵君轻之谈，其间可无任何过渡阶级矣。

括而言之，春秋时代，神鬼天道犹颇为人事之主宰，而纯正的人道论亦崭然出头。人之生也，犹辨夷夏之种类，上下之差别，而斯民同类说亦勃然以兴。此其所以为矛盾时代。生此时代之思想家，如不全仍旧贯，或全作新说，自必以调和为途径，所谓集大成者，即调和之别名也。

孔　子

孔子一生大致当春秋最后三分之一，则春秋时代之政治社会变动自必反应于孔子思想之中。孔子生平无著述（作《春秋》、赞《周易》之说，皆不可信）。其言语行事在后世杂说百出，今日大体可持为据者，仅《论语》《檀弓》两书耳。《檀弓》所记多属于宗教范围，故今日测探孔子之天人论应但以《论语》为证矣。试绎《论语》之义，诚觉孔子之于天人论在春秋时代为进步论者，其言与上文所引《左传》所载之新说嘉话相同，而其保持正统遗训亦极有力量。然则孔子并非特异之学派，而是春秋晚期开明进步论者之最大代表耳。孔子之宗教以商为统，孔子之政治以周为宗。以周为宗，故曰："如有用我者，吾其为东周乎。"其所谓"为东周"者，正以齐桓、管仲为其具体典范。故如为孔子之政治论作一名号，应曰霸道，特此所谓霸道，远非孟子所界说者耳。

孔子之言性与天道，一如其政治论之为过渡的，转变的。《论语》记孔子言性与天道者不详，此似非《论语》取材有所简略，盖孔子实不详言也，子夏曰："夫子之文章可得而闻也，夫子之言性与天道不可得而闻也已。"（据倭本增"已"字）《论语》又曰："子罕言利，与命，与仁。"（宋儒或以为与命、与仁之写字应作动字解，犹言许命许仁也。此说文法上实不可通。与之为连续词毫无可疑。《晋语》言："杀晋君，与逐出之，与以归之，与复之，孰利？"此同时书中语法可征者也）。今统计《论语》诸章，诚哉其罕言，然亦非全不言也。列举如下：

子曰："……五十而知天命。"（《为政》）

子曰："不知命，无以为君子也。"（《尧曰》）

子曰："君子有三畏，畏天命，畏大人，畏圣人之言。小人不知天命而不畏也，狎大人，侮圣人之言。"（《季氏》）

子曰："道之将行也与，命也。道之将废也与，命也。公伯寮其如命何？"（《宪问》）

子曰："天生德于予，桓魋其如予何？"（《述而》）

子畏于匡，曰："文王既殁，文不在兹乎？天之将丧斯文也，后死者不得于斯文也。天之未丧斯文也，匡人其如予何？"（《子罕》）

子曰："凤鸟不至，河不出图，吾已矣夫！"（《子罕》）

颜渊死，子曰："噫，天丧予，天丧予！"（《先进》）

伯牛有疾，子问之，自牖执其手，曰："亡之，命也夫！斯人也而有斯疾也，斯人也而有斯疾也！"（《雍也》）

子疾病，子路请祷，子曰："有诸？"子路对曰："有之。诔曰，'祷尔于上下神祇。'"子曰："丘之祷久矣。"（《述而》）

子夏曰："商闻之矣（此当是闻之孔子，故并引），'死生有命，富贵在天。'"（《颜渊》）

子曰："莫我知也夫！"子贡曰："何为其莫知子也？"子曰，"不怨天，不尤人，下学而上达，知我者，其天乎？"（《宪问》）

子曰："予欲无言。"子贡曰："子如不言，则小子何述焉？"子曰："天何言哉？四时行焉，百物生焉。天何言哉？"（《阳货》）

子不语怪、力、乱、神。（《述而》）

理会以上所引，知孔子之天道观有三事可得言者：

其一事曰，孔子之天命观念，一如西周之传说，春秋之世俗，非有新界说在其中也。孔子所谓天命，指天之意志，决定人事之成败吉凶祸福者，其命定论之彩色不少。方其壮年，以为天生德于予，庶几其为东周也。及岁过中年，所如辄不合，乃深感天下事有不可以人力必成者，乃以知天命为君子之德。颜回、司马牛早逝，则归之于命；公伯寮、桓魋见谋，则归之于命；凤鸟不至，而西狩获麟，遂叹道之穷矣。在后人名之曰时，曰会合，在今人名之曰机会者，在孔子时尚不用此等自然名词，仍本之传统，名之曰天命。孔子之所谓天命，正与金文、《周诰》之天令（或作天命）为同一名词，虽彼重言命之降，此重言命之不降，其所指固一物，即吉凶祸福成败也。

其二事曰，孔子之言天道，虽命定论之彩色不少，而非完全之命定论，而为命定论与命正论之调合。故曰，"一日克己复礼，天下归仁焉。"又曰，"知我者其天乎！"夫得失不系乎善恶而天命为前定者，极端命定论之说也。善则必得天眷，不善则必遭天殃，极端命正论之说也。后说孔子以为盖不尽信，前说孔子以为盖无可取，其归宿必至于俟命论。所谓俟命论者，谓修德以俟天命也。凡事求其在我，而不责其成败于天，故曰"不怨天"，尽人事而听天命焉，故曰"丘之祷久矣"。此义孟子发挥之甚为明切，其辞曰，"修身以俟之"，又曰，"顺受其正"，又曰，"尽其道而死者，正命也"。此为儒家天人论之核心，阮芸台（即阮元）言之已详，今不具论。

其三事曰，孔子之言天道，盖在若隐若显之间，故罕言之，若有所避焉，此与孔子之宗教立场相应，正是脱离宗教之道德论之初步也。夫罕言天道，是《论语》所记，子贡所叹。或问禘之说，孔子应之曰，"不知也，知其说则于天下犹运之掌。"是其于天也，犹极虔敬而尊崇，盖以天道为礼之本，政事为礼之用。然而不愿谆谆言之者，言之详则有时失之诬，言之详则人事之分量微，此皆孔子所不欲也。与其详言而事实无征，何如虔敬以寄托心志？故孔子之不详言，不可归之记录有阙，实有意如此耳。子不语"怪、力、乱、神"，然而"祭如在，祭神如神在"。又曰"吾不与祭，如不祭"。其宗教之立场如此，其道德论之立场亦复一贯。孔子之道德观念，其最前假定仍为天道，并非自然论，亦未纯是全神论（Pantheism），惟孔子并不盘桓于宗教思想中，虽默然奉天以为大本，其详言之者，乃在他事不在此也。

如上所言，其第一事为古昔之达名，其二三两事亦当时贤智之通识，孔子诚是春秋时代之人，至少在天道论上未有以超越时代也。在彼时取此立场固可得暂时之和谐，然此立场果能稳定乎？时代既已急转，思想主宰既已动摇，一发之势不可复遏，则此半路之立场非可止之地。故墨子对此施其攻击，言天之明明，言命之昧昧，而孟子亦在儒家路线上更进一步，舍默尔而息之态，为深切著明之辞。孔子能将春秋时代之矛盾成一调和，却不能使此调和固定也。

孔子之天论立于中途之上，孔子之人论亦复如是。古者以为人生而异，族类不同而异，等差不同而异，是为特别论之人性说。后世之孟子以为人心有其同然，圣人先得人心之同然者也，是为普遍论之人性说，孔子则介乎二者之间。今引《论语》中孔子论人之生质诸事。

子曰："性相近也，习相远也。"（《阳货》）

子曰："惟上智与下愚不移。"（《阳货》）

子曰："中人以上可以语上也，中人以下不可以语上也。"（《雍也》）

孔子曰："生而知之者上也，学而知之者次也，困而学之又其次也，困而不学，民斯为下矣。"（《季氏》）

子曰："民可使由之，不可使知之。"（《泰伯》）

子曰："惟女子与小人为难养也。近之则不逊，远之则怨。"（《阳货》）

孔子以为人之生也相近，因习染而相远，足征其走上普遍论的人性说已远矣，然犹未至其极也。故设上智下愚之例外，生而知，学而知，困而学之等差，犹以为氓氓众生，所生之凭借下，不足以语于智慧，女子、小人未有中上之素修，乃为难养，此其与孟子之性善论迥不侔矣。

在人论上，遵孔子之道路以演进者，是荀卿而非孟子。孔子以为人之生也，大体不远，而等差亦见，故必济之以学，然后归于一路。孔子认为尽人皆须有此外工夫，否则虽有良才，无以成器，虽颜回亦不是例外，故以克己复礼教之。此决非如孟子所谓"万物皆备于我，反身而诚，乐莫大焉"者也。引《论语》如下：

子曰："我非生而知之者，好古敏以求之者也。"（《述而》）

子曰："……好仁不好学，其蔽也愚。好知不好学，其蔽也荡。好信不好学，其蔽也贼。好直不好学，其蔽也绞。好勇不好学，其蔽也乱。好刚不好学，其蔽也狂。"（《阳货》）

孔子对曰："有颜回者好学，好学，不迁怒，不贰过。"（《雍也》）

颜渊问仁。子曰："克己复礼为仁。一日克己复礼，天下归仁焉。为仁由己，而由人乎哉？"颜渊曰："请问其目。"子曰："非礼勿视，非礼勿听，非礼勿言，非礼勿动。"（《颜渊》）

颜渊喟然叹曰："……夫子循循然善诱人，博我以文，约我以礼。"（《子罕》）

子贡问曰："孔文子，何以谓之文也。"子曰："敏而好学，不耻下问，是以谓之文也。"（《公冶长》）

孔子以为人之生也不齐，必学而后志于道。荀子以为人之生也恶，必学而后据于德。其人论虽有中性与极端之差，其济之之术则无异矣。兹将孔、孟、荀三氏之人性说图以明之。

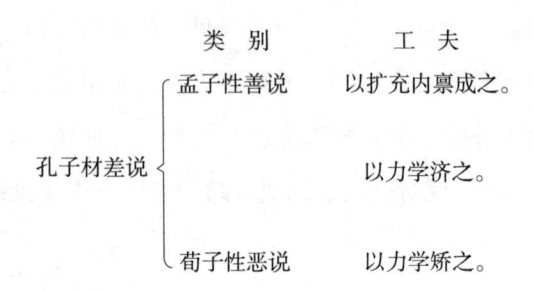

	类别	工夫
孔子材差说 ⎰ 孟子性善说	以扩充内禀成之。
	以力学济之。
⎱ 荀子性恶说	以力学矫之。

后人以尊德性、道问学分朱陆，其实此分辨颇适用于孟子、荀卿，若孔子，与其谓为尊德性，勿宁谓之为道问学耳。

孔子之地位，在一切事上为承前启后者，天人论其一焉。

选自傅斯年《性命古训辨证》

荀子之性恶论及其天道观

以荀卿、韩非之言为证，孟子之言，彼时盖盈天下矣。荀子起于诸儒间，争儒氏正统，在战国风尚中，非有新义不足以上说下教，自易于务反孟子之论，以立其说。若返之于孔子之旧谊，尽弃孟氏之新说，在理为直截之路，然荀子去孔子数百年，时代之变已大，有不可以尽返者。且荀卿赵人，诸儒名家，自子游而外，大略为邹鲁之士，其为齐卫人者不多见，若三晋，则自昔有其独立之学风（魏在三晋中，较能接受东方学风），乃法家之宗邦，而非儒术之灵土。荀卿生长于是邦，曾西游秦，南仕楚，皆非儒术炽盛之地。其游学于齐，年已五十，虽其向慕儒学必有直接或间接之邹鲁师承，而其早岁环境之影响终不能无所显露。今观荀子陈义，其最引人注意者为援法入儒。荀氏以隆礼为立身施政之第一要义，彼所谓礼实包括法家所谓法（《修身》篇，"礼者，法之大分，类之纪纲也。"如此界说礼字，在儒家全为新说。）彼所取术亦综核名实，其道肃然，欲壹天下于一政权一思想也。其弟子有韩非、李斯之伦者，是应然，非偶然。今知荀子之学，一面直返于孔子之旧，一面援法而入以成儒家之新，则于荀子之天人论，可观其窍妙矣。荀子以性恶论著闻，昔人以不解荀子所谓"人性恶，其为善者，伪也"之字义，遂多所误会。关于"伪"字者，清代汉学家已矫正杨注之失，郝懿行以为即是为字，其说无以易矣，而《性恶》《天论》两篇中之性字应是生字，前人尚无言之者，故荀子所以对言性伪之故犹不显，其语意犹未彻也。今将两篇中之性字一齐作生字读，则义理顺而显矣。（参看上卷第八章）

荀子以为人之生也本恶，其能为善者，人为之功也，从人生来所禀赋，则为恶，法圣王之制作以矫揉生质，则为善。其言曰：（文中一切性字皆应读如生字，一切伪字皆应读如为字，《荀子》原本必如此。）

> 人之性（生）恶，其善者，伪（为）也。今人之性（生），生而有好利焉，顺是，故争夺生而辞让亡焉。生而有疾恶焉，顺是，故残贼生而忠信亡焉。生而有耳目之欲，好声色焉（好上原衍"生"字，据王先谦说删），顺是，故淫乱生而礼义文理亡焉。然则从人之性（生），顺人之情，必出于争夺，合于犯分乱理而归于暴。故必将有师法之化，礼义之道，然后出于辞让，合于文理而归于治。用此观之，然则人之性（生）恶明矣，其善者伪（为）也。故枸木必将待檃栝烝矫然后直，钝金必将待砻厉然后利。今人之性（生）恶，必将待师法然后正，得礼义然后治。
>
> 孟子曰："人之学者其性（生）善。"曰："是不然，是不及知人之性（生），而不察乎人之性（生）伪（为）之分者也。凡性（生）者，天之就也，不可学，不可事。礼义者，圣人之所生也，人之所学而能，所事而成者也。不可学，不可事，而在人者，谓之性（生）；可

学而能，可事而成之在人者，谓之伪（为）；是性（生）伪（为）之分也。……问者曰，人之性（生）恶，则礼义恶生？应之曰，凡礼义者，是生于圣人之伪（为），非故生于人之性（生）也。故陶人埏埴而为器，然则器生于工人之伪（为），非故生于陶（据王念孙说补"陶"字）人之性（生）也。故工人斫木而成器，然则器生于工人之伪（为），非故生于工（据王念孙说补"工"字）人之性（生）也。圣人积思虑，习伪（为）故，以生礼义，而起法度，然则礼义法度者，是生于圣人之伪（为），非故生于人之性（生）也。若夫目好色，耳好声，口好味，心好利，骨体理肤好愉佚，是皆生于人之情性（生）者也，感而自然，不待事而后生之者也。夫感而不能然，必且待事而后然者，谓之（之下"生于"二字据王说删）伪（为）。是性（生）伪（为）之所生，其不同之征也。故圣人化性（生）而起伪（为）。伪（为）起而生礼义，礼义生而制法度。然则礼义法度者，是圣人之所生也。故圣人之所以同于众，其不异于众者，性（生）也，所以异而过众者，伪（为）也。……凡人之欲为善者为性（生）恶也。……故性（生）善则去圣王，息礼义矣，性（生）恶，则与圣王，贵礼义矣。故隐栝之生，为枸木也，绳墨之起，为不直也，立君上，明礼义，为性（生）恶也。……"（《性恶篇》。篇中若干性字尽读为生字，固似勉强，然若一律作名词看，则无不可矣。说详上卷）

既知《荀子》书中之性字本写作生字，其伪字本写作为字，则其性恶论所发挥者，义显而理充。如荀子之说，人之生也其本质为恶，故必待人工始可就于礼义，如以为人之生也善，则可不待人工而自善，犹之乎木不待矫揉而自直，不需乎圣王之制礼义，不取乎学问以修身也，固无是理也。无是理，则生来本恶明矣。彼以"生""为"为对待，以恶归之天生，以善归之人为。若以后代语言达其意，则荀子盖以为人之所以为善者，人工之力，历代圣人之积累，以学问得之，以力行致之，若从其本生之自然，则但可趋于恶而不能趋于善也。此义有其实理，在西方若干宗教若干哲学有与此近似之大假定。近代论人之学，或分自然与文化为二个范畴（此为德国之习用名词），其以文化为扩充自然者，近于放性主义，其以文化为克服自然者，近于制性主义也。

孟子曰："乃若其情，则可以为善矣，若夫为不善，非才之罪也。"如反其词以质孟子曰："乃若其情，则可以为恶矣，若夫不为恶，非才之功也，"孟子将何以答之乎？夫曰："可以"，则等于说"非定"，谓"定"则事实无证，谓"非定"，则性善之论自摇矣。此等语气，皆孟子之逻辑工夫远不如荀子处。孟子之词，放而无律，今若为卢前王后之班，则孟子之词，宜在淳于髡之上，荀卿之下也。

其实荀子之说，今日观之亦有其过度处。设若诘荀子云，人之生质中若无为善之可能，则虽有充分之人工又焉能为善？木固待矫揉然后可以为直，金固待冶者然后可以为兵，然而木固有其可以矫揉以成直之性，金固有其可以冶锻以成利器之性，木虽矫揉不能成利器，金虽有良冶不能成珠玉也。夫以为性善，是忘其可以为恶，以为性恶，是忘其可以为善矣。吾不知荀子如何答此难也。荀子之致此缺陷，亦有其故，荀子掊击之对象。孟子之性善说，非性无善无不善之说也。设如荀子与道家辩论，或变其战争之焦点，而稍修改其词，亦未可知也。此亦论生于反之例也。（《礼论》篇云，"性者本始材朴也，伪者文理隆盛也。无性则伪之无所加，无伪则性不能自美。……性伪合而天下治。"已与性恶论微不同。）自今日论之，生质者，自然界之事实，善恶者，人伦中之取舍也。自然在先，人伦在后，今以人之伦义倒名自然事实，是以后事定前事矣。人为人之需要而别善恶，天不为人之需要而生人，故善恶非所以名生质者也。且善恶因时因地因等因人而变，人性之变则非如此之速而无定也。虽然，自自然人变为文化人，需要累世之积业，无限之努力，多方之影响，故放心之事少，克己之端多，以大体言，荀说自近于实在，今人固不当泥执当时之词名而忽其大义也。

有荀子之性恶论，自必有荀子之劝学说。性善则"求其放心"，斯为学问之全道，性恶则非有外工克服一身之自然趋势不可也。孟荀二氏之性论为极端相反者，其修身论遂亦极端相反，其学问之对象遂亦极端相反。此皆系统哲学家所必然，不然，则为自身矛盾矣。

寻荀子之教育说，皆在用外功克服生质，其书即以《劝学》为首（此虽后人编定，亦缘后人知荀学之首重在此）。

此《劝学》之一篇在荀书中最有严整组织，首尾历陈四义。其一义曰，善假于物而慎其所立：

干、越、夷、貉之子，生而同声，长而异俗，教使之然也，……吾尝终日而思矣，不如须臾之所学也（此述孔子语）。吾尝跂而望矣，不如登高之博见也。登高而招，臂非加长也，而见者远；顺风而呼，声非加疾也，而闻者彰。假舆马者，非利足也，而致千里；假舟楫者，非能水也，而绝江河。君子生非异也，善假于物也。（《性恶》篇云："尧舜之与桀跖，其性一也，君子之与小人，其性一也。"）……西方有木焉，名曰射干，茎长四寸，生于高山之上，而临百仞之渊，木茎非能长也，所立者然也。……故君子居必择乡（《论语》，"里仁为美。"），游必就士（此亦孔子损友益友之说），所以防邪僻而近中正也。……平地若一，水就湿也，草木畴生，禽兽群焉，物各从其类也。……君子慎其所立乎？

此言必凭借往事之成绩，方可后来居上，必立身于良好之环境，方可就善远恶。其二义曰，用心必专一，此言治学之方也。

锲而舍之，朽木不折；锲而不舍，金石可镂。螾无爪牙之利，筋骨之强，上食埃土，下饮黄泉，用心一也；蟹六跪而二螯，非蛇蟺之穴无可寄托者，用心躁也。是故无冥冥之志者，无昭昭之明；无惛惛之道者，无赫赫之功。……目不能两视而明，耳不能两听而聪。……故君子结于一也。

其三义曰隆礼，此言治学之对象也。

> 学恶乎始？恶乎终？曰：其数则始乎诵经，终乎读礼，其义则始乎为士，终乎为圣人。真积力久则入学，至乎没而后止也。……礼者，法之大分，类之纲纪也，学至乎礼而止矣。……将原先王，本仁义，则礼正其经纬蹊径也。……不道（王念孙曰，"道者由也。"）礼宪，以诗书为之，譬之犹以指测河也，以戈舂黍也，以锥飡壶也，不可以得之矣。故隆礼虽未明，法士也，不隆礼，虽察辩，散儒也。

其四义曰贵全，贵全者，谓不为一曲之儒，且必一贯以求其无矛盾，此言所以示大儒之标准也。

> 君子知夫不全不粹之不足以为美也，故诵数以贯之，思索以通之，为其人以处之，除其害者以持养之。使目非是无欲见也，使耳非是无欲闻也，使口非是无欲言也，使心非是无欲虑也。……是故权利不能倾也，群众不能移也，天下不能荡也。生由乎是，死由乎是，夫是之谓德操。德操然后能定，能定然后能应，能定能应，夫是之谓成人。天见其明，地见其光，君子贵其全也。

此虽仅示大儒之标准，其词义乃为约律主义所充满，足征荀子之教育论，乃全为外物主义，绝不取内心论者任何一端以为说。

荀子既言学不可以已，非外功不足以成善人，此与尽心率性之说已极相反，至于所学之对象，孟子以为求其放心，荀子则以为隆礼，亦极端相反。荀子所谓礼者兼括当时人所谓法，(《修身》篇曰，"故学也者，礼法也"，又曰，"故非礼是无法也。")凡先圣之遗训，后王之明教，人事之条理，事节之平正，皆荀子所谓礼也（参见《修身》《正名》《礼论》各篇）。故荀子之学礼，外学而非内也，节目之学而非笼统之义也。孟子"反身而观，乐莫大焉，"荀子乃逐物而一一求其情理平直，成为一贯，以为学问之资（在此义上，程、朱之格物说与荀子为近）。至其论学问之用于身也，无处不见约律主义，无处不是"克己复礼"之气象，与孟子诚如冰炭矣。

荀子之论学，虽与孟子相违，然并非超脱于儒家之外，而实为孔子之正传，盖孟子别走新路，荀子又返其本源也（参见本书下卷）。自孔子"克己复礼"之说引申之到极端，必有以性伪分善恶之论。自"非生而知之，好古敏以求之"之说发挥之，其义将如《劝学》之篇。颜渊曰，"夫子博我以文，约我以礼"，此固荀子言学之方也（参见《劝学》《修身》等篇）。若夫"非礼勿视，非礼勿听，非礼勿言，非礼勿动"，以及好仁不好学其蔽也愚，好知不好学其蔽也荡……等语，皆是荀学之根本。孟子尊孔子为集大成，然引其说者盖鲜，其义尤多不相干，若荀子，则为《论语》注脚者多篇矣。虽荀子严肃庄厉之气象非如孔子之和易，其立说之本质则一系相承者颇多耳。

言学言教，孔荀所同，言性则孔荀表面上颇似不类。若考其实在，二者有不相干，无相违也。孔子以为性相近，而习相远，此亦荀子所具言也。孔子别上智下愚，中人而上，中人而下，此非谓生质有善恶也，言其材有差别也。盖孔子时尚无性善性不善之问题，孔子之学论固重人事工夫，其设教之本仍立天道之范畴，以义归之于天，斯无需乎以善归之于性，故孔子时当无此一争端也。迨宗教之义既衰，学者乃舍天道而争人性，不得不为义之为物言其本源，不能不为善之为体标其所出，于是乃有性善性恶之争。言性善则孟子以义以善归于人之生质，言性恶则荀子以义以善归之先王后圣之明表。孔子时既无此题，其立说亦无设此题之需要。故孔荀在此一事上是不相干而不可谓相违也。若其克己复礼之说，极度引申可到性恶论，则亦甚有联系矣。

荀子之天道观

荀子之性论，舍孟子之新路而返孔子之旧域，已如上文所述，其天道论则直向新径，不守孔丘、孟轲之故步，盖启战国诸子中积极人生观者最新派之天道论，已走尽全神论之道路，直入于无神论矣。请证吾说。早年儒家者，于天道半信半疑者也，已入纯伦理学之异域，犹不肯舍其宗教外壳者也。孔子信天较笃，其论事则不脱人间之世，盖其心中之天道已渐如后世所谓"象"者，非谆谆然之天命也。孟子更罕言天，然其决意扫尽一切功用主义，舍利害生死之系念，一以是非为正而毫无犹疑，尤见其宗教的涵养，彼或不自知，而事实如此。自孟子至于荀子，中经半世纪，其时适为各派方术家备极发展之世。儒家之外，如老子、庄周，后世强合为一，称之曰道家者，其天道论之发展乃在自然论之道路上疾行剧趋。老子宗天曰自然，庄子更归天于茫茫冥冥。荀子后起，不免感之而变，激之而厉，于是荀子之天道论大异于早年儒家矣。其言曰：

> 天行有常，不为尧存，不为桀亡。应之以治则吉，应之以乱则凶。强本而节用，则天不能贫，养备而动时，则天不能病，循道而不二，则天不能祸。故水旱不能使之饥渴，寒暑不能使之疾，妖怪不能使之凶。本荒而用侈，则天不能使之富，养略而动罕，则天不能使之全，倍道而妄行，则天不能使之吉。……惟圣人为不求知天。……
>
> 故君子敬其在己者而不慕其在天者，小人错其在己者而慕其在天者。君子敬其在己者而不慕其在天者，是以日进也。小人错其在己者而慕其在天者，是以日退也。……
>
> 雩而雨，何也？曰：无何也，犹不雩而雨也。日月食而救之，天旱而雩，卜筮然后决大事，非以为得求也，以文之也。故君子以为文，而百姓以为神。以为文则吉，以为神则凶也。……
>
> 大天而思之，孰与物畜而裁之？从天而颂之，孰与制天命而用之？望时而待之，孰与应时而使之？（《天论》）

读此论，使人觉荀子心中所信当是无神论，夫老子犹曰"天道好还"，"天道无亲，常与善人"。此所言比之老子更为贬损天道矣。

虽然，荀子固儒家之后劲，以法孔子自命，若于天道一字不提，口号殊有不便，于是尽去其实而犹存其名，以为天与人分职，复立天情、天君、天官、天养、天政等名词。此所谓天，皆自然现象也。荀子竟以自然界事实为天，天之为天者乃一扫而空矣。

《荀子·天道论》立说既如此，斯遭遇甚大之困难。夫荀子者，犹是积极道德论中人，在庄子"舍是与非"，固可乐其冥冥之天，在荀子则既将天之威灵一笔勾销矣，所谓礼义者又何所出乎？凡积极道德论者，不能不为善之一谊定其所自，墨子以为善自天出，孟子以为善自人之生质出，荀子既堕天而恶性，何以为善立其大本乎？

于是荀子立先王之遗训，圣人之典型，以为善之大本，其教育法即是学圣人以克服己躬之恶。如以近代词调形容之，荀子盖以为人类之所以自草昧而进于开明，自恶而进于善者，乃历代圣人之合力，古今明王之积功，德义之成，纯由人事之层累。故遗训自尧舜，典型在后圣，后圣行迹具存，其仪范粲然明白而不诬也。（耶稣教亦性恶论者之一种，其称道"先天孽"，是性恶论之极致。然耶教信天帝，归善于天帝，故无荀子所遭逢之困难也。）

选自傅斯年《性命古训辨证》